2020 周口师范学院高层次人才科研启动研究项目"新时
研究"（编号 ZKNUC2019018）经费资助

# 当代大学生文化自信
# 培育研究

陈广华　著

## 中国农业出版社
### 北　京

# 前　　言

　　文化自信是近年来中国特色话语体系一个概念术语。党的十八大以来，习近平总书记全面系统阐述了文化自信，强调文化自信是"四个自信"中更基础、更广泛、更深厚的自信。党的二十大报告提出，"围绕举旗帜、聚民心、育新人、兴文化、展形象建设社会主义文化强国""推进文化自信自强，铸就社会主义文化新辉煌"。建设社会主义文化强国需要具备文化自信的优秀人才，而当代大学生是文化强国建设的关键力量，因此如何培育大学生的文化自信，成为一个亟待解决的重大时代问题。

　　为深入贯彻落实习近平总书记围绕社会主义文化建设发表的一系列重要论述精神，发挥当代大学生在社会主义文化强国建设中的关键作用，本书以马克思主义为最根本的指导思想，全面审视当前大学生文化自信的现状，准确把握大学生文化自信培育的目标内容，深入探讨大学生文化自信的形成机理，尝试提出大学生文化自信教育的有效路径，推动大学生对社会主义核心价值观的理论认同、情感认同和行为认同，完成时代赋予大学生的历史使命与文化担当。

　　从理论层面看，当代大学生文化自信培育研究有利于拓展大学生思想政治教育的理论视域，提出大学生文化自信教育的新理路，推动思想政治教育的学科发展；有利于丰富文化自信的理论思考，深刻理解习近平总书记关于坚定文化自信的论述精神，为提升文化软实力、建设文化强国奠定思想基础；有利于推动大学生文化自信培育的路径探讨和机制建构，探索建立文化自信理论新体系，丰富高校思想政治教育的研究视域，彰显文化自信的时代意蕴。

从实践层面看，当代大学生文化自信培育研究有助于大学生深刻理解文化自信的来源，它来自于中华民族 5 000 多年的历史积淀，来自于党和人民革命斗争和改革开放的伟大实践，来自于社会主义先进文化的伟大实践，帮助大学生真正了解中华优秀传统文化，感悟革命文化和社会主义先进文化，自觉践行社会主义核心价值观，从而坚定文化自觉和文化自信；有助于激发大学生内生动力，引导大学生自觉将文化自信内化为认同习惯，外化为文化传承、创新发展的自觉行动，提升大学生的道德修养、文化品行和健全人格；有助于大学生勇敢面对中西文化交锋和意识形态斗争，铸牢马克思主义的信仰之魂、中国特色社会主义的文化之魂和实现中华民族伟大复兴的使命之魂，用文化自信的精神力量铸魂育人，最终有助于高校立德树人根本任务的实现。

本书在借鉴已有研究成果的基础上，将文化自信放在人类发展长河、中国历史发展中进行理性分析。运用心理学理论，深入阐述文化自信的形成机理；从文化结构角度出发，在仪式教育视域下提出大学生文化自信教育路径；基于文化创新发展的理念，提出在文化交流互鉴中提升文化自信，不断提升文化软实力和国际影响力。

由于作者能力有限，对相关概念和理论解读不深入，对文献分析不透彻。同时由于受到新冠肺炎疫情的影响，实践调研内容缺乏，研究资料还不够丰富，文化自信培育的实践路径还需要进一步优化。

陈广华

2022 年 9 月

# 目　　录

# 第一章　文化自信概述

## 第一节　文化自信的内涵与主要特征

### 一、文化自信的内涵及相关概念辨析

#### （一）文化的内涵

文化是一个极其丰富而又复杂的综合系统，它既与人类社会的历史发展密不可分，又与人们的现实生活密切相关。一直以来，关于文化概念的表述众说纷纭，据有关统计显示，目前关于文化的概念已经超过 300 种。然而，迄今为止，关于文化概念的界定，学术界尚未达成一个一致的共识，未能就文化形成一个精准的定义。当然，这主要是由文化本身所具有的边界不清而又难以确定的特点所决定的。

在中国古代思想史上，一般认为《易·贲卦·象传》中关于"关乎人文，以化成天下"的表述是"文化"一词最早的出处。这里的"文化"表达的是"以文教化"的含义，意思是通过教化使得天下人都能够遵从礼仪，具有文明的行为。《说文解字》中将"文化"表述为"文，错画也，象交叉"。这实际上是把"文"字本来所代表的花纹、文理含义，通过引申的手法理解为符号、典籍、礼仪甚至是修养等含义。《礼记·乐记》中关于"和，故百物皆化"的表述，则将"化"由本义的变易、生成、造化等，引申为教化、改造、培育等含义。西汉时期，刘向在《说苑·指武》一书中指出："圣人之治天下，先文德而后武力。凡武之兴，为不服也，文化不改，然后加诛。"据有关考察证实，这是第一次把"文化"一词作为整体来使用。这里的"文化"表达的是道德教化的含义，是通过施以道德教育提升人的精神境界。20世纪以来，中国学术界对于文化的研究不断深入，形成了不同的视角和比较有代表性的观点。梁漱溟说："文化不过是一个民族生活的种种方面。总括起来，不外三方面：精神生活方面、社会生活方面和物质生活方面。"钱穆

说："文化就是人生。"认为文化并不是指某个人或一个人的人生，而是指群体的人生。费孝通认为"文化是一个民族祖祖辈辈积累下来经过不断改革的集体生活经验。"张岱年认为"文化有复杂的内容，包括哲学、宗教、科学、技术、文学、艺术、教育、风俗等，是一个包含多层次、多方面内容的统一体系。"可以分为思想、意识、观念，表现文化的实物、制度、风俗等三个层次。胡适认为，"文化是文明所形成的生活方式"。

在西方古代思想史上，"文化"一词来源于拉丁文"cultura"，可追溯的最早的辞源为"colere"。"colere"具有居住、栽培、保护、朝拜的意思。"文化"在西文中最初指的是开垦土地、栽培植物的含义，后来演变为对人的身体、精神、艺术以及道德方面能力的开发与培养，也指人类通过劳作创造的物质、精神和知识财富的综合。19世纪下半叶以来，西方学术界众多的学者纷纷从不同的角度出发，对文化的基本问题进行了深入、系统的研究，有力地促进了文化在西方社会的不断发展。关于文化概念的理解，出现了一些比较具有代表性的不同观点。比如，康德将文化的概念界定为"一个理性的实体为达到最高目的而进行的能力创造"。爱德华·泰勒认为"所谓文化或文明，乃是包括知识、信仰、艺术、道德、法律、习惯以及其人类作为社会成员而获得的种种能力、习性在内的一种复合整体。"克利福德·格尔茨认为"文化是指一个社会全部的生活方式，包括价值观、习俗、象征、制度以及人际关系"，等等。

综合以上古今中外关于文化的起源及界定，不难得出，文化既可以理解为一个名词性的概念，又可以理解为一个动词性的概念，不仅可以作为一种结果来看待，也可以作为一种过程来看待。从名词意义上来理解，文化可以理解为人类社会不断发展前进的历史性的印记。同时，文化又可以理解为一种社会发展的现象，是社会生产力发展的产物，是人们生存方式与生活样态的现实反映。从这个意义上讲，文化是静态的，是人类认知的客体以及对客体认知的结果。比如，学者们将文化解读为"文化是生活经验""文化是生活方式""文化是人生"，等等。从动词意义上而言，"文化"是指"文治教化，是对人心性的开启与修炼，重点是教化人心"，可以理解为人类在不断地对客观世界进行改造的过程中，促进自然界及其存在物不断"人化"的过程，同时，又是将实践中获得的经验特别是文化、教化的经验用来"化人"

的过程，是使人脱离原始的自然、野蛮状态，走向社会化、文明化的实践过程，是"人化"和"化人"的有机统一。因此，从这个意义上讲，文化是一个动态的过程，它与"自然"相对应，与"野蛮"相呼应，是动态地获得知识、信仰、伦理等这些静态精神财富的手段。

不论是从名词还是从动词的角度界定"文化"的内涵，实际上都没能涵盖文化最广的内容。从文化的界定范围来看，可以从广义和狭义的角度对文化的概念进行解读。广义文化涵盖了精神心理层面、行为层面、制度层面、物质层面等层面的内容。从广义的角度来理解，文化作为劳动的产物，其涵盖的范围极其广泛，可以说文化广泛存在于有人类活动痕迹的任何领域之中。进入 20 世纪以来，文化的概念逐渐与经济、政治并列起来使用，这里的文化概念则是狭义的文化，通常指代的是一种精神活动、价值体系以及思想观念。文化作为与社会发展进步相对应的一般意义上的概念，其含义更贴近于狭义的文化概念。从狭义的角度来理解，文化的概念是与经济、政治、社会相对意义上的概念，是与社会进步相适应的一般意义上的文化概念。这种理解也符合我国关于文化建设和发展的基本要求。因此，文化实质上是一个社会内部的所有成员的思维观念与行为方式的价值总和，从价值层面形成了一个社会或社会群体的道德观念体系和生存行为模式，它决定着社会成员的认知、情感、意志和行为的取向。

文化的本质属性是文化区别于经济、政治等其他具体事物的最基本的性质。文化的本质取决于人的本质，在于人的实践创造性。人是文化的主体，文化是"内在于人的主体世界的东西，它包括精神领域的一切，是人的本质力量的表现。"人与文化是紧密地结合在一起的，不同的人群有着不同的文化。因此，人的主体性决定了文化的主体性。文化是人的实践产物，因而具有实践性的特征。创造性是人的本质特征，作为人的创造性本质的外化，文化内含着人的意识和目的，自然也具有创造性的本质属性。

### （二）文化自信的内涵

"自信"是人们日常生活中经常涉及的一个概念，从字面意义上来理解，自信就是自我确信的意思。事实上，自信本身是心理学中一个非常基本的专业术语，表征着一种非常复杂的心理现象，有着特定的内涵。目前，不同学者基于不同的视角对于自信给出了不同的界定和解释。由于所持学术立场及观点的不同，迄今为止，国内外心理学界尚未就自信的定义达成较为一致的共识。西方学者对自信的研究起步相对较早，研究也较为深入。在西方语言中，自信一词被译成"self‐confidence"，通常是指自己信任自己的一种自愿的情感。著名心理学家、需要层次理论的创建者 Maslow 从个体需要实现的角度对自信加以理解，认为自信是在个体的自尊需要获得满足时所产生的一种情感体验。Cooppersmith 认为自信是个体对自己作出赞许的自我评价，它表明个体认为自己能干、重要和有价值的程度，体现为对自己能力、身份、成就及价值的肯定态度。国内学者关于自信的研究也比较丰富，其中也不乏比较有代表性的见解。郎佩娟认为自信是"人充分相信并坚信自己认识的正确性和行为选择的合理性。"车丽萍认为"自信是一个多维度多层次的心理系统，是个体对自己的积极肯定和确认程度，是对自身能力、价值等作出正向认知与评价的一种相对稳定的人格特征。"

综合上述定义，不难发现，自信本身是一个比较复杂的概念，也是人类心理活动中最基本的内在品质，已经成为人类心理健康的重要标志。因此，不应该简单地将自信理解为"主体对自己的自我认同和肯定。"事实上，自信的构成，主体、客体、目标、实践与环境这些构成要素缺一不可。自信是主体在与环境的交互作用中，对于通过所选择的实践路径来实现某个目标的确信，在这一过程中，自信的主体与客体是完全同一的。从本质意义上而言，自信这一概念本身归属于人的思维活动的范畴，它不是所谓纯粹理性或绝对精神自我批判的产物，而是在人们认识和改造世界的实践活动中逐步建立并发展起来的，是客观世界在人们头脑中的投射和反映，充分体现了人们对自身与外部环境相互关系的正确认知与科学把握。

关于"文化自信"的含义，不同的学者基于不同的视角给出了不同的界定和阐述。其一，基于价值认同的视角。云杉认为"文化自信，是一个国家、一个民族、一个政党对自身文化价值的充分肯定，对自身文化生命力的坚定信念。"这一界定是建立在对自身文化价值充分肯定的基础上，深入挖掘文化自信的内涵，深刻阐释文化自信的本质特征。其二，基于哲学的视角。刘士林认为"文化自信是人类特有的一种具有超生物性、超自然性、超现实性的文化生命机能，是人类社会实践在个体生命内部建构的高级文化结构，也是人类主观能动性和文化创造性的具体表现。"这是站在哲学的高度和立场，对文化自信的本质属性进行的理解与探索。其三，基于多元文化的视角。刘芳认为，文化自信既包含对自身文化的自豪感，也包括对外来文化的吸收与改造的态度，还包括对未来文化发展的自信心。这体现了基于多元文化的视角，分别从对待不同文化的态度出发，来理解文化自信的涵义。从历史的维度出发，文化自信可以理解为一个文化主体建立在高度自觉基础之上的对自身文化价值的客观认同，体现的是对自身文化的历史担当；从开放的维度出发，文化自信可以理解为是一个文化主体对外来文化的理性"扬弃"，体现的是对外来文化的辩证吸收与借鉴；从发展的维度出发，文化自信可以理解为一个文化主体对自身文化生命力的确信。

综合上述观点，可以得出，文化自信本质上是一种客观的积极的心理状态，是一个文化主体对于文化的认知、情感、意志、行为的有机组合。具体来说，认知水平的差异、情感认同程度的不同、意志程度的强弱以及行为方式的差别客观上决定着多样性和复杂化的文化自信的组合样态。认知是文化自信的起点，文化认知是建立在文化自觉的基础之上，对文化及其相关问题全面、客观、理性的认识；认同是文化自信的"催化剂"，高度的文化情感认同能够最大限度地激发文化主体对于文化认知的积极性和主动性，能够促进文化主体形成坚定的文化意志品质，促使文化主体在情感上对文化达成高度认同；意志是文化自信的关键，强化着积极的情感认同，影响着文化实践行为，体现为对待民族文化的坚守程度，对待外来文化的包容程度，对待未来文化的期待程度；行为是文化自信的落脚点，是文化认知水平、文化情感认同程度、文化意识强弱的综合体现，是传承和弘扬传统文化、吸收借鉴外来文化、创新发展未来文化的实践过程。因此，文化自信四方面要素是密切联系的有机整体，构成了一脉相承的文化自信生成机理。

（三）文化自信与文化自觉、文化自强的关系

从辩证的角度来看，文化自觉、文化自信、文化自强三者之间是辩证统一的。文化自觉解决的是对文化的认知问题，文化自信解决的是对文化的情感认同和文化意志的坚定问题，文化自强可以理解为基于什么样的思路来发展和创新文化，解决的是对文化的发展所采取的行动问题。

文化自觉的概念早在 20 世纪初就有人提出，而引起人们的广泛关注则是在 20 世纪末之后。1997 年，费孝通先生正式提出了"文化自觉"这一概

念。费孝通指出："文化自觉是指生活在一定文化中的人对其文化有'自知之明'"。从此之后，文化自觉的概念受到普遍认可和接受。文化自觉本身是一项重大的社会责任和一项艰巨的历史使命，要实现真正意义上的文化自觉，必然需要经历一个长时期实践的过程。首先，需要确保能够客观地认识自身文化的本来面目，需要根据文化对新环境的适应力进行取舍。其次，要理性理解所能够接触到的多种文化，取其精华，去其糟粕，加以吸收。概括而言，对文化自觉的理解包括三个方面的含义：一是要充分认识本民族传统文化中对现代社会的发展具有重要时代价值的部分；二是要在多元文化交流中坚持理性包容的心态，积极吸收和借鉴外来文化中的精华成分，增强自身文化发展的力量；三是整合文化建设资源，联合实现文化的创新发展，最终实现"各美其美，美人之美，美美与共，天下大同"的境界和追求。

关于文化自信的概念，在前文已经进行了论述。文化自信作为一种积极的心理状态，是建立在高度理性地看待国家、民族文化基础之上的一种理智的风度、成熟的气度和独有的大度，体现的是一种对传统文化创造性继承和弘扬的能力、对外来文化辩证地吸收和借鉴的能力、对未来文化发展趋势创新性把握和选择的能力。因而，文化自信绝不等同于极端化意义上的文化自卑与文化自负。众所周知，中国自1840年鸦片战争战败以来，我们的国民从此出现了文化层面上的自卑感，这种文化自卑心理一度成为占据我国国民文化心理的主要特征。时至今日，面对中西方之间的综合力量对比和某些领域的现实差距，一部分民众仍然未能摆脱文化自卑的心理困扰。与之相反，伴随着我国改革开放和现代化建设取得的举世瞩目的成就，"中国模式""中国力量""中国声音"已经改写了中国的文化实力，由此，一部分民众开始盲目自大，不自觉地流露出文化自负的不良心态。因此，若要正确地对待文化及其发展问题，必须坚持"不忘本来""吸收外来""面向未来"的科学态度，必须保持理智的思维和清醒的头脑，必须采取积极自觉的行动。

建设文化强国，实现社会主义文化的繁荣发展，是文化自觉以及文化自信最根本的目标所在。文化自强有着丰富的内涵，一是发挥自身的独特优势，独立自主地开辟自身文化发展的特色之路。当今世界，文化全球化给世界各民族文化带来了发展机遇与平台，使各个国家的民族文化能够突破自身地域的局限，在全球范围内广泛交流与发展。但与此同时，也给在西方强势文化主导背景下的发展中国家的民族文化带来了挑战与威胁，文化霸权与文化主权平等之间的博弈成为文化危机的聚焦点。文化危机将直接导致国家危机，文化安全是任何一个民族都必须面临的现实问题。目前，西方发达国家强势文化的全球主导，使得我国的社会主义文化建设面临着诸多风险和挑战。二是明确文化发展的目标导向，不断激发文化发展的动力，充分发挥自身的文化优势。文化发展中对文化立场和文化取向的确立，从根本上来说取决于核心价值观。推进文化建设，必须坚持党对文化事业的领导，必须将塑造社会主义核心价值观作为根本任务，使社会主义核心价值观无处不在、无时不有，成为文化最核心的东西，成为民族的统一意志；必须依靠人民群众的智慧和力量来促进文化的发展，充分调动文化工作者的积极性，最大限度地激发文化工作者的活力和创造力来促进文化的创新，只有这样，文化兴盛才能有可靠的保障。同时，还要积极通过不断的改革与创新，不断增强文化的影响力、竞争力和吸引力，促进我国综合竞争能力的不断提升，最终实现国家的文化自强。当下，若要切实提升中国文化的影响力，必须构建中国特色对外话语体系，讲好中国故事，传递好中国声音。文化能否具有足够的竞争力，是中华民族能否实现文化自强的制胜法宝。有了马克思主义指导思想，文化自强就有了方向；有了社会主义核心价值体系，文化自强就有了灵魂；有了强大的文化力作后盾，文化自强就有了坚强的保障。文化吸引力的强弱，对于文化自信的程度有着重要的影响，必须进一步增强中国文化的吸引力。总之，要促进文化的发展建设与时俱进地体现时代的发展特征及规律，引导人民群众树立健康、高雅、科学、理性的文化观，营造全社会各民族共同推进社会主义文化强国建设的最强气氛。

### （四）文化自信与道路自信、理论自信、制度自信的关系

第一，文化自信为道路自信提供智力支撑。中国共产党人带领全国各族人民顺应历史发展大势并发挥主体创造性，理性地选择了中国的发展道路。坚持道路自信，就要沿着这一正确的方向坚持走下去。中国共产党领导全国人民经过几代人的奋斗和牺牲开创的这条道路，以中国共产党的领导为前提，以我国所处的社会主义初级阶段的基本国情作为基本立足点，以"五位一体"的总体布局作为基本内容，以促进人的全面发展、实现共同富裕和社会主义现代化为发展目标。中国道路每一个阶段性的前行与升级，都根植于

中华民族优秀文化的沃土，都得益于中华民族精神和时代精神的涵养。因此，坚持文化自信才能更好地展示中国道路的优越性和自信程度。

第二，文化自信为理论自信提供价值支撑。理论是实践的指引，我国改革开放和现代化建设之所以能够取得举世瞩目的巨大成就，关键在于坚持了中国特色社会主义理论体系的指导。在实践中产生并不断发展与完善的中国特色社会主义理论体系，指引着中国走上了和平发展的道路，开辟了改革开放的新天地，迎来了中国特色社会主义新时代。这一理论体系坚持以马克思主义作为理论基础和思想源泉，是对科学社会主义原则的一以贯之，马克思主义以其科学性、批判性的思维和方法论引领和推动中国传统文化实现创造性转化和创新性发展。这一理论体系具有鲜明的系统性特征，是我们不断解放和发展生产力，发展中国特色社会主义的理论指引。这一理论体系内涵丰富，涵盖了经济建设、政治建设、社会发展、文化发展等多方面内容，是我们坚持改革开放，建设社会主义现代化强国的行动指南。

第三，文化自信为制度自信提供精神动力。中国特色社会主义制度是在改革开放和社会主义现代化建设中渐进而成的制度体系，包括根本制度、基本制度和具体制度三个层面。这一制度体系与中国的和平发展道路相辅相成，从根本上都取决于"人民民主专政"的国体，能够确保人民当家作主，彰显了鲜明的政治优势，已经成为人类政治文明的重要组成部分。改革和建设的实践表明，充分发挥这一制度的巨大优势，树立高度的制度自信，是将中国特色社会主义事业不断推向前进的根本保障。文化是制度的深层次源泉，是引领制度改革与发展的核心要素，制度是文化的表现形式，是体现文化发展水平的载体。中国特色社会主义制度形成与发展的过程，始终伴随着社会主义先进文化的涵养。因此，文化自信已经成为制度自信的根本动力，是制度自信的本质所在。

## 二、文化自信的特征

文化自信是一个国家、一个民族的内在灵魂，也是信仰、信念的底气和支撑，文化自信的形成是一个极其复杂的过程。只有深刻理解文化自信的内涵，准确把握文化自信的基本特征，才能为文化的发展与创新提供有益的指导。文化自信的渊源是悠久的历史文化，文化自信的基础在于中国特色社会主义的具体实践，文化自信是文化继承和文化发展的统一，文化自信能够通过教育手段得到有效增强，这些都表征了文化自信所具有的民族性、时代性、统一性以及可塑性的基本特征。

### （一）民族性

文化自信的形成与发展是一个历史的连续的过程，表现为对一个民族悠久的历史文化的传承与坚守。中国传统文化中所蕴含的优秀品质和价值，是文化自信形成与发展的强劲动力。不论是从文化自信的主体、客体方面来分析，还是从主客体之间关系来分析，文化自信都具有独特的民族性特征。

第一，文化自信的主体体现着独特的民族属性。文化自信有其特定的主体，从宏观上看，可以是一个国家、一个民族或者是一个政党；从中观上看，可以是某个区域、某个集体；从微观上看，可以是每一个存在的个人。但不论是宏观的主体还是微观的主体，都是在某种民族文化浸染下的主体存在，自始至终深深镌刻着某种民族的烙印，传承着某种民族文化的基因，具有独特的民族属性，因而自然表现出某种相对稳定的民族性特征。

第二，文化自信的客体蕴含着民族文化的本质。从文化自信的构成客体来看，文化本身是由处于共同的地域、拥有共同的习俗、具有共同心理特征的民族群体共同创造的产物，带有鲜明的民族印记，展现出独特的民族风格，反映了本民族共有的精神形态，蕴含着民族文化传统的本质内涵和精神要旨。文化既体现了历史的深度，包含了从古至今优秀的民族文化资源，又体现了范围的广度，涵盖了伴随着经济、政治发展不同时期的智慧结晶。

第三，文化自信的主客体关系体现了民族性。从主体客体发生作用的结果来看，任何一个民族文化自信的产生与建立，都是主客体之间相互影响、相互作用的结果。对民族文化的自豪、坚持和继承，对外来文化的吸收与借鉴，对符合未来新的时代特征的文化创新，都是主体对客体的认知、总结、肯定的认识过程，体现了主体在实践中对客体进行认识、改进和发展的实践关系，也体现了主体通过客体实现自身价值需求满足的价值关系。

### （二）时代性

文化自信所反映的是处于不同历史时期和特定历史环境下，人们在生产和生活方面的价值选择和精神追求。当代中国的文化自信，是适应国内外发展环境要求的产物，是顺应当今时代发展趋势的产物。因此，不论是从世界范围和中国范围来看，还是从历史的发展阶段来看，文化自信都表现为鲜明的时代性特征。

第一，从世界范围来看，当今的国际环境体现了鲜明的时代性。在当今世界的舞台上，文化全球化、文化多元化趋势明显，多种思想文化交流交融交锋日益频繁，各民族文化通过交相融合形成了对各自所属界域的不断突破而逐步走向全球的发展趋势，并在这一过程中对外来文化不断进行着分析、评判和扬弃。中国的文化发展也不例外，中国文化与整个世界的联系日益紧密，互动更加频繁。全球化、市场化、网络化的迅猛发展在给我国带来诸多机遇的同时，也给中国特色社会主义各项建设带来了冲击和阻碍，特别是给文化发展和建设提出了严峻的考验和现实的挑战。在此背景下，必须以高度的文化自信促进我国在国际竞争与交往中的影响力和话语权的不断提升。

第二，从中国范围来看，我国的国内环境具有鲜明的时代性。当今中国，已经进入了一个全面深化改革和全面发展建设的历史时期。当代中国的文化自信，是建立在中国社会主义革命和建设的巨大成就的基础之上，是中国特色社会主义实践不断发展的产物。中国特色社会主义的理论成果和实践成就决定了文化自信的时代性特征，马克思主义的指导思想决定了文化自信的性质和方向。随着时代的发展变化，建立在中国特色社会主义实践以及马克思主义理论基础之上的文化自信，其内涵及发展水平也不断走向了新的历史高度，已经成为道路自信、理论自信和制度自信的文化底色和时代表征。

第三，从历史的发展阶段来看，当前，中国的发展步入了新时代。在新的历史阶段，我国社会的主要矛盾发生了深刻变化，人们在持续关注传统文化价值观念的同时，也将做出新的文化选择，必然导致文化自信的内涵和形式发生新的变化，以回应新时代的发展要求。党的十九大以来，党中央大力加强文化建设，文化发展的目标与方向越发明确，文化的地位日益提高，文化自信正式写入了党章，文化在经济社会发展中的引领作用日益凸显。在全国各族人民正在为全面建成小康而砥砺奋斗的新的历史阶段，中国特色社会主义文化正在为实现这一宏伟目标提供源源不断的精神动力、智力支持和价值支撑，文化自信已经成为奏响推进中华民族伟大复兴的时代号角。

（三）统一性

文化自信的形成是文化继承和发展有机统一的过程。因此，文化本身的特性及其发展规律决定了文化自信的形成与发展规律。在文化自信的形成与发展的过程中，表现出明显的统一性的特征。

第一，文化自信是普遍性与特殊性的统一。现代社会，任何一个国家都往往通过文化来构建人们对于国家、民族的文化认同。从此种意义上来看，任何一种文化自信都具有一般意义上的普遍性的特征。从结构要素上而言，不同的文化自信体现的是不同的文化主体、客体及其之间的关系组合，因而，不同的文化自信之间必然是一种差异性的存在，表现为特殊性的特征，成为一种文化区别于另一种文化的显著标志。

第二，文化自信是变化性与稳定性的统一。文化是一个具有自觉意识的人类的创造，是一个有机的生命过程，是一种可以传承、传播、分享和发展的动态体系。文化总是处于不断的变化之中，文化的变化性决定了文化自信相应地具有变化性的特征。同时，由于文化是系统性的存在，文化中的观念系统有天然的保守性和怀旧性，这使得文化具有保持现状的倾向，文化传统、特定文化和特定因素或性质都表现为持续性的特点，即使是迫于外来压力时，也努力保持其基本的结构和方向。文化自信的形成，需要经历一个长期孕育、不断积淀的过程，一旦形成，便具有为人们所了解和认同的相对稳定性，人们就会长期坚守和秉持。

第三，文化自信是整体性与多样性的统一。对于一个群体而言，文化是统一的整体，是具有完整的结构和鲜明特征的整体。文化的整体性还表现为人类文化中每一个单一文化内部的统一性。因此，文化自信是一种整体性和统一性的存在。与此同时，任何一个民族都有自己的文化，每个民族都是在特定的文化背景中成长起来的，文化模式构成了一个民族文化的基本单元，其文化特征也就自然而然地从他们特有的文化模式中显现出来。文化差异的存在和文化趋同一样，是一种无法克服也无须克服的正常现象。差异性和多样性是文化本身的特征，也是文化得以发展和延续的基础。在差异性的基础上达成共识、实现共生，也是多样文化发展的趋势，更是文化发展的必由之路。

## （四）可塑性

文化自信的形成，是一个长期的文化交流和比较的过程，是对某种特定文化由认知到认同，再到坚定信心，进而自觉传承的过程。在这一过程中，通过教育引导的方法和途径，能够实现对于文化自信的培育和提升。

第一，文化自信的主体具有可塑性。文化自信的主体，既包括某个单独存在的个体，也包括由多个拥有共同价值追求的个体所组成的某一或某些社会群体，归根结底，都是由具有价值判断能力的人所组成。人作为一种生命个体，存在于社会中，也就是存在于一定的文化中，既表现为物质性存在，又表现为社会精神性存在。作为社会实践活动主体的人，在对象性地改造客观世界的过程中，同时也改造着主观世界，形成人对自身所处文化世界的精神构建。一个人的文化自信的形成，不是先天形成的，也并非一成不变的，它是一个人在对文化问题不断进行学习、思考与比较的过程中而逐渐建构并不断发展的。当整个社会的经济发展水平、文明进步程度、生态人文环境等外部条件因素发生了变化，或者当个体的思想认识、心理状态等内部因素发生了某些改变时，人的认知水平、自信程度都会随之发生变化。

第二，文化自信的客体具有可塑性。作为文化自信的客体，文化本身不是静态物，不能一经形成便一劳永逸，也不是至善至美的，没有任何需要完善的地方，它会在实践中不断地发展、变化和完善。在文化不断辐射、发展、分化和同化的过程中，能够通过对资源的有效利用而获得新的发展能力，通过对其他社会组织及意识形态的学习借鉴而实现新的进化，通过不断地传播与交流而获得新的文化因素，这恰恰是文化变化的作用和意义所在。因此，对文化的整合，促进其凝聚力的提升、影响力的扩大、生命力的激发，使其自身的优势和特点得以最大限度的发挥，这本身就是对文化进行不断塑造的实践过程。

第三，文化自信的主客体关系具有可塑性。文化自信主客体关系的可塑性，取决于文化自信的主体和客体的可塑性。文化自信的一个共同表征，就是其主客体之间具有相互关联性，即国家文化主体与各民族文化客体之间具有高度一致的政治认同和思想基础。世界各个多民族国家自身存在着多元民族文化，这些文化在长期历史发展过程中通过相互接触、交流、交融，产生了一些诸如价值观念、道德规范、宗教信仰等方面共同的政治或文化特质。这些特质连接着主权国家内各个不同民族及民众，使其形成"多元一体化"的文化共同感和"休戚与共"的政治文化心理，成为各民族人民友好相处、共同发展的精神动力和国家稳定、发展和繁荣的政治思想基础。比如，佛教传入中国后，不断与我国既有的宗教、哲学、语言文学以及伦理等方面进行融合，丰富了中国的传统文化，也增加了人们的信仰选择。

# 第二节　文化自信的理论基础

## 一、马克思主义关于文化的思想构成了文化自信的理论基础

### （一）文化对社会发展具有重要作用

第一，马克思恩格斯对于文化与政治、经济辩证关系的揭示，能够深化对于文化在政治、经济发展中重要作用的理解，为深入开展文化自信研究奠定思想基础。马克思主义的社会结构理论认为，社会存在和社会意识构成社会。社会的存在、稳定与发展受到很多因素的影响，其中包括经济基础方面的因素，也包括上层建筑方面的因素。一是经济基础对上层建筑具有决定性。马克思曾经指出："人们在自己生活的社会生产中发生一定的、必然的、不以他们的意志为转移的关系，即同他们的物质生产力的一定发展阶段相适应的生产关系。这些生产关系的总和构成社会的经济结构，即有法律的和政治的上层建筑树立其上并有一定的社会意识形态与之相适应的现实基础。物质生活的生产方式制约着整个社会生活、政治生活和精神生活的过程。"在这里，马克思实际上是将整个社会系统内部的社会关系划分为生产力、生产关系、上层建筑三个层面，并对上层建筑进行了进一步的细分，指出了生产力决定生产关系、经济基础决定上层建筑的规律。物质交往是交往的最初形式，随着交往的进一步扩大，作为社会的精神活动与思维方式的文化交往开始出现。在人类历史长河中，考察文化的发展轨迹，就会发现，所考察的时期越长，所考察的范围越广，这个轴线就越是接近经济发展的轴线，就越是同后者平行而进。文化交往与文化自信，都是在经济与政治的发展过程中产生的，必然是建立在经济基础之上，也一定是社会经济发展程度的现实反映。二是文化作为一种上层建筑，对经济社会发展具有反作用。恩格斯指出："政治、法、哲学、宗教、文学、艺术等等的发展是以经济发展为基础的。但是，它们又都互相作用并对经济基础发生作用。"由此可见，精神力量对于物质力量、上层建筑对于经济基础具有明显的反作用。文化的发展是社会经济发展水平的体现和反映，先进的文化对经济社会的发展具有促进作

用，落后的文化则会阻碍经济社会的正常发展。三是文化的发展具有相对独立性的特征。尽管文化的发展取决于社会的经济基础，但必须认识到，经济和政治对文化的决定作用和基础地位并不是时时事事的，它是最终意义和抽象意义上的。经济和政治对文化的最终决定意义并不能够否认在某些时期某些阶段文化的决定作用。马克思指出："关于艺术，大家知道，它的一定的繁盛时期绝不是同社会的一般发展成比例的，因而也绝不是同仿佛是社会组织的骨骼的物质基础的一般发展成比例的。"恩格斯也指出："经济上落后的国家如18世纪的法国和后来的德国，在哲学上却仍然能够演奏第一小提琴。"在这里，马克思恩格斯以德国的现实状况为例，提出了文化的发展并非绝对受制于经济、政治水平，还具有相对的独立性。马克思恩格斯在对文化问题的研究中，还从历史性和时代性的角度对于文化发展问题进行了分析。马克思指出："要研究精神生产和物质生产之间的联系，首先必须把这种物质生产本身不是当作一般范畴来考察，而是从一定的历史的形式来考察。"恩格斯也指出："每一历史时代的经济生产以及必然由此产生的社会结构，是该时代政治的和精神的历史的基础。"文化形态总是发生、发展于某一特定的历史背景和条件，受到特定历史时期经济社会发展水平的制约，又反过来反映和影响着社会的发展进步程度。文化又是时代进步的体现，具有鲜明的时代特征，具有与时俱进的品质，具有能够推动时代不断朝着向上的趋势前进的积极作用。因此，在开展文化问题的研究时，要站在历史的角度和时代的前沿，把握文化发展的历史性与时代性的特点和规律，做到既尊重历史背景又把握时代脉搏，不断推进文化的创新发展。

第二，列宁高度重视文化对社会发展的作用，提出的关于推进文化建设的战略举措，有力地促进了当时俄国的革命和建设，形成了对社会主义文化建设具有借鉴价值的文化思想，构成了文化自信研究的理论基础。十月革命在俄国取得胜利后，发展是摆在俄国面前的现实问题。奠定经济社会发展的物质基础，营造良好的社会政治条件，真正实现人民当家作主，培养共产主义思想道德，都离不开文化建设。列宁认识到，文化建设是最为必要和最具有紧迫性的建设。为此，列宁提出要推进文化与政治、经济的协调发展。他把能否提高人民群众的文化水平视为"或者是断送苏维埃政权所取得的一切政治成果，或者是为这些成果奠定经济基础"的"最迫切的任务之一"。因此，列宁提出并实施了关于推进文化的战略，突出强调了文化建设的地位。同时，列宁提出发展国民教育、提高国民文化水平的系列举措。在十月革命胜利之前，俄国的文化建设一直处于非常落后的水平。依据相关的统计分析，当时俄国民众文盲的比例非常高，有四分之三左右的成年民众不具备读写的能力，农村文盲的比例则高达 80%。面对国民文化水平严重落后的现实，列宁指出："我们现在还要进行多么繁重的工作，才能在我国无产阶级所取得的成就的基础上真正达到稍高的文化水平。"自从十月革命取得胜利之后，为了从根本上改变俄国文化水平落后的局面，以列宁为核心的布尔什维克果断提出，要通过建立和发展社会主义新文化来提高整个国家的文化发展水平。列宁指出，俄国要想在发展和建设社会主义的基础上，最终实现建成共产主义的宏伟目标，首当其冲的是要大幅度提升社会民众的文化水平，"必须取得全部科学、技术、知识和艺术"。为了切实提高国民的文化水平，列宁提出了一系列重大举措。包括《扫盲法令》的签署与实施、将提高国民文化水平纳入新经济政策的重要任务、开展增加教育经费等方面的教育改革等。这些举措从 1919 年陆续开始推行，短期内就收到了良好的效果，俄国民众的文盲比例迅速大幅度下降，文盲问题在工人中很快就得以扫除。这为俄国进一步进行思想改造、进行革命斗争奠定了文化基础。此外，列宁还提出要重视对青年开展马克思主义教育。主张通过使国民树立正确的世界观和价值观、建立深厚的阶级感情的方式，形成全社会的道德规范，为社会发展提供思想保障。列宁指出："现代历史的全部经验，特别是《共产党宣言》发表后半个多世纪以来世界各国无产阶级的革命斗争，都无可争辩地证明，只有马克思主义的世界观才正确地反映了革命无产阶级的利益、观点和文化。"为此，列宁明确提出，要充分发动新闻出版界、共青团组织、学校等各方面力量，开展马克思主义的宣传和教育，通过对国民特别是青年一代进行理论武装，提高国民的道德素质，逐步消除资本主义思想遗毒，坚定共产主义信念。

第三，毛泽东对于文化对社会发展的重要作用有着深刻的认识，其对于中国文明在世界文明中占据重要地位的认识、对于中国传统文化的深刻理解以及对于社会主义文化建设重大意义的认识，都为本书研究文化自信提供了理论指导。毛泽东认为，中国文明在世界文明中占据着重要地位。他强调指出："世界文明分东西两流，东方文明在世界文明内，要占个半壁的地位。然东方文明可以说是中国文明。"这表明，毛泽东坚持比较研究的方法，坚持辩证的思维方式，得出了科学合理的结论。既充分认识到了世界文明的发展趋势，具有对本土文化与外来文化兼收并蓄的胸襟，又客观分析了中国文明在世界文明中的重要地位。在进行中国文化建设的过程中，毛泽东从中国的国情出发，将马克思主义与中国传统文化有机融合，推动了文化的创新发展。毛泽东深入研读中国经典著作，深刻了解中国传统文化。从先秦思想到明清思想，从《二十四史》到《资治通鉴》，从《昭明文选》到《韩昌黎全集》，毛泽东所读的中国典籍经史子集无所不及。毛泽东的论著语录、诗文辞章，展现了他深厚的传统文化功底。毛泽东深刻领悟到了中国文化的精髓和智慧，认为中国文化既不会在发展中断层，也不会被其他文化所主导并取而代之，提出要不断发扬中国传统文化。毛泽东深刻认识到了文化建设对于社会发展的重要作用和影响，他并没有一般地、抽象地阐释文化的概念和内涵，而是从马克思主义的立场出发，从文化与经济、政治的辩证关系中来理解文化的重要作用，并对文化建设的重要意义做出了阐释。毛泽东指出："一定的文化（当作观念形态的文化）是一定社会的政治和经济的反映，又给予伟大影响和作用于一定社会的政治和经济。"这一认识，遵循了经济基础与上层建筑之间关系的辩证规律，形成了其关于文化与政治、经济关系的基本观点。

第四，改革开放以后，中国特色社会主义文化理论也在实践中得以不断丰富和完善，对于文化的重要地位和作用的认识不断加强，为文化自信思想的形成奠定了坚实的理论基础。邓小平深刻阐释了精神文明建设在社会发展中的重要地位和作用。他指出："没有这种精神文明，没有共产主义思想，没有共产主义道德，怎么能建设社会主义？"他强调，物质文明与精神文明都必须抓好。江泽民阐释了文化在国际竞争中的战略地位。他指出，一个国家文化实力的强弱，直接关系到在国际竞争中的地位，关系到整个国家的凝聚力和整个民族的生命力。胡锦涛论述了文化发展的重要意义。他指出，只有促进文化的繁荣发展，促进国家综合国力的不断提升，才能在日趋激烈的国际竞争中立于不败之地。习近平总书记站在中华民族伟大复兴的历史高度，对于文化治理的重要意义进行了阐述。他于2013年11月在山东曲阜考察时指出："一个国家、一个民族的强盛，总是以文化兴盛为支撑的，中华民族伟大复兴需要以中华文化发展繁荣为条件。"文化自信和文化兴盛能够凝聚民族意志，激发精神力量，是文化软实力的重要组成部分。习近平把"中国梦"的价值感召提升到文化治理的高度，强调文化的创新发展与繁荣，是国家治理的重要内容，是实现国家复兴、民族强盛的力量源泉。

### （二）社会主义文化是对资本主义文化的批判和超越

第一，马克思恩格斯关于民族文化全球化发展趋势的科学分析以及关于人类社会发展途径多样性的科学阐释，体现了其文化哲学的思想，可谓是文化自信的理论基础。马克思恩格斯指出："过去那种地方的和民族的自给自足和闭关自守状态，被各民族的各方面的互相往来和各方面的互相依赖所代替了。物质的生产是如此，精神的生产也是如此。各民族的精神产品成了公共的财产。民族的片面性和局限性日益成为不可能，于是由许多种民族的和地方的文学形成了一种世界的文学。"马克思恩格斯认为，资本主义会加剧在全球的扩张，东西方之间的距离将日益缩短，文化的交流会越发普遍，全球化将是一种必然的趋势。同时，马克思恩格斯也认识到，这种"世界的文学"虽然是由世界上多种民族文化在交流发展中形成的统一的文化形式，但绝不意味着以单一的西方文化作为唯一的标准，各种民族文化在形成统一的"世界的文学"的过程中并没有完全同化和消失，而是保留和彰显着各自的个性，是统一的多样性的文化。马克思认为，俄国"可以不通过资本主义制度的卡夫丁峡谷，而占有资本主义制度所创造的一切积极的成果。"认为俄国等东方国家有其特定的社会发展历史，能够跨越资本主义阶段而直接进入社会主义制度，提出了著名的卡夫丁峡谷思想。马克思指出了印度古代社会的土地公有制形式有其鲜明的特征，要站在东方社会历史发展的特殊情境中，深入分析印度问题的特殊性。同时，马克思对于所有原始公社都应该建立同一形式的观点进行了有力的驳斥和批判，旗帜鲜明地表明了自己的立场，指出不同国家和民族的文明模式和文化发展路径必然是多维、多样的，东方国家的公社形式和土地公有制形式有其独特的特性，不能简单地与西方国家画等号，东方国家完全能够开辟出一条符合本国条件的独特道路。这一重大的文化理论成就，促进了人类社会历史发展方式的极大进步，对社会主义国家的发展提供了重要的启示。

　　第二，列宁关于无产阶级文化与人类文明成果之间的关系、关于民族文化的"两种文化"理论的论述，体现了社会主义文化是对资本主义文化的批判和超越的思想，为本书研究文化自信提供了理论指导。列宁在推行文化建设的过程中，创造性地提出了"无产阶级文化"的概念。他指出：无产阶级文化"并没有抛弃资产阶级时代最宝贵的成就，相反却吸收和改造了两千多年来人类思想和文化发展中一切有价值的东西。"无产阶级文化不是凭空产生的，是在传承历史文化的基础上，对历史文化进行批判、改造以及发展、创造的结果。同样，发挥社会主义的优势，既要批判地继承资本主义的文明成果，也离不开对其人才、技术和经验等的学习和继承。开展文化自信问题的研究，为培育和树立高度的文化自信提供理论指导和实践借鉴，同样需要在继承优秀传统文化的基础上，辩证地学习并借鉴外来文化的精华。只有这样，才能实现和提升中国特色社会主义文化自信。从文本意义上来说，列宁对"民族文化"是持否定态度的。1909 年，列宁针对路标派所提出的"'俄国民主派'背叛了国家和文化"这一口号进行了批判。他在《路标派和民族主义》中，批判了路标派对"俄国民主派"的指责，认为其言论是反革命叛变行为，目的是挑起民族斗争，转移人们的注意力。此后，列宁深入研究了民族文化问题，提出了"两种文化"理论。在"两种文化"理论中，列宁论述了文化的民族性和阶级性。他认为，在阶级社会，一个统一的民族实际上已经分裂为对抗的两个不同的阶级——作为"被剥削劳动群众"的无产阶级和"占统治地位"的资产阶级。相应地，民族文化也分裂为对抗的两种不同的文化——无产阶级的文化和资产阶级的文化，虽然它们都是本"民族文化"的一部分，却各自有着不同的思想体系。这里，列宁揭示了文化的阶级属性和党性原则。他指出，由于这时的民族文化由资产阶级所代表和主导，无产阶级的文化虽然也有"民族"的形式，也需要民族的语言，但为了与"同族的"资产阶级进行论战，无产阶级只有而且必须反对资产阶级主导的"民族文化"。可以看出，列宁并没有否认民族文化的现实存在。而是强调，在尖锐对抗的阶级斗争背景下，民族文化成为一个被割裂的载体而不是一个统一的存在。出于现实斗争的考虑，列宁否定和批判了以路标派为代表的资产阶级自由派的"民族文化"口号，揭开了这一口号的虚伪面纱，揭示了这一口号的实质要义。列宁否定资产阶级所持有的占主导地位的"民族文化"，其目的是防止这一口号分裂工人，削弱民主派，侵蚀全世界工人阶级的团结和利益。

**（三）中国特色社会主义文化是民族的科学的大众的社会主义文化**

在新民主主义革命时期，毛泽东曾经提出了"民族的、科学的、大众的"文化理论。经过不断丰富与发展，习近平总书记对中国特色社会主义文化作出了进一步的论述，指出："发展中国特色社会主义文化，就是以马克思主义为指导，坚守中华文化立场，立足当代中国现实，结合当今时代条件，发展面向现代化、面向世界、面向未来的，民族的科学的大众的社会主义文化，推动社会主义精神文明和物质文明协调发展。"（习近平在中国共产党第十九次全国代表大会上的报告）

中国特色社会主义文化自信体现了文化的民族性特质。文化自信既蕴含着国家自信，也蕴含着民族自信，还蕴含着政党自信，但归根结底就是中国特色社会主义的自信。这一自信源自对于不忘本来的始终坚持，进而实现了对文化活力和生命力的不断激发。从历史的维度来看，文化自信不是从来就有的，中华优秀传统文化是文化自信的深厚沃土，其中所蕴含的独到的理念、智慧、气度乃至神韵，已经沉淀至社会心理的深层，并深深地融入人们的思维方式、行为习惯和价值选择，逐步积淀成为中华民族和中国人民的自信心和自豪感。从现实的维度来理解，文化自信是一种实践自信，当代中国人民对于中国共产党、对于中国特色社会主义能否有自信，关键在于实践的检验。在中国特色社会主义的具体实践中，中国共产党自觉肩负起了传承和发展中华优秀传统文化的历史重任，充分发挥了中华优秀传统文化的忠实继承者、弘扬者和建设者的重要作用。在文化体制改革的过程中，党和政府以优秀民族文化滋养民族生命力、激发民族创造力、提振民族凝聚力，开展有针对性的文化遗产保护和抢救，创造性地促进民族文化基因与当代社会发展相协调、与现代文化发展相适应，逐步建立和完善了促进中华优秀传统文化传承与发展的体制和机制，用实践证明和回答了文化自信的民族性根源问题。

中国特色社会主义文化自信体现了指导思想的科学性。中国所取得的一个又一个伟大的胜利，与我们所坚持的科学的指导思想和理论武器是密不可分的。马克思主义以其毋庸置疑的真理性，揭示了人类社会发展的客观规律、发展道路和前进方向。中国共产党在实践中对马克思主义进行不断地丰富和发展，始终将马克思主义中国化的最新成果作为治国理政的思想武器，始终履行着马克思主义的忠实信仰者、坚定捍卫者和伟大实践者的角色，这是马克思主义和科学社会主义在中国特色社会主义实践中取得胜利的根本原因所在。马克思主义在中国的不断丰富与发展，以及在发展中不断形成的中国化的最新成果，是中国特色社会主义的思想之魂、文化之魂，马克思主义的真理性和科学性是文化自信的理论之基。当今世界，资本主义的新变化、全球化的新趋势，正在按照马克思所阐述的发展轨迹在前进。中国道路的巨大成功和历史性的伟大实践，正在持续证明着马克思主义的科学性。

中国特色社会主义文化自信体现了立场的群众性。广大人民群众的信任和支持是中国特色社会主义文化自信的力量之源。人民立场是共产党的根本政治立场，代表人民利益是共产党的全部利益所在，为人民服务是共产党的根本宗旨。我国的社会主义性质决定了文化建设必须始终坚持以人民为中心的工作导向，最大限度地发挥人民的主体作用，努力实现文化发展为人民群众服务的目标。在进行文化体制改革的进程中，党和政府强调以人民群众为根本，充分调动人民群众的积极性，确保了文化改革发展的成果惠及全体人民，人民的文化权益得到了有效的保障，整个社会的文化生活质量不断得以提高。在实际工作中，党和政府重点实施了文化惠民工程，科学分配文化资源，深入推进文化资源向基层、农村以及贫困地区倾斜，着力打造公共文化服务的标准化、均等化、社会化和数字化平台建设，让越来越多的普通社会民众享受到文化发展带来的福利。同时，党和政府注重以健康的文化成果引导人民群众、教育人民群众，不断开创汇民心、聚民力的良好局面，着力促进文化服务的共建和文化成果的共享。这些措施有力地促进了"以文化人"深入群众的日常生活，真正厚植了文化自信的群众基础，始终坚持了人民的主体地位，显著增强了文化建设的凝聚力。

**（四）中国特色社会主义文化需要吸收传统文化和外来文化的精华**

第一，坚持文化领域的对外开放。党的十一届三中全会以来，中国坚持对外开放，打开了社会主义文化建设的新视野。中国坚持在文化领域实行对外开放，充分体现了文化自信以及实现文化创新发展的现实追求。邓小平强调，中国的发展必须是开放的发展，这种开放的发展不仅要体现在经济上，对外文化交流也要长期发展。江泽民指出，要长期坚持对外开放的基本国策，顺应全球化的发展趋势，更加积极地走向世界，不断完善对外开放格局。其中，文化是不可缺少的重要组成部分。胡锦涛强调，要加强对外文化交流，要在文化的互相交流借鉴与求同存异中，实现文化的发展与繁荣，促进世界文明的进步。十七届六中全会就坚持文化领域的改革开放、推进体制机制的创新、提高文化开放水平等进行了专门论述。十八大报告就扩大文化领域的对外开放问题进行了进一步的强调。习近平总书记强调了文化领域的对外开放对提高国家文化软实力的重要意义，并提出了"文明因交流而多彩，文明因互鉴而丰富"的论断。

第二，以科学的态度对待传统文化与外来文化。中国有着悠久的传统文化和灿烂的文明，对传统文化的传承是增强民族自信心的思想基础，是推动民族新文化发展的必要条件。来自不同国家和民族的外来文化，体现所在国家和民族在科学、技术、文化、艺术等方面的优秀成果和优势，能够为中国新文化的发展带来有益的启迪和借鉴。不论是对待中国传统文化，还是对待外来文化，毛泽东都秉持辩证的思维方式和科学的态度。主张坚持"取其精华、弃其糟粕"的原则，对中国传统文化要批判地继承，要立足于当代，达到古为今用的目的，避免复古主义；对外来文化要批判地吸收，要着眼于我国自身发展的实际情况，做到洋为中用，防止虚无主义，从传统文化与外来文化中汲取精华和营养，摒弃其中腐朽和落后的成分。毛泽东强调："我们必须继承一切优秀的文学艺术遗产，批判地吸收其中一切有益的东西，作为我们从此时此地的人民生活中的文学艺术原料创造作品时候的借鉴。"在中国特色社会主义新时期，对待传统文化与外来文化，党的几代领导人总体上都坚持"古为今用、推陈出新"和"洋为中用、博采众长"的立场。"古为今用、推陈出新"，就是在全面分析和梳理传统文化的基础上，立足于当今时代，摒弃糟粕性的内容，发扬优秀的部分，实现传统文化的与时俱进和创新发展。"洋为中用、博采众长"，就是结合我国具体实际，对外来文化辩证取舍，将各国文化的精华"拿来"为我所用。对待传统文化，2019 年 5 月习近平总书记在亚洲文明对话大会开幕式上强调："要加强对中华优秀传统文化的挖掘和阐发，努力实现中华传统美德的创造性转化、创新性发展，把跨越时空、超越国度、富有永恒魅力、具有当代价值的文化精神弘扬起来。"

他强调，要通过宣传教育，"增强做中国人的骨气和底气"。"骨气"与"底气"密不可分，相互支撑，相互转化。有"骨气"才能百折不挠、奋发图强，有"底气"方可自尊自信、从容不迫。"骨气"与"底气"都离不开优秀传统文化的滋养。对外来文化，党的几代领导人都强调，必须注重批判和鉴别，学习借鉴有益成果。邓小平指出，"我们要向资本主义发达国家学习先进的科学、技术、经营管理方法以及其他一切对我们有益的知识和文化。"十七届六中全会指出，要坚持以我为主、为我所用，积极吸收借鉴国外优秀文化成果。习近平对如何对待外来文化做出了重要论述。他强调，"我们不能数典忘祖，不能照抄照搬别国的发展模式，也绝不会接受任何外国颐指气使的说教"（2013 年 12 月习近平在纪念毛泽东同志诞辰 120 周年座谈会上的讲话）。

第三，对一元主导与多元并存的正确认识。早在 1942 年，毛泽东在延安文艺座谈会上发表的讲话中，就提出了要提倡各种艺术品自由竞争的观点。此后，毛泽东指出："艺术问题上的百花齐放，学术问题上的百家争鸣，我看应该成为我们的方针。"这就是"百花齐放、百家争鸣"方针的来历。主张运用艺术和科学的思维和方法来解决在艺术和科学发展过程中出现的矛盾和问题。在中国特色社会主义新时期，党的几代领导人继承和发展了毛泽东提出的"百花齐放、百家争鸣"的基本方针，就繁荣发展中国特色社会主义文化要处理好一元主导与多元并存的关系做出了进一步论述。针对改革开放之初有人提出"百花齐放、百家争鸣"的方针可能不利于安定团结的大局，邓小平指出，两者是完全一致的，坚持这一方针，离不开批评和自我批评，离不开民主的、说理的态度。习近平强调，"要坚持百花齐放、百家争鸣的方针""坚持为人民服务、为社会主义服务这个根本方向"，突出体现了坚持"二为"方向和"双百"方针的有机统一。做到这两者的统一，就能够处理好一元主导与多元并存的关系，就能够坚持弘扬主旋律提倡多样化。一元主导，就是坚持以马克思主义为指导，坚持发展社会主义文化。当前，坚持一元主导，最重要、最核心的就是培育和弘扬社会主义核心价值观，使其广泛融入丰富的社会生活，内化为人们的自觉追求，外化为人们的日常行动。多元并存，并非提倡任何种类的多样文化。提倡的文化，必须是先进的、健康的、有益的；提倡的多样，是多样的形式、风格和派别。目的是使中国特色社会主义文化在取长补短中共同进步，在相互竞争中保持活力，在多样化的发展中实现一元主导。而对消极落后的文化，则要注重改造，对错误腐朽的文化，则要坚决抵制。

第四，推动中华文化走向世界。实行改革开放以来，中国在文化领域的开放日益扩大，文化的国际影响力有了比较明显的提升。然而，与西方发达国家相比，当前我国的整体文化实力还不够强大，文化的国际影响力还没有实现对深厚历史文化底蕴的充分表达，仍然没有摆脱西强我弱的文化格局和劣势。因此，推动中华文化进一步"走出去"，增强文化国际竞争力的要求非常紧迫。十七届六中全会专门就"推动中华文化走世界"展开了论述，党的十八届三中全会和《中华人民共和国国民经济和社会发展第十三个五年规划纲要》分别在"提高文化开放水平"部分专门就这一问题做出了论述。习近平强调，要"努力传播当代中国价值观念"，"努力展示中华文化独特魅力"，"注重塑造我国的国家形象"，"努力提高国际语权"。这些观点是促进中华文化不断走向世界的有效途径，同时也是促进国家的文化软实力不断提升的努力方向，为实现文化"走出去"明确了方向。

## 二、中华优秀传统文化构成了文化自信的思想渊源

我国有着博大精深的传统文化，这其中，"仁爱""民本""诚信""正义""和合""大同"等思想中，包含着丰富的文化自觉意识和价值观自信，为本书研究文化自信提供了重要的思想源泉。

### （一）仁爱思想

仁爱思想作为儒家的核心思想之一，从孔孟到程朱等历代有代表性的儒学家，都以"仁爱"标准视为最高的道德准则。

据统计，"仁"字在《论语》中出现了 109 次，孔子对"仁"从不同方面和角度作了全面深入的阐释。一是主张要有仁爱之心。提出"仁者爱人""仁者，人也"的理念，认为一个有仁爱的人才能去爱别人，才能算是真正的人。二是主张要自爱。认为自爱是仁爱的起点，并在此基础上不断扩展。三是主张要爱亲人。孔子注重主张孝悌之道，倡导处理一切人伦关系，都要从孝悌做起，也就是要重视血缘亲情之爱。四是主张"泛爱众"。提出了"忠恕之道""己欲立而立人，己欲达而达人""己所不欲，勿施于人"等理

念，倡导将亲情之"爱"推而广之，主张人与人之间要充满爱心，要爱一切人。五是主张爱万物。儒家思想主张把"仁爱"推向万物，希望达到仁者能够"与天地万物为一体"的崇高境界。

继孔子之后，孟子进一步发展了仁学思想，提出了"仁政"学说，其核心思想在于倡导统治者要施仁政，以仁爱之心对待百姓，只有这样才能树立威信，统治天下。以仁学思想为核心，孔子、孟子等儒学家分别从修身、齐家、治国等诸多角度和领域提出了仁爱主张，对中国人产生了非常深远的影响。

儒家所倡导的仁爱思想凝聚着中华民族最深层次的价值追求，为了充分发挥以儒家为代表的中华优秀传统文化在当代道德重建中的重要作用，今天仍然需要我们不断挖掘儒学的核心价值，通过切实有效的举措，不断弘扬和践行"仁爱"理念。一是要发挥党员干部的示范作用。只有党员干部怀有仁爱之心，努力做一个仁爱之人，始终坚持以仁为本、以仁立身、以仁办事，才能不断形成社会示范效应，带动广大人民群众践行仁爱之道。二是要大力倡导孝悌之风，如果整个社会都崇尚孝悌之道，仁爱友善、诚实守信的价值观念自然就能够深入人心，其他一些社会问题也可以得到有效解决。

### (二) 民本思想

从历史上来看，任何一个文明古国的发端和发展，都是从民众开始的。民众是国家的主体和根本。如果没有民众，社会就无从谈起，自然也就不会有国家的存在。

民本思想是我国优秀传统思想理念的重要组成部分。老子曾经说过，他理想中的完美国家，是百姓根本不知道他们的君王是谁。其隐含的意思就是说，君王并不显贵，也并不高傲，他就隐藏在社会当中，只是在有意无意地为维持整个部落群体的正常运转而默默服务着，是真正的人民公仆。孔子认为君子与小人的区别既不在于地位的贵与贱，也不在于家境的富与贫，而只是在于思想意识和人品的不同。既然君子本来就出身于普通人，一国之君也是从普通人中脱颖而出，国家、社会就没有理由不重视平民群体。

事实上，除了君王，许多古代的贤人、能人也都出自平民。他们尽管都出身于普通百姓，最终却能够有机会成就功业，在地位上变得显贵。比如，商朝时，一个夯土版筑的奴隶传说被商王武丁看中，后来被提升为宰相，最终名垂千古；姜太公原本只是一个市场上的商贩，却被周文王举为谋士，辅佐周武王伐纣灭商后，受封于齐国而成为一等诸侯，等等。

民本思想认为，一个国家重视平民的主要目的，是为了让国家强大，让民众生活幸福，同时也使国民的整体素质得以提升。为此，国家就要通过推行"教民""强民""富民"的政策，来强化国民的整体素质。同时，国家还要兼顾那些弱势群体，通过"忧民"和"养民"的方式对百姓给予关怀，这也是一个国家必要的道德行为。如果民众的整体素质参差不齐，就会导致国家内部矛盾的出现。因此，国家要保持稳定和繁荣发展，必须坚持"顺民""惜民"的原则，注重探索综合"治民"的措施，建立行之有效的法律制度，以法治保障和促进经济发展、社会富足，最终建成一个内部和谐、共同发展、富足强大的国家。这在今天看来，仍然具有重要的借鉴价值。

### （三）诚信思想

自古以来，诚信始终是中华传统美德的重要组成部分，也是中华民族最为看重的高贵品质。所谓"诚信"，具体说来，就是指日常生活中人们行为上的诚实和信用，具体表现为人们在为人处事中态度真诚、老实、信守诺言。

从字面上的意思来理解，"诚信"一词由"诚"与"信"两个部分组成，最初也是被人们分开来使用。关于"诚"，孟子说："诚者，天之道也；诚之者，人之道也。""信"的基本内涵是指遵守诺言、言行一致、诚实可靠。按《说文解字》中"人言为信"的解释，以及程颐所认为的"以实之谓信"说法，我们可以得出，"信"不但要求人们在言谈中做到诚实可靠，杜绝说假话、大话、空话，而且也要求人们在做事方面做到诚实不欺。

关于"诚"与"信"二者的关系，"诚"主要涉及主体的内在道德品质方面，表现为态度上的真诚；"信"主要关系到主体的外在行为方面，即如何将内在的"真诚"外化为具体的行动。将内在的"诚"与外在的"信"合二为一，不仅形成了一个内外兼修的词汇，也形成了中华民族千百年来始终坚守的行为规范和道德修养，并逐步形成了内涵丰富的"诚信观"。历史上，关于诚信的事例不胜枚举。如春秋时期，晋文公在"城濮之战"中，遵照许诺而"退避三舍"的故事；战国时，吴国公子季札出使归途中，在徐国国君墓前挂剑的故事，等等。这些故事的主人公都将"诚信"作为自己的行为规范和人生信条，这些故事的广为流传，对后人产生了深远的影响。

"诚信"作为一种优秀品质，既需要个人去坚守，也需要人们共同去维护。当今社会，人们在追求物质方面满足的同时，不能违背诚信的准则。如果为了满足个人的一己私利而不惜打破"诚信"的社会体系，最终将受到"诚信"规则的惩罚。

### （四）正义思想

中国古代的正义思想，最初萌芽于原始社会中的平等观念。所谓"正义"，是指人们应当按照一定的道德标准去做的事情，通常也代表着一种道德评价。"正义"一词最早见于《荀子·儒效》："不学问，无正义，以富利为隆，是俗人者也。"

正义思想认为，正义应当是个人行为的道德原则和价值标准。《中庸》说："义者，宜也。"可以理解为，"义"是合宜、正当的行为，是"人之为人"的社会性要求；也是人伦之"义"，个人对于国家、父母以及朋友，都贵在坚守一个"义"字。孔子说："君子喻于义，小人喻于利。"当"义"与"利"发生冲突的时候，儒家通常是倡导"以义为上""见利思义"，也就是以"义"为先，顺"义"而行。

正义思想主张，坚持正义是国家和谐稳定的道德保障和普遍法则。墨子说："天下有义则治，无义则乱。"意思是说，以"义"治国则人民欢喜、社会和谐，不以"义"治国则人民生乱。这里的"义"是上升到了国家层面上的"义"。贾谊在《新书·威不信》中说："古之正义，东西南北，苟舟车之所达，人迹之所至，莫不率服。"意思是说，执政者遵行"正义"，百姓就能安居乐业，普天之下人迹可至的地方都会甘愿顺服。这些观点都指出了坚持正义对于国家和人民的重要意义。因此，正义是国家富强、民主、文明、和谐的牢固根基。

今天，正义可以理解为符合一定社会道德规范的权利和义务，且通常可认为，正义就意味着公平、公正。从这个意义上说，现代社会提倡"正义"的价值观念仍然是非常有必要的。

### （五）和合思想

古往今来，人们始终崇尚"和谐"的状态，认为不同的事物之间和谐相处、彼此融合，便能组成一个有机的整体，这就是"和合"的基本内涵。在中国的传统文化中，"和合"思想有着深厚的文化积淀。"和合"一词最早出现在《国语·郑语》中："商契能和合五教，以保于百姓者也。"这里的"五教"，指的是父义、母慈、兄友、弟恭、子孝这五种道德关系，从而实现彼此间关系的和谐，进而使百姓获得安身立命的资本。古人主张事物的多样性，强调不同的声音、味道、色调、线条、音符等因素相互调和而达到和谐的状态。可见，"和谐"既是对事物内部各要素之间恰当、协调状态的概括，也是对事物外部所呈现的多样性、差别性的普遍肯定。这种对于"和谐"的理解已经达到了一定的高度。

"和谐"的关系，是古人对于社会关系的一种理想化的描述，同时也是对人类社会终极目标的现实追求。这种理想和目标的实现，需要首先实现个人与他人关系上的"和谐"，进而实现个人与自然、社会以及其他文明关系方面的全方位的"和谐"。而这种全方位的"和谐"关系的实现，最终要通过"和合"的途径。

当今社会，经济上已经逐渐实现了富裕，国家的政治制度体系也日趋完善，文化产业的发展也日渐繁盛，然而，个人作为社会关系最基本、最重要的要素，在社会关系的各要素中，却还显得比较薄弱。因此，实现和谐的社会关系，加强个人的道德修养、提高个人的道德水平，始终是不可忽视、不可或缺的重要一环。孔子说"君子和而不同，小人同而不和"，就是基于不同人对"和合"理念的不同态度而做出的基本判断。今天，我们建设社会主义和谐社会，本质上也就是挖掘和阐发"和合"理念的时代价值，使"和合"理念内化于心、外化于形，成为人们共同崇尚的精神追求，成为社会主义核心价值观的文化涵养，成为推动社会和谐发展的动力。

## （六）大同思想

中国古代，尽管诸子百家思想林立、学术主张各不相同，但各派思想中都有关于"社会大同"的思想理念。

儒家所主张的"大同"思想，实质上就是强调人心的统一。孔子提出，一个没有险恶阴谋，没有盗贼戕害，百姓互亲互爱且无须防备小人作恶的理想社会，就是所谓的"大同"社会。与之不同的是，墨子主张天下"尚同"，希望实现天下人一家亲，反对儒家主张的尊卑高下，虽然墨家也认为人类社会需要官僚体系进行管理，但倡导即使身居高位的天子也需顺从上天的意志，然后向下层层传达至于平民，从而使全社会的想法趋于统一。同时，认为国与国之间只有相互亲近而互不侵犯，人民之间也互相友爱而不分远近亲疏，这样便可实现"大同"的理想。以老子为代表的道家也讲求"大同"，但老子所主张的"大同"是指国家之间互不交往、相安无事、各自安定、自给自足，即以众多"小同"共存的形式来实现全天下的"大同"。法家所倡导的"大同"思想，则是利用君王的法、术、势等来强力消灭社会上的罪恶、邪欲，以及人类的私欲、亲情，用赏罚制度引导人民与君王的意志"同一"。

秦朝建立后，推行的"车同轨，书同文"的举措，就是受法家"同一"思想的影响，旨在使人民畏罚而爱赏，而实现君王的政令顺畅通行。汉朝建立之后，则先是实践道家的"同一"思想，统治者休养生息，弥补社会亏空，辅以法家思想惩治社会纷乱。汉武帝提出"罢黜百家，独尊儒术"之后，便推行儒家的"大同"思想，来教化百姓、培养人才。之后，又将儒家的"忠孝"思想与法家的"法治"理念进行结合，逐渐形成了沿袭后世的基本治国思想。因此，自汉武帝之后的两千多年封建王朝，基本上主推"外儒内法"的治国理念。

新中国成立以后，中国的治国理念不断赋予"大同"思想以新的内涵。不但包括国家统一、领土完整的含义，还包括各国人民交往中的"求同存异"，以及世界各国在政治、经济、文化等领域的相互促进与融合的含义。构建人类命运共同体的命题，是新时代"大同"思想的体现，必将开启全球化发展的美好未来。

## 第三节　文化自信的当代价值

### 一、文化自信有利于社会主义文化事业的繁荣和发展

第一，有利于增强中华民族文化软实力。作为一个发展中国家，我国拥有悠久的历史文化、灿烂的古代文明和深厚的人文传统，在文化软实力方面有着丰厚的底蕴和巨大的潜力。随着文化和价值观念的影响不断扩大，人们对文化和价值观念的自觉性和敏感性逐步提高，形成了文化软实力是增强国家综合竞争力的重要因素的广泛共识。全球化背景下，文化领域面临的问题

越发突出，面对文化侵略和文化殖民主义的严峻形势，寻求一种战略上的应对之策显得尤为迫切。若要从根本上改善我国文化的弱势地位，就必须采取有力的措施抵制西方的文化霸权，不断提升文化的生产力、凝聚力、创新力以及影响力，进而提高国家的文化软实力。要通过深化改革，建立健全相关法律法规，大力发展文化产业，激发文化发展的活力，促进文化生产力的提升。要以高度的文化自信凝聚人们的力量、鼓舞人们的斗志，不断增强民族文化的认同感，不断强化全民族的凝聚力和创新力。要保持中华文化的民族性和包容性，打造民族文化品牌，推动中华文化走向世界，不断增强中华文化的影响力。

第二，为中华民族伟大复兴提供精神支撑。文化集中体现了一个民族在漫长的历史长河中延续发展的根本特质，是一个国家的经济社会发展水平重要的衡量标准，它通过隐性的方式潜移默化地影响着一个国家的经济社会发展进程。从一定意义上来说，文化是社会发展进步的核心力量，影响和决定着其他方面的发展方向和发展程度。中华民族伟大复兴以及社会主义现代化强国目标的实现必然蕴含着中华文化的繁荣与发展。党的十九大报告指出："没有高度的文化自信，没有文化的繁荣兴盛，就没有中华民族伟大复兴。"因此，培育高度的文化自信，这是历史发展的必然要求，也是中华儿女的共同期盼。中国特色社会主义文化作为改革开放和社会主义现代化建设的精神指引，是激励一代又一代中国人民在现代化建设实践中奋勇前进的强大精神力量。树立高度的文化自信，将有利于我们最大限度地凝聚思想共识、激发顽强的意志、坚定理想信念，为加快推进现代化建设进程、尽早实现中国梦提供精神动力和价值支撑。

第三，有效应对世界多元文化冲突的挑战。世界多元文化的碰撞对中国文化造成了较大的冲击。各种文化在全球范围内不断交流与碰撞，不同的文化表现为辐射力和影响力的差异，直接导致文化之间的相互较量表现为不同的结果与发展态势，形成了文化力量对比上的强势与弱势的差别。在国际间文化的交流过程中之所以会出现西强我弱的局面，原因既来自于外部也来自于我们自身。从外部来看，西方发达国家强大的经济与科技实力是形成其强势文化的根源，也是对我国文化造成外在压力的因素。从自身来看，我国在现代化建设初期注重强调经济建设，导致文化的发展相对滞后，经济与文化之间发展不协调的问题始终没能得到很好的解决。同时，西方文化的强势渗透造成了对中国文化的严重侵蚀。伴随着冷战的结束，世界格局发生了变化，美国作为世界上唯一的超级大国以自身的政治、经济实力为依托，纠集其他西方发达国家，打着文化产业的幌子，向中国进行着文化资本的输出，对中国的文化发展和建设形成了巨大的冲击和阻碍。一方面，这些西方国家推行文化霸权主义，通过歪曲价值观念、丑化政治制度等形式对我国进行文化渗透和文化殖民，图谋对我国进行"和平演变"。西方文化渗透的方式越发隐蔽，主要利用互联网、话语媒体、教育交流甚至饮食、服饰等方式，进行价值观和生活方式等方面的侵蚀。在政治制度渗透方面大肆鼓吹和美化西方的三权分立制度、多党制，刻意诬蔑和攻击中国共产党的领导和执政地位，故意损毁社会主义制度。在意识形态领域极力地片面宣扬"历史终结论""马克思主义过时论"等错误论调，灌输西方错误的社会文化思潮。在价值观念渗透方面极力宣扬西方的普世价值及其民主、自由观念，有意歪曲中国的人权问题等。另一方面，西方文化渗透的影响越发严重，西方文化的大量涌入，充斥着中国人的思想观念，对中国人原有的价值观念、行为方式带来巨大的冲击。同时，在西方强势文化渗透的消极影响之下，个别中国民众甚至出现了对社会主义产生怀疑、出现了理想信念动摇甚至丧失的严重问题，进而对中国特色社会主义文化的信念、信任和信心不强，一些人的世界观、人生观、价值观发生偏离和动摇，甚至引起了民族文化认同危机。这对中国特色社会主义文化的主导地位必然造成冲击，也势必会影响文化自信的培育效果。

## 二、文化自信有利于培养担当民族复兴大任的时代新人

第一，有利于培养社会主义建设者和接班人。习近平曾经指出，青年一代有理想、有担当，国家就有前途，民族就有希望。当前，受到国际国内形势深刻变化的影响，社会思想文化领域受到多种不良社会思潮的冲击和分化，持有"马克思主义无用论""马克思主义过时论"等消极认识的大学生不在少数；社会主义核心价值观受到市场经济带来的逐利性消极影响的冲击和挑战，大学生对社会主义核心价值观的理解和认同程度还有待进一步提升，社会主义核心价值观深度融入学校教育、真正深入学生的头脑和心灵还

有待进一步加强；传统的教育方式受到网络、自媒体等新兴媒体的强力冲击和影响，在对大学生进行教育引导中的吸引力和教育效果有所下降。这些问题的存在，使得社会主义事业建设者和接班人的培养面临着西方敌对势力渗透与争夺的严峻考验，使得大学生文化自信的培育面临着巨大挑战。大学生正处于人生中成长成熟的最关键阶段，正在通过接受高等教育逐步构建完备的知识结构体系，人生观和价值观不断确立，情感和心理素质也正在逐步走向成熟，如果不加以正确的引导，极其容易造成信仰迷失、价值观扭曲、人生意义缺失、共产主义理想信念动摇等严重后果。因此，教育并引导大学生坚定理想信念、自觉传承中华优秀传统文化、自觉践行社会主义核心价值观、不断增强民族自信心和自豪感，树立高度的文化自信，是培养德智体美劳全面发展的社会主义建设者和接班人的现实需要。

第二，有利于确保社会主义办学方向。做好人才培养、科学研究、社会服务、文化传承创新以及国际交流合作工作，是当前我国高等学校所肩负的重要历史使命。作为传播马克思主义理论、巩固社会主义意识形态、培育社会主义核心价值观的重要阵地，牢牢把握正确的发展方向，确保高等教育的发展坚持为人民服务、为中国共产党治国理政服务、为巩固和发展中国特色社会主义制度服务、为改革开放和社会主义现代化建设服务的现实目标和未来方向，是我国高等教育发展的必然选择。一是高等教育必须坚持正确的政治方向。只有始终坚持马克思主义的指导思想，不断加强党对高校的领导，确保意识形态工作的领导权，认真履行立德树人的职责，引领整个社会的思想文化建设，促进青年学生对马克思主义进行广泛的学习、研究、传播，高校才能真正担当起培育高度文化自信的时代重托，才能切实肩负起培养时代新人的历史重任。二是高等教育必须坚持对意识形态工作的领导权。高校思想活跃，是各种思想和文化的交汇地，是意识形态工作的前沿阵地。改革开放以来，我国的市场经济快速发展，互联网等新兴文化传播渠道迅速兴起，对高校的思想文化工作提出了全新的挑战，高校意识形态工作面临着敌对势力渗透的严峻形势，迫切需要加强对意识形态工作的领导权。三是高等教育必须以社会主义核心价值观为引领。社会主义核心价值观集中体现着当代的中国精神和价值，是文化自信的核心所在。在高校的众多功能和使命中，培养人才是最根本的使命。因此，用社会主义核心价值观武装学生的思想，引导学生不断增强中国特色社会主义文化自信，这是高校坚持育人为本、德育为先的使命所在。

第三，有利于实现人的自由全面发展。中国特色社会主义先进文化，是以马克思主义为指导的先进文化，其终极价值指向在于实现人的自由全面发展。中国特色社会主义文化自信，是在中国特色社会主义的伟大实践之中逐步形成的，是实现人与社会和谐共存，以及实现人与社会自由全面发展目标的文化基础。马克思曾经指出："人的本质不是单个人所固有的抽象物，在其现实性上，它是一切社会关系的总和。"习近平在《之江新语》中曾指出："人，本质上就是文化的人，而不是'物化'的人；是能动的、全面的人，而不是僵化的、'单向度'的人。"这些论断都生动地体现了人文精神和人本情怀。以马克思主义为指导的中国特色社会主义文化，是符合人类社会发展规律，随着时代的发展不断与时俱进的科学的文化；是坚持以人为本，以人民为中心，由群众在实践中创造又服务于群众生活的群众性文化；是集中体现了民族精神，辩证地融合了外来文化，面向世界和未来的开放性文化。积极向上的文化自觉意识一经形成，就能够形成对本民族文化的强烈认同，进而形成高度的文化自信，激发人们内在的精神力量，促进人们深刻认识到自己所承担的社会责任。因此，培育高度的文化自信有利于激发人的潜能与活力、促进人的全面发展，有利于推动经济社会全面进步，有利于促进全球共同发展、构建和谐世界。

## 三、文化自信有利于坚定对中国特色社会主义的自信

第一，有利于巩固中国共产党的执政地位。中国共产党领导是中国特色社会主义最本质的特征，是中国特色社会主义制度最大的优势。中国共产党自成立之日起，就把为共产主义奋斗终生作为自己的坚定信仰，就把实现中华民族的伟大复兴当成自己的神圣使命，就把坚持和发展中国特色社会主义作为自己的事业追求，就把全心全意为人民服务时刻铭记在心间。从根本上来讲，实现人民当家作主、解放和发展生产力、实现共同富裕是中国特色社会主义最本质、最核心的内容。这些内容的实现，必须坚持中国共产党的领导，没有共产党的领导，这一切就会变成空想。在中国共产党的坚强领导下，中国人民团结一心，集中精力进行经济与社会建设，创造了举世震惊的

成就。中国作为一个占世界近五分之一人口的发展中大国逐渐走向富强，中国特色社会主义事业不断推向前进。同时，中国共产党通过全面从严治党，不断进行自我净化和自我提高，努力把自身建设成为一个带领中国从大国走向强国的领导核心。对中国共产党领导地位的认可和执政能力的信任，本身就是对中国自信的重要内容。从历史和现实来说，在中国共产党的领导下，中国人民已经取得并正在取得中国特色社会主义建设的伟大胜利。从未来发展来看，面对我国改革与发展中新的挑战与风险，把中国特色社会主义事业不断推向前进，必须紧紧依靠党对一切工作的领导。

第二，有利于引领中国未来发展的前进方向。中国的文化自信不是抽象的自信，是有着丰富、具体的内容的。引领中国发展进步的基本理论、基本路线、基本纲领，中国选择的发展道路、制度模式和价值观念，中国的前进方向和未来目标，等等，都是自信的基础和内容。中国特色社会主义是在文化传承和改革与发展的实践中发展起来的，具有我国的历史文化、经济状况、发展程度的深刻烙印。在改革开放和现代化建设进程中，我们始终坚持和发展中国特色社会主义，中华民族实现了历史性的飞跃，步入了全面建成小康社会的新的历史时期。面对新的发展形势和未来的发展趋势，发展中国特色社会主义既要持续促进经济的稳定发展，又要关注于社会发展中出现的各种现实问题的解决；既要全面推动各项事业的发展进程，又要促进人的全面进步和社会的全面发展。随着中国一步步地接近民族复兴的伟大目标，中国的文化自信也在一步步地成长。新时代的文化自信能够促进党和国家不断进行理论创新与实践创新，通过不断更新观念、坚定信念，以更宽广的视野来谋划国家的发展问题和人民的幸福问题，不断巩固党的执政基础和群众基础。因此，文化自信能够凝聚各民族的力量，有利于引领中国未来发展的前进方向。

第三，有利于确保国家文化安全。当今世界，全球化、市场化和网络化已经成为不可逆转的趋势和潮流。文化同经济、政治的交织与交融不断深入，文化领域的冲突频发，传统意义上的文化传承受到质疑，文化生态的平衡遭到破坏，国家的文化安全受到了威胁。一是西方强势文化冲击着马克思主义意识形态的主导地位。伴随着全球化日益渗透到社会生活的各个方面，世界各民族之间的文化交流越来越密切，导致不同文化之间的冲突与矛盾越发激烈和明显。由此引发的意识形态话语权的争夺和国家文化安全问题，已经成为各个国家不得不应对的焦点问题。在当今文化全球化的时代背景下，以美国为首的西方国家正在文化领域掀起没有硝烟的文化战争，正在试图控制和瓦解我国青年一代的意志、价值观念和民族向心力，这对我国的马克思主义意识形态主导地位造成了明显的冲击，直接威胁到了我国的文化安全，进而对中国共产党领导的社会主义政权构成了现实的威胁。二是市场经济带来的多种思想文化交织冲击着社会主义核心价值观的培育。改革开放促进了市场经济的快速发展，也带来了社会的深刻变革和转型，导致人们的生活方式更加多样，社会的价值观念更加多元，这对社会主义核心价值观念造成现实的冲击。文化市场化背景下，封建意识形态的遗毒还不时泛起，西方腐朽思想的侵蚀还呈现出越发泛滥之势，造成当前人们的价值观念出现迷失、扭曲甚至错乱的现象，出现了社会主义核心价值观的认同危机。三是网络信息化造成了文化教育的弱化。网络媒介的传播即时性、沟通交互性、交往间接性、主体虚拟性、信息开放性等特点，对文化教育提出了巨大的挑战。网络文化的传播打破了传统的教育模式，弱化了教育对象自我教育的力量，混杂着西方敌对势力倾销的文化价值和反动思想，冲击着马克思主义的指导地位，削减了文化教育的效果，降低了文化的引领作用与影响力。

# 第二章　大学生文化自信的培育目标与内容

## 第一节　大学生文化自信的培育目标

大学生文化自信培育的目标通常是指在一定的条件和环境下，通过一系列的教育引导行为，期望大学生在文化自信方面达到的程度和效果。新的历史条件下，要把坚定理想信念、自觉传承中华优秀传统文化、自觉践行社会主义核心价值观、增强民族自豪感作为当代大学生文化自信培育的具体目标。

### 一、坚定理想信念

从总体上来看，当前我国高校思想政治工作积极作为，成效显著，表现为积极向上的发展态势。大学生的思想总体表现为健康向上，大学生的综合素质不断提升。然而，我们必须清醒地意识到，当前我国意识形态领域正在面临着多样化社会思潮的冲击与挑战，传统的教育方式正在面临着网络新媒体的冲击和挑战，理想信念教育正在面临着市场经济引发的逐利意识的冲击和挑战，培养社会主义事业建设者和接班人正在面临着敌对势力渗透甚至争夺的冲击和挑战。加强大学生的理想信念教育遇到的现实挑战十分严峻，承担的工作任务也十分繁重。特别是个别高校还存在重视智育轻视德育的现象，个别教师还存在重视教学忽视育人的情况，个别高校的思想阵地建设还存在薄弱环节，这些都使得大学生的理想信念教育面临着严峻的形势。

尽管经济社会的发展赋予了高校诸多使命和功能，但高校的根本还是培养人才。这就决定了立德树人是高校的立身之本，理想信念教育是教育的首要任务。如何坚持正确的政治方向，如何履行好立德树人的职责，如何发挥高校对全社会思想文化建设的促进作用，都需要做好高校思想政治教育工作。教育和引导当代大学生坚定理想信念，衷心拥护党的领导，对中国特色社会主义高度认同，对中华民族伟大复兴充满信心，是高校思想政治教育工作的历史使命。习近平总书记强调，要在坚定理想信念上下工夫，教育引导学生树立共产主义远大理想和中国特色社会主义共同理想，增强学生的中国特色社会主义道路自信、理论自信、制度自信、文化自信，立志肩负起民族复兴的时代重任。没有崇高理想和良好品质，知识掌握再多也无法成为优秀人才。高校思想政治教育工作，表面上看是做学生的日常思想教育工作，实际上是在从思想观念、理想信念以及价值取向等方面深刻影响着一代青年。因此，高校必须将理想信念教育作为首要任务抓实抓好。

高校思想政治工作涉及学生成长成才的方方面面，有着丰富的内容，但必须注重与学生的思想和生活实际紧密地联系起来，做到有针对性地回答大学生的思想认识问题，才能确保理想信念教育能够落在实处。一是要引导大学生正确认识和准确把握世界以及中国发展的大的趋势。认清发展的总体趋势，把握历史发展的基本规律，才能更好地坚定理想信念。人类社会的发展与演进遵循着客观的规律，共产主义作为一种独特的具体的运动形式，是在现实中不断发展、在实践中不断前进的，今天我们所从事的中国特色社会主义建设本身就是共产主义的实践内容。要引导大学生真正从思想的源头上、从社会历史演进的规律中，来增进对中国特色社会主义的历史必然性的认识，不断树立为共产主义远大理想和中国特色社会主义共同理想而奋斗的信念和信心。二是要引导大学生正确认识和勇于担当时代赋予的责任和使命。要使大学生清楚地认识到实现中华民族伟大复兴，不是依靠一代人的努力就能够完成的，它需要依靠一代又一代中华儿女接续性的不懈奋斗来实现。当代大学生是国家的未来和民族的希望，应该自觉将个人的理想融入到国家发展建设和中华民族振兴的事业当中，主动担当历史使命，为时代的发展建功立业。

## 二、自觉传承中华优秀传统文化

博大精深的传统文化是我们实现中华民族伟大复兴的力量之源。传承和发展中华优秀传统文化，就要大力弘扬讲仁爱、重民本、守诚信、崇正义、尚和合、求大同等核心思想理念。"仁爱"是中华优秀传统文化最核心的思想理念。仁爱思想在当代也有着极强的生命力，不论是国家与社会的发展还是个人的成长进步，都应当以仁爱为基础和目的。在中国古代政治思想中，"民本"思想的地位举足轻重。民本思想深刻揭示了执政规律，在约束执政权力、顺应民意、维护社会秩序和国家稳定等方面起到了重要作用。"诚信"是中华优秀传统文化中的重要理念，被古人视为为人之本、立国之基。诚信在今天仍然是需要大力弘扬的美德，建设诚信社会、诚信政府、诚信企业、诚信家庭是诚信文化在新时代的要求。"正义"是判断是非善恶的标准，深深地融入了中华民族的价值观念和道德体系之中。我们今天将"义"与社会主义核心价值观倡导的平等、公正等理念相承接，已经将其作为国家与人民的道德追求。"和合"是中华优秀传统文化的重要价值观，中华民族对和合的追求，既包括人与人之间的和谐，也包括人与自然之间的和谐。和合精神有助于我们更好地把握建设和谐社会的基本目标，也有助于我们以"和而不同"的理念处理与不同国家、不同文化之间的关系。"大同"思想反映了中华民族对理想社会的理解与憧憬，有助于增进各国人民之间的相互理解和情感。

当前，传承和发展中华优秀传统文化势在必行。"博大精深的中华优秀传统文化是我们在世界文化激荡中站稳脚跟的根基。"中国共产党自成立以来，领导各族人民积极投身于革命、建设、改革的伟大实践，并在实践中自觉承担起了传承和弘扬中华优秀传统文化的历史性任务。党的十八大以来，以习近平同志为核心的党中央对传承和发展中华优秀传统文化更加重视，全国上下迅速行动，开展了一系列务实创新的工作，取得了显著的成效。中华优秀传统文化焕发出了时代的生机，对于经济社会发展的凝聚力、影响力和创造力都大大增强。当前，各种文化与思想的交流与融合表现的更加突出，这对于进一步加快传承和发展中华优秀传统文化提出了更高的要求。因此，必须坚持创新发展理念，站在实现中华民族伟大复兴的现实高度，坚持以社会主义核心价值观作为引领，通过有效的途径与方法，实现对传统文化的传承、创新与发展，不断增强人们的文化自觉意识和文化自信程度。

## 三、自觉践行社会主义核心价值观

价值观是文化的核心所在。习近平指出，社会主义核心价值观是当代中国精神的集中体现，凝结着全体人民共同的价值追求。社会主义核心价值观充分体现了对中华优秀传统文化的传承与升华，有其深厚的文化涵养和历史底蕴。同时，又是根据时代的发展要求总结与凝练形成的，彰显了鲜明的时代特征。从时代发展的角度来理解，社会主义核心价值观反映了时代发展进步的要求，它所强调的思想内涵具有强大的感召力量，它所指引的价值追求符合社会民众对美好生活的向往。价值观自信是文化自信的核心所在，是保持民族精神独立性、使中华民族始终走在时代前列、在激烈的国际竞争中始终立于不败之地的重要支撑。

当代大学生的价值取向决定了未来中国社会发展的价值走向，坚持不懈地以社会主义核心价值观为引领，引导大学生形成正确的价值观念和追求，是高校思想政治工作责无旁贷的职责与使命。我们要将理论与实践相结合，将历史与现实相结合，教育引导大学生正确认识和理解社会主义核心价值观丰富的内涵、鲜明的特征和具体的实践要求。要将社会主义核心价值观贯穿和融入于高校育人工作的全过程，加强文化知识、文化意识、文化观念的教育，加强历史知识、历史规律、历史思维的教育，不断增强大学生的国家文化安全意识和社会责任感。要在贯穿、结合与融入上下足功夫，把社会主义核心价值观同大学生的学习紧密结合起来，引导其在刻苦学习文化知识的过程中锤炼和锻造高尚的情操和良好的品行；要把社会主义核心价值观的培育贯穿在学校的规章制度和行为规范中，建设高水平的育人体系和管理体系，促进高校的发展做到治理有方、管理到位，确保高校育人环境的风清气正；将社会主义核心价值观的培育融入高校人才培养的各个环节，使之真正内化为当代大学生的价值信仰和追求，引导当代大学生在实践中积极传播和模范践行社会主义核心价值观。

### 四、增强民族自豪感

民族自豪感是民族自信的现实体现。民族自豪感作为爱国主义情感的重要组成部分，是对本民族及其历史文化、民族精神、价值取向等的高度认同，是对本民族未来发展的高度自信。一是民族自豪感是对历史文化的自觉。中华民族自豪感的生成，是建立在中华文化深厚的底蕴、中华民族独特的文明遗产和文化心理结构基础之上的。通过对传统文化的演变和发展历程的充分认知、对优秀传统文化的大力弘扬来促进民族的文化自觉，是增强民族自豪感的文化基础。二是民族自豪感是对民族精神的自信。以爱国主义为核心的团结统一、爱好和平、勤劳勇敢、自强不息的伟大民族精神，是中华民族维护祖国统一、实现民族团结、追求和平与发展的强大凝聚力，是激励中华儿女与时俱进、攻坚克难的精神支柱。三是民族自豪感是对价值观念的认同。中华民族世代形成的价值观念，对中国历史的发展以及人类文明的进步都产生了深远的影响。今天，我们培育和弘扬社会主义核心价值观，是在新的历史条件下增强民族自豪感的具体体现。

大学生民族自豪感的状况，影响着大学生文化自信培育目标的实现程度。因此，必须引导大学生树立强烈的民族自豪感。增强大学生的民族自豪感，一是要引导大学生在国际比较中正确认识中国实力与特色。通过将中国与世界进行比较，向大学生讲清楚我国在经济建设上取得的历史性成就以及对世界经济的重大贡献，讲清楚我国在政治建设领域的制度优势以及在文化、社会、生态文明建设和党的建设领域的成就和优势，帮助大学生在比较中全面认识当代中国、客观看待外部世界，在比较中坚定信心、增强自豪感。二是要大力弘扬民族精神和时代精神。爱国主义是民族精神的核心，要通过内容丰富、形式多样的爱国主义教育，振奋大学生的民族精神，激发大学生的爱国情怀。改革创新是时代精神的内涵，要与时俱进地加强和改进大学生思想政治教育工作，通过教育引导增强大学生深化改革的信念和创新发展的能力，使其真正成为改革开放和现代化建设的生力军。三是要在与世界各民族的文化交流中增强民族自信。中华文明的发展离不开与其他文明的交流互鉴，在传播中国文化与学习外来文化的过程中增进中华文化与世界各民族文化的交流，是塑造良好国家文化形象、增强民族自信的重要途径。

## 第二节　大学生文化自信的培育原则

培育的大学生文化自信，要遵循思想政治工作规律、教书育人规律、学生成长规律，也要不断总结大学生文化自信培育的实践经验，在此基础上形成大学生文化自信培育的基本原则，即在大学生文化自信培育过程中要遵循传统性和时代性相结合、理论性和实践性相结合、主导性和主体性相结合、民族性和世界性相结合的原则，从而确保大学生文化自信培育目标得以实现。

## 一、传统性和时代性相结合

当代大学生文化自信的培育要坚持传统性和时代性相结合的原则，传统性突出对中华优秀传统文化和革命文化的传承与弘扬，强调对文化精髓的挖掘与继承；时代性就是要创新发展社会主义先进文化，实现与时俱进的突破和超越。

第一，继承传统性。文化自信的培育是建立在对文化的传承与创新的基础之上的，因而不可能脱离传统而存在。传统表现为历史发展过程中沿袭下来的思想观念、风俗习惯和行为准则，无形中影响着现实生活中人们的思想和行动。文化自信本身蕴含着传统文化的优秀成分和优良的革命传统，凝聚着历史与文化的精华，并且对于今天的社会形式仍然发生着作用和影响。因此，大学生文化自信的培育坚持传统性的原则，就是要充分挖掘我国传统文化和革命文化的精髓，继承中华民族的传统美德，弘扬优良的革命传统，将传统意义上的文化自信培育经验与现代教育手段相融合，教育引导当代大学生做优秀传统文化和优秀革命文化的继承者、弘扬者和践行者。一是要传承优秀的传统文化。中华传统文化是文化自信底气之根。中华民族历经几千年的发展，创造了灿烂的中华文明，这是中华民族文化自信的根基和底气。培育大学生文化自信，就是要不忘本来和初心，引导大学生继承和弘扬优秀传统文化。二是要传承特色的革命文化。革命文化是在特殊的中国革命斗争及实践中孕育产生的特色文化形态，是对中华传统文化的传承，又是社会主义先进文化的涵养。培育大学生文化自信，就是要不忘革命传统，以革命文化为血脉，引导大学生接受革命文化的熏陶。

第二，彰显时代性。文化自信本身是历史与现实的存在，随着时代的不断发展，文化自信的培育必须与时俱进，直接回应思想、观念、文化交融、碰撞的现实问题，要彰显时代性，富有创造性。一是文化自信的培育内容要与时俱进。当代大学生文化自信的培育顺应经济社会的发展趋势，契合我国社会主义现代化建设总体目标，被赋予培育内容鲜明的时代特征，要引导大学生在实践中大力弘扬和践行。二是文化自信的培育方式要不断创新。当今时代，网络的快速普及和发展极大地改变了人们的思维模式、生活方式和话语体系。当代大学生作为时代的新生力量，表现出思维方式多元化、生活方式自主化、话语体系个性化的鲜明特征。这势必要求大学生的文化自信培育要融入新的时代元素，拓展培育空间，丰富培育渠道，更新话语体系，融合现代传播手段，实现对培育内容的创造性转化和培育方式的创新性发展。

第三，坚持传统性和时代性相结合。文化自信兼具传统性和时代性的双重特征，是二者的有机统一。因此，在文化自信的培育过程中必须坚持传统性和时代性相结合的原则，正确处理好传统与时代的关系。一是要在继承传统中体现时代性要求。文化自信本身既是对历史文化精髓的传承，也体现着当今社会的发展水平与发展程度。大学生文化自信的培育既要坚持对传统的继承与发扬，又要体现时代性和先进性的要求，实现传统与现代的有机结合。注重从传统与现实中挖掘鲜活的素材，注重坚持先进的培育理念，拓展多样化的培育渠道，依托有效的培育载体，综合运用科学化的培育方式、方法，注重强化培育内容的时代感和感染力，不断创新大学生文化自信培育的实践，促进大学生文化自信程度的提升和全面发展。二是要在突出时代性中坚持传统。文化自信的培育无疑需要顺应时代的发展要求，体现时代的进步特征，但又必须尊重历史，建立在坚持传统的基础之上，否则，文化自信的培育就会失去根基。因此，要引导当代大学生深刻理解中华民族的优良传统，并在新时代发展实践中不断弘扬和践行。

## 二、理论性和实践性相结合

大学生文化自信的培育是一个从认识到实践，再到认识，再到实践的循环往复的过程。文化自信作为经过人们的认识而形成的理论，只有在实践的检验中才能不断丰富和完善，才能更好地指导实践；文化自信培育的实践活动只有在正确理论的指导下，才能沿着正确的方向不断向前推进，向纵深发展。因此，大学生文化自信的培育必须坚持理论与实践的有机结合。

第一，突出理论性。文化自信本身是一套完整的理论体系，蕴含着丰富的理论内容，理论教育是大学生文化自信培育的首要手段，是促进大学生对文化自信相关理论接受并内化的关键。一是要注重理论灌输。灌输是一种有效的思想政治教育方法。通过系统化的正面理论灌输，能够使大学生从心理上形成一种认知定势，能够保证大学生对文化自信相关理论的理解和认同。二是要坚持理论引导。理论的价值在于解决思想问题与实际问题。在当下我国经济社会转型发展的关键历史阶段，大学生的思想观念和行为方式受到各种社会矛盾和冲突的影响，必须加以理论上的引导。加强对大学生的理论引导，重点是要从大学生的思想实际出发，从大学生最关注的热点焦点问题着手，运用大学生最乐于接受的话语和方式进行文化自信的培育。三是要推动理论创新。创新是发展的最本质体现。理论只有不断丰富、发展和创新，才能更好地掌握群众、指导实践。推动大学生文化自信培育的理论创新，要科学把握大学生文化自信培育的正确方向，针对大学生文化自信培育面临的形势，不断推进理论、实践和制度等方面的创新，不断改进大学生文化自信培育的理念、载体和途径，不断探索大学生文化自信培育的科学规律。

第二，注重实践性。文化自信最终要体现在人们对文化的认知、认同和践行的实践之中，大学生文化自信的培育一定是在科学理论指导下的实践活动，因此，必须坚持实践性的原则。一是要坚持在实践中培育。实践育人是重要的育人途径之一。在文化自信培育过程中发挥实践育人的功能，就是要通过实践活动促进大学生增进对传统文化、革命文化和社会主义先进文化的深刻理解和深厚感情，树立高度的文化自信，既成为文化自信的受教育者，自觉将文化自信入脑入心，又做文化自信的实践者，主动去传承、传播和践行文化自信。二是要坚持在实践中检验培育效果。实践是大学生文化自信培育的出发点和落脚点，是检验和评价大学生文化自信培育效果的唯一标准。大学生文化自信的培育要坚持从实践中来到实践中去的原则，注重对大学生的文化自信状况进行动态把握，在培育实践中坚持问题导向，有针对性地对培育实践活动进行调整和修正，确保大学生文化自信的培育效果达到预期的目标。

第三，坚持理论性和实践性相结合。马克思主义既是理论，也是实践，是理论与实践的辩证统一。马克思主义是指导大学生文化自信培育的理论指南，这就决定了大学生文化自信的培育过程一定是理论和实践相结合的过程。一是坚持理论性要兼顾实践性。理论是行动的先导所在，但理论的生命力唯有体现在具体的实践中才会有意义。大学生文化自信的培育首先要坚持理论性，与此同时，又绝不能单纯地从理论到理论，还需要把理论付诸具体的实践之中。要将理论通过大学生喜闻乐见的实践培育形式，向大学生进行灌输，要注重解决大学生的思想问题和实际问题，使理论既成为大学生丰富知识体系的引导，又成为大学生投身文化自信培育实践的指导。二是注重实践性要依靠理论性。中华文明历经几千年的发展和洗礼，形成了丰富而独特的理论体系，这是开展大学生文化自信培育的宝贵理论资源。伴随着时代的变迁和外部环境的发展变化，大学生文化自信培育会在实践中不断面临新的形势和新的矛盾，需要从理论层面不断推陈出新，从实践层面不断探索出符合时代发展要求的新的内容、形式、载体和途径，使大学生在实践中提高思想认识和理论素养，激发文化自信意识，增强文化自信情感。

## 三、主导性和主体性相结合

现实中，每一个个体对于文化自信的认知和理解都是一个从自发到自觉、从朴素到系统的过程。个体在未成年之前，特别是在未接受正规教育之前，对于文化的了解和认识是零碎的、自发的，需要通过系统的教育引导来提升其文化自觉。因此，通过教育手段进行大学生文化自信的培育，既要充分发挥教育者的主导作用，又要发挥受教育者的主体作用，坚持主导性和主体性相结合的原则。

第一，发挥主导性。大学生文化自信的培育之所以要坚持主导性的原则，主要是基于思想政治教育中主体与客体之间关系的视角来进行考量，注重强调教育者在整个思想政治教育过程中的主导性作用。以教育主体的身份出现的教育者在教育过程中具有重要的导向和示范的作用。一是要注重发挥教育者的导向作用。教育者作为思想政治教育的主体，在大学生文化自信的培育中承担着信息收集、整理和传播的工作，扮演着教育活动的组织者和教育情景的调控者的角色，因而是大学生文化自信培育的主导力量。大学生文化自信的培育过程中，教育者的导向作用非常关键，教育者本身的文化素质、责任心和创新意识，将直接影响到能否坚持正确的教育方向、能否营造适合的教育环境、能否把握恰当的教育内容、能否运用有效的教育方法以及能否充分调动受教育者的主体性等方面。二是要注重发挥教育者的示范作用。教育者是学生灵魂的塑造者，不光肩负着传授知识的职责，更承载着育人的神圣使命。对于受教育者而言，只有亲其师才能信其道，教育者能否在文化育人和文化自信培育过程中做到言行一致，能否做到带头践行优秀文化，对于大学生文化自信意识的激发和文化自信行为的养成将产生直接的影响。

第二，激发主体性。人的主体性的体现，是人的自我发展和自我实现的过程。大学生文化自信的培育，必须充分尊重大学生的主体地位，确保大学生的主体意识得以全面的激发，只有这样，才能充分调动大学生的主动性，最大限度地激发大学生的学习动力与生命潜力，促进大学生在不断的自我成长、自我发展、自我完善的实践过程中树立高度的文化自信。一是要突出大学生在文化自信培育中的主体性地位。大学生文化自信的培育要注重促进传统的单向教育模式向互动交流培育模式转变，坚持以学生为中心的教育理念，使大学生在教育实践中的主体性作用充分得以发挥，真正形成树立文化自信的思想自觉和行动自觉。二是要激发大学生在文化自信培育中的主体性意识。真正的教育是自我教育的充分实现。大学生自我教育的实现程度，取决于其在学习和获取知识的过程中自我意识的强弱程度，也取决于其在接受教育的过程中主体性作用的发挥程度。因此，大学生文化自信的培育最根本的在于引导大学生树立自觉发展的意识，主动开展自我教育，在自我学习和自我感悟中增进对文化内涵的理解，增强文化认同意识，坚定对文化发展的信念，付诸文化传承的自觉行动。

第三，坚持主导性和主体性相结合。在大学生文化自信培育过程中，既要全过程地坚持教育者的主导性作用，又要全方位地激发受教育者——大学生的主体性地位，将主导性与主体性原则有机融合并贯穿于全部培育过程的始终。一是要在发挥教育者主导性作用的同时凸显受教育者的主体性。由于大学生的心理素质和认知能力尚不成熟，对于文化自信实践的方向性、严肃性和科学性难以准确把握，因此在整个培育实践中就必须坚持主导性原则，注重发挥教育者的主导性功能。与此同时，文化自信的培育要注重把握大学生群体的特点和成长规律，坚持大学生的主体性地位，创造性地探索符合大学生自身特点的培育方法和途径，在寓教于乐中讲清道理、激发情感，使文化自信意识能够深入大学生的心灵，成为其基本的素质。二是要在激发主体性中坚持主导性。大学生文化自信的培育必须充分调动大学生自我教育的积极性，不断激发大学生接受教育的主动性，使大学生真正成为教育的主体，自觉实现文化自信的不断提升。强调大学生的主体作用，并不代表忽略或弱化教育者的主导作用，相反，要求教育者不断按照时代的发展要求提升自身的素质，在大学生文化自信培育中更好地发挥主导性作用。

## 四、民族性和世界性相结合

在当今世界全球化的背景下，大学生文化自信的培育必须坚持民族性和世界性相结合的原则。突出民族性，就是要以中华优秀传统文化为基因和滋养，在文化自信培育中突出中华民族的文化传统、民族精神和价值理念，使大学生在对优秀传统文化的理解与认同中增强民族自信心和自豪感；坚持世界性，就是要在坚持和发挥自身传统优势的基础上，以开放的胸怀甄别与吸纳外来文化，从人类文明的优秀成果中汲取营养，促进自身文化体系的改造、整合和优化，不断激发文化自信培育的活力。

第一，突出民族性。文化自信是中华民族的优良传统，具有相对稳定性的特质。民族性是文化自信的最根本的特征所在，高度的文化自信是引领中华民族保持强烈的民族自尊、自豪意识的重要途径。因此，大学生文化自信的培育必须全面坚持和体现民族性的基本原则。一是要传承和弘扬中华民族的优秀文化传统。从根本上来说，优秀文化传统是涵养文化自信的基础。弘扬中华民族的优秀文化传统，是树立文化自信的基本要求。培育大学生的文化自信，要注重引导大学生全面了解民族优秀文化传统，对中华民族的价值观念做到深刻领悟并高度认同，民族精神意识不断增强，为中华民族文化、精神和价值在当代不断得以发扬光大奠定思想基础。二是要以科学的态度正确对待民族传统文化。在对待民族传统文化的态度上，既要摒弃全面回归儒家思想体系的观点，又要避免陷入全盘肯定传统甚至是盲目自负的误区，而是要处理好批判与继承的关系，注重教育引导大学生从辩证唯物主义和历史唯物主义的立场出发，树立对待民族优秀传统文化的正确态度，客观认识民族传统文化，使优秀民族传统文化成为大学生文化自信生成的思想源泉。

第二，坚持世界性。文化自信的培育之所以要坚持世界性的原则，是由文化本身的开放性的特征所决定的。文化作为历史与现实不断发展的产物，从本质上就是在与外来文化不断交融并对自身文化进行扬弃与优化的过程中形成和发展的。任何一种文化体系都是一个开放性的系统。大学生文化自信培育坚持世界性的原则，就是要以开放的姿态开展大学生文化自信培育的具体实践，要在坚持自身传统文化优势的前提下，积极吸收西方发达国家的优秀文明成果，促进中西方文化的不断融合，实现传统文化与现代文化的有效整合，形成大学生文化自信培育的资源与合力。一是要坚持世界眼光。当今时代开放的趋势不可阻挡，各个国家之间的联系愈加频繁，不同文化之间的融合愈加紧密。世界各国在民族文化传承与弘扬方面，特别是针对青少年群体开展的民族文化信心培育方面有很多成熟的做法和经验，值得我们去学习和借鉴。因此，大学生文化自信的培育要在开放中积极拓展工作的视野，通过不断更新理念、优化目标、完善内容、创新方法、健全效果评价机制等方式，确保培育工作的实际效果。二是要坚持中国特色。大学生文化自信的培育既要坚持吸收外来文化的态度，充分借鉴世界各国的先进做法，又要做到保持中国特色，符合我国文化建设的实际和要求。因此，我们在开展大学生文化自信的培育中，既要坚持以中华优秀文化为主体，又要不断放宽眼界，以开放的情怀对优秀传统文化进行创新与传承。

第三，坚持民族性和世界性相结合。大学生文化自信的培育既要坚守民族性的根底，又要引入世界性的活力，在坚守中激发开放的活力，在开放中坚守民族的底色，实现二者的协调统一，最终实现中华文化影响力的不断提升和生命力的不断增强。一是在坚持民族性中体现世界性。中华民族历经几千年所形成的传统文化，本身不是孤立的，也不是自我封闭的，而是对外来文化中有益成分的兼容并包，是与各种不同文明与文化相互交流融合的产物。随着全球化进程的加快推进和当今社会现代化程度的不断提升，如何使传统文化适应时代的发展要求，符合现代文明的发展趋势，是培育大学生文化自信的题中应有之义。这就要求大学生的文化自信培育既要注重传承和发扬中华民族自身优秀的传统文化，又要积极学习世界各国的优秀文明成果，以更加广阔的视野，在使中华文化不断走向世界和走向未来中，坚定文化自信。二是在坚持世界性中坚守民族性。任何一种文化的发展和繁荣，都不可回避开放性的发展规律，又都必须坚守自身的独特个性和价值。因此，任何一个时代进行文化自信的培育，都必须是在开放中吸收其他民族文化的精华、摒弃自身文化中陈旧落后的成分。通过对文化的不断整合、优化，促进文化的发展与创新，形成文化自信培育的牢固基础。此外，要在坚持世界性要求的同时坚持民族性的根本，保持自身传统文化的特色，以中华优秀传统文化为主体和主导，顺应时代的发展趋势，将优秀传统文化持久传承和发扬。

# 第三节　大学生文化自信的培育内容

文化自信培育的内容是对培育目标的具体展开，也是通过何种形式开展文化自信培育的依据，对于保证文化自信的培育效果起着非常关键的作用。当代大学生文化自信的培育，应重点围绕"三个自信"教育、社会主义核心价值观教育、中华优秀传统文化教育、革命文化教育和社会主义先进文化教育等内容展开。

## 一、中国特色社会主义道路自信、理论自信、制度自信教育

第一，以中国特色社会主义道路作为文化自信培育的根基。是否选择正确的发展道路，是能否探索出健康发展出路的决定因素，决定着中国未来发展的走向。中国道路是在对中华文化的传承中、在对中华民族发展历程的总结中、在现代化建设的探索中、在改革开放的实践中开辟出来的道路，是从我国处于社会主义初级阶段的基本国情出发，既牢牢坚持以经济建设为中心，又注重促进经济、政治、文化、社会和生态文明"五位一体"全面协调发展的发展中国、富强中国的道路。中国道路紧紧围绕解放生产力和发展生产力的社会主义根本任务，是符合中国实际发展需要的实践探索，反映了时代的要求和中国人民对美好生活的诉求。实践证明，中国所选择的发展道路是符合中国国情、适应中国社会生产力发展要求、有助于共同富裕目标达成的强国富民之路，是实现中华民族伟大复兴的康庄大道。在文化自信培育的实践中，坚持以中国特色社会主义道路作为文化自信培育的根基，就是要教育引导当代大学生既要从经济层面深刻理解这一发展道路的根本属性，还要从政治、文化以及理想信念层面准确把握和全面理解中国特色社会主义道路的丰富内涵和特殊属性，实质上是经济、政治与文化的多重统一和相互确认；要引导大学生明确中国特色社会主义道路与文化自信的内在联系，认清中国特色社会主义道路是文化自信的现实基础，文化自信是中国特色社会主

义道路的精神内核，只有在实践中不断增强道路认同、坚定道路自信，才能更好地树立文化自信。

第二，以中国特色社会主义理论作为文化自信培育的行动指南。要培育大学生的文化自信，为大学生未来投身社会主义建设事业凝聚力量，就必须使大学生能够认同、具备并弘扬中国精神和中国价值。中国特色社会主义理论体系是中国精神和中国价值的基本理论支撑。从理论层面来理解，中国特色社会主义理论体系蕴含着与时俱进的先进的价值理念，是社会主义核心价值观的思想源泉，是中国人民思想解放的精神力量。从实践层面来理解，中国特色社会主义理论体系是马克思主义在中国改革开放和现代化建设中的历史性飞跃，是在时代发展的过程中形成并不断发展的中国化的马克思主义，是被实践证明了的与时俱进的理论体系，是中国改革开放进程中的战略部署。经过长期的不懈奋斗，中国特色社会主义迎来了新的发展时代，中国的改革与发展进入了新征程。在新时代背景下，高校思想政治教育工作面临着关注和研究文化育人问题、培育和增强大学生文化自信的重要历史任务。毋庸置疑，加强文化育人体系构建、培育大学生的文化自信，必须坚持理论武装、共识凝聚，使之形成坚定的理想信念和过硬的思想素质，为担当时代责任、完成历史使命奠定坚实的理论基础和行动指南。

第三，以中国特色社会主义制度作为文化自信培育的有力支撑。中国特色社会主义制度是理论与实践相结合的产物，是在现代化建设的实践中逐步形成、创新发展并日臻完善的，与中国特色社会主义理论体系一脉相承，为坚持中国特色社会主义道路保驾护航，是中国特色社会主义文化的具体体现，因而是我国改革开放和社会主义现代化建设中必不可少的保障。历史和实践都充分证明，中国特色社会主义制度集中体现了社会主义的优越性，紧密结合中国的基本国情，充分体现了人民的期待和诉求，已经成为当代中国发展进步和未来实现伟大复兴的根本制度保障。因此，教育引导当代大学生对中国特色社会主义制度深刻理解并真正认同，必然能够增强对国家的信赖和对文化的认同，必然能够主动增强承担社会责任和履行社会义务的思想和行动自觉。新时代背景下，如何进一步坚定中国特色社会主义制度自信是一个新的时代命题。关于新时代加强中国特色社会主义制度建设，习近平曾强调指出，坚定制度自信，不是要故步自封，而是要不断革除体制机制弊端，让我们的制度成熟而持久。只有与时俱进地建立科学完善的制度体系，真正体现公平正义的原则，切实树立制度的权威性，才能提升人们对制度的认同程度，并自觉内化为行为准则，逐步形成充分的制度自信。以中国特色社会主义制度作为文化自信培育的根本原则，就是要教育引导大学生树立远大理想，明确自身作为社会主义事业建设者和接班人的使命担当；增强公平正义意识，正确行使各项权利的同时自觉履行自身应尽的义务；深刻理解制度自信与文化自信的关系，不断坚定制度自信与文化自信。

## 二、社会主义核心价值观教育

党的十八大报告指出"倡导富强、民主、文明、和谐，倡导自由、平等、公正、法治，倡导爱国、敬业、诚信、友善，积极培育和践行社会主义核心价值观。"从形式上来看，社会主义核心价值观分别从国家、社会和个人三个层面凝练形成了"三个倡导"，逻辑清晰、层次鲜明、通俗易懂，是对国家建设、社会发展、公民培育目标的高度概括。从内容上来看，社会主义核心价值观从优秀传统文化中汲取了充足的营养，辩证地吸收了世界优秀文化的精髓，体现了时代的发展要求，表达了中华民族的共同理想。培育和践行社会主义核心价值观有利于充实高校思想政治教育的内容，有利于提升全民族的思想道德水平，有利于确保社会主义文化建设的正确方向。社会主义核心价值观具有明确的实践导向，其生命力体现在具体的实践中，体现在全体社会成员的广泛参与和自觉行动中。价值观自信是文化自信的核心所在。培育和践行社会主义核心价值观是树立文化自信的核心要素，必须坚持培育和践行并举，通过系统的培育、教育来引导具体的践行行动，在具体的践行实践中深化教育。践行文化自信的实际行动具体表现为对于文化责任的主动承载与自觉担当，这份文化责任担当的实现最关键的在于社会主义核心价值观的感召与涵养。对一个民族、国家来说，最持久、最深层的力量是全社会共同认可的核心价值观。在人生成长的关键时期，当代大学生选择并树立什么样的价值观，将决定其未来能否承担社会主义现代化建设事业历史重任。新的历史时期，外部环境复杂多变，多样文化并存与交融碰撞，大数据与多媒体兴起，多样思想交锋与竞争，意识形态领域的冲突与斗争迭起，使得大学生的价值选择和人生信仰面临着较大的冲击甚至是危机，迫切要求加强对大学生进行文化自信的培育，以高度的文化自信和价值观自信破解大学生在思想意识层面存在的理想信念模糊的现象。

当前，对大学生深入开展社会主义核心价值观教育，关键在于引导大学生坚定理想信念，确立人生方向，激发爱国情怀，肩负社会责任，锤炼高尚品格。要充分发挥课堂的育人功能，帮助大学生从逻辑关系上准确掌握社会主义核心价值观的基本内容，深刻理解其内在的涵义，将其融入于心灵、铭记于脑海，对其真懂、真信，将其树立为自己的人生理想；要将社会主义核心价值观融入第二课堂校园文化活动，通过多样化的课外活动，促进大学生在潜移默化中接受社会主义核心价值观的浸染和熏陶，将其作为日常学习、生活的基本准则和遵循，修炼道德品行，提高价值选择的能力，在思想上和行动上都成为社会主义核心价值观的忠实践行者；要通过校内外实践活动，引导大学生从提高自身的修养做起、从一点一滴的小事做起、从影响身边的人做起，以实际行动积极传播社会主义核心价值观。最终，教育引导大学生真正把高度凝练而又内涵丰富的社会主义核心价值观升华为人生的信仰和追求，以感情、理想信念、价值观念的形态蕴藏于内心中，以语言、行为、实践的方式外化为实际行动，从而形成强大的凝聚力，为培育高度的文化自信奠定深厚的基础。

### 三、中华优秀传统文化教育

中华文明历经五千多年的孕育发展，业已形成了独具特色的中华传统文化。在漫长的历史进程中，中华民族孕育产生了儒家、道家、墨家、法家等各家流派与学说，凝结形成了博大精深、内涵丰富的中华优秀传统文化。其中，"天人合一"的和谐思想追求在一个广泛存在差异性与矛盾性的世界里，实现安定、和谐的局面。中华民族对和谐的追求，既包括人与人之间的和谐，也包括人与自然之间的和谐。今天，和谐精神有助于我们把握建设和谐社会的基本目标，处理与不同国家、不同文化之间的关系。"自强不息"的进取精神培育了中华民族勇于向自然灾害、向社会危害顽强抗争的奋斗精神，这种精神在中国的革命和建设中体现得淋漓尽致，今天我们依然强调每个人的幸福生活都是在不断进取与奋斗中创造出来的。"民为邦本"的民本情怀深刻揭示了执政规律，在约束执政权力、顺应民意、维护社会秩序和国家稳定等方面起到了重要作用。此外，中华传统文化在"爱国主义""仁爱理性""诚实守信""崇尚正义""天下大同"等方面也都有着非常丰富的内涵。作为中华民族共同的历史记忆和共有的精神家园，中华传统文化是中华民族凝聚力深厚的思想渊源和持久不竭的文化源泉，是凝聚共识、增强文化自信的不竭动力。当今世界，文化软实力的较量在国际竞争中的表现得越发突出。文化的差异与文明的冲突是当今世界冲突的基本根源，只有一脉相承地弘扬和传承中华优秀传统文化，从中汲取营养、寻找动力，文化强国的建设目标才能不断得以实现。全球化时代，西方文化中的不良思想和错误思潮不断涌入我国，对人们理解和认知传统文化造成了冲击和威胁，对于继承和弘扬中华优秀传统文化提出了现实挑战。

高校作为意识形态工作的前沿阵地，一直是西方敌对势力进行渗透和抢占的重点地带，因此，应积极引导当代大学生不断增强对中华传统文化的自觉与自信，不断增强对外来文化的甄别、吸收和融合的意识。对于高校思想政治工作而言，要在教育部印发的《完善中华优秀传统文化教育指导纲要》的宏观指导下，在对大学生进行文化自信培育的过程中突出中华优秀传统文化的地位，注重对传统文化的创造性转化，使之能够与时代的发展相契合，能够获得青年学生的高度认同，能够引导青年学生的思想沿着正确的文化走向发展；注重促进传统文化的创新性发展，使之能够不断迸发出的新活力，能够不断增强影响力和感染力，能够凝聚成坚定有力的中国力量。具体而言，就是要坚持问题导向和系统思维，针对当前中华优秀传统文化教育的现状和不足，有针对性地通过课堂教育和实践教育相结合的模式，通过家庭、学校以及社会教育相互联动的方式，集中优势师资力量，以爱国主义教育为核心，以弘扬民族精神为主线，按照大学生身心发展的特点和规律，分层次、分阶段地系统开展家国情怀、社会关爱和人格修养等三个层面的教育，不断培养大学生的爱国主义情感、民族自信心、社会责任感和明辨是非的能力，促进大学生的全面发展。

## 四、革命文化教育

革命文化是中华民族最为独特的精神标识。作为特定历史时期的产物，革命文化形成于中华民族顽强抗争的革命实践中，发展于奋勇拼搏的现代化建设和改革的进程中，是集革命传统、崇高理想、优良作风等为一体的先进文化。革命文化有着承上启下的独特作用，既体现了对中华优秀传统文化的传承与发扬，又促进了社会主义先进文化的生成与传播，对于中华文明的传承、融合、创新与发展做出了重要的贡献。以红船精神、长征精神、井冈山精神、西柏坡精神等为代表的革命文化，蕴含着马克思主义的革命思想、坚定的革命理想、高尚的革命道德、辉煌的革命业绩和不朽的革命精神。继承和传播革命文化，是进一步巩固党的执政地位的重要文化根基，是激励中国人民发扬革命精神投身现代化建设实践的文化动力，是建设社会主义文化强国文化支撑，是抵御西方意识形态渗透的文化利器。

弘扬革命文化，就是要为中国的改革与发展凝聚精神力量，为早日实现中国梦提供强大的文化动力。高校是弘扬革命文化的重要阵地，要深入研究革命文化教育与传播的特点和规律，挖掘革命文化的时代价值，整合革命文化教育的资源，打造革命文化教育精品项目，将革命文化教育与思想政治理论课教学、校园文化建设、创业创新教育、志愿服务、社会实践等相结合，依托爱国主义教育基地等教育平台，开展内容翔实、形式多样的教育及实践活动，以革命文化的精髓，塑造当代大学生的理想信念、价值取向和道德境界，教育引导学生传承红色基因，弘扬革命文化，凝聚精神力量，坚定文化自信。教育大学生弘扬革命传统，以革命文化丰富自己的精神世界，在弘扬革命文化中坚定理想信念，为实现文化强国目标积聚力量。引导大学生发扬革命精神，主动筑牢抵御西方意识形态渗透的思想防线，自觉增强维护国家文化安全意识。鼓励大学生自觉担当时代使命，激发学习动力，不断提高自身综合素质，实现全面发展。

## 五、社会主义先进文化教育

社会主义先进文化是一种崭新的文化，既继承了中华优秀传统文化精华，又是对中华优秀传统文化创新性发展；既传承了革命文化的精髓，又在实践中创造性地发展了革命文化。社会主义先进文化是社会先进生产力发展要求的集中体现，全面精准地诠释了当代中国文化的内涵，代表了当代文化发展的前进方向，在持续的创新发展中实现了文化的民族性与时代性的统一，凝聚着实现中国民族伟大复兴的精神动力，引领着文化自觉、自信和自强的正确方向。随着改革开放和社会主义现代化建设的不断向纵深发展，社会主义先进文化的内涵不断丰富，五位一体总体布局、四个全面战略布局、五大发展理念等，都是社会主义先进文化生动体现，都为进一步坚定文化自信提供了有力支撑。

如何以社会主义先进文化为引领，促进高校思想政治教育工作不断创新发展，以更加有效的方式教育引导当代大学生坚定理想信念，振奋民族精神，为中国未来的发展凝聚精神能量，是高校需要思考和面对的现实问题。加强社会主义先进文化教育，要不断优化文化育人的课程体系建设，形成以马克思主义为指导、独具中国特色的课程体系和教学内容，增强课堂教学的育人功能和"育人自觉"，通过有效的课堂教学活动，向大学生讲清楚社会主义先进文化的根源、演变历程及发展方向，确保大学生对社会主义先进文化形成正确的认知；也要注重将社会主义先进文化贯穿于大学生日常思想政治教育的全过程，不断优化教育工作的理念，与时俱进地赋予教育内容以新的时代内涵，勇于探索全新的教育手段和方法，积极拓展更加广泛的教育渠道和载体，通过丰富多彩的教育实践活动，不断增进大学生对先进文化的深刻理解，实现对社会主义先进文化的传承和创新；还要积极利用网络等新媒体平台，向大学生推送经典的"文化套餐"，对大学生进行立体化、互动性、全方位的教育和引导，建设有利于大学生学习文化知识、提高思想境界、促进心理发展、弘扬先进文化的网络文化环境，增强大学生先进文化教育的实际效果。

# 第三章 文化自信视域下大学生思想政治教育研究

## 第一节 文化自信与大学生思想政治教育的关系

### 一、文化自信与大学生思想政治教育的契合点

同属于意识形态范畴的文化自信和大学生群体的思想政治教育在某种层面上具有很强的契合性，研究这两者之间的契合性，对深入探究文化自信融入大学生思想政治教育的对策具有一定的启发指导作用。

**（一）文化自信与大学生思想政治教育目标具有一致性**

文化自信的目标要求人们对我国文化有一定的认同，对我国文化的过去和将来都充满信心，并且在产生情感共鸣的基础上将其内化于心，使每个人的价值观都符合社会发展要求，进而外化于行，共同促进社会主义文化的稳定繁荣。说到底，文化自信就是价值观自信，使文化在人身上凝聚为国家和社会对人所要求的正确的价值观念和道德素质，进而为个人全面发展、社会和谐稳定、国家繁荣昌盛提供不竭精神动力和支持。

习近平指出，思想政治工作必须做到"以生为本"，一切为了学生、为了学生的一切，不断使大学生在思想、品行和文化等方面达到一定的水平，把大学生培养成一个全面发展的优秀人才，从而使他们在实现中国梦的路途中放飞个人梦想。由此，大学生思想政治教育亦体现着国家及社会对大学生的期望，在大学生思想政治品德的发展方向上起着导向与调控的作用。总之，文化自信与大学生思想政治教育同样作为社会主义精神文明建设，都旨在从人的内心深处出发，通过有目的、有意识的教育培养，使人的价值观念、思想意识和道德规范等都符合国家和社会的要求，二者在教育目标上具有鲜明的一致性。

## （二）文化自信与大学生思想政治教育内容具有同源性

大学生思想政治教育的内容是在党中央的集中领导下，教育者向受教育者传授一定的知识和观点，以促进大学生身心健康发展，成为国家所需要的人才。具体教育内容主要包括传统道德教育、革命精神教育、先进文化教育以及公共法治教育等。而文化自信教育就是要充分了解我国各种文化，比如优秀传统文化、革命精神基因及先进文化，用文化的底气和力量去熏陶、感染和渗透，以达到正确引导和教育的效果。

文化自信与大学生思想政治教育内容同源性主要表现在：首先，大学生思想政治教育内容中的中华民族优良传统教育是以中华民族优秀传统文化为内容，对大学生进行教育，诸如"先天下之忧而忧，后天下之乐而乐"的高尚情怀；"穷且益坚，不坠青云之志"的奋斗精神；"天下兴亡，匹夫有责"的爱国教育；"宁为玉碎，不为瓦全"的铁骨铮铮等都有助于激发大学生的爱国热情和民族自豪感。其次，文化自信来源于我国革命文化，它是中国共产党根据马克思主义的指导带领全国人民在浴血奋战、争取独立中创造的文化，从时间上分为在革命时期、建设时期和改革开放时期，是革命先辈们的精神凝聚。而革命文化教育一直是我国大学生思想政治教育的重要内容之一，这对培养大学生坚定的理想信念，艰苦奋斗的思想作风以及全心全意为人民服务的宗旨等都有着不可替代的作用。最后，文化自信也来自我国社会主义先进文化，而这正是引领大学生世界观的内容。所以，不难发现，文化自信思想同大学生思想政治教育有着共同的理论基础和来源，两者在一定程度上可以互通有无，相辅相成。

## （三）文化自信与大学生思想政治教育过程具有共通性

文化自信的实现是以文化为客体内容，主体（个人、社会、国家）通过一定的载体对文化进行认知、选择、信任以及肯定的过程，也就是文化自信主体和客体交互发展的过程。而大学生思想政治教育这个过程就是教育者个人或群体通过一定的方式、手段或载体，使大学生的思想品德、价值观念、道德规范等内容达到社会要求的过程，这也是教育者和大学生主客体互动参与的过程。由此可以看到，文化自信的实现同大学生群体的思想政治教育这两者之间有一定的共通性。

首先是教育主体的共通性。大学生思想政治教育的主体是教育者个人或社会团体，但是大学生在某种意义上既是教育客体也是教育主体，只有大学生发挥主观能动性积极接受教育影响，才能使其真正受到思想教育。因此大学生作为主体，能够能动地对文化进行认知、认同和践行。其次是教育介体的共通性。教育介体就是实现大学生文化自信和思想政治教育过程的内容及方法。将教育者和大学生连接起来就必须借助教育内容这个纽带。而文化自信中的传统文化、革命文化、社会主义先进文化都可以作为高校对大学生进行思想政治教育的内容，在对大学生进行思想品质塑造的过程中，也能增强大学生文化自信。最后是教育结果的共通性。文化自信和大学生思想政治教育的结果都旨在使个人、社会乃至国家有一套完整准确的政治观、道德观和价值观。由此可见，文化自信教育和大学生思想政治教育的过程在一定条件下可以合二为一，互为一体。

## 二、文化自信融入大学生思想政治教育的重要意义

文化自信是实现伟大"中国梦"的前提和基础，大学生是祖国的未来和希望，思想政治教育承担着培育大学生文化自信的重要任务，致力于使大学生成为我国文化忠实的传承者和弘扬者。因此，将文化自信融入大学生思想政治教育，无论是对大学生还是高校思想政治教育都有重要意义。

### （一）有助于奠定大学生思想政治教育根基

随着全球化的持续深入进行，当今世界各国政治、经济飞速发展，各种文化也争相斗艳，俨然已是一个百花园。然而我国大学生却也或深或浅地受到外来文化的影响，譬如西方的日常饮食、生活用品、影视文化等纷纷受到青年大学生争相效仿，此外随着网络技术的迅猛发展，互联网信息中也充斥着西方的文化和思想，这些都使大学生的思想意识在潜移默化中悄然发生变化，甚至对大学生的世界观、人生观、价值观有着不可磨灭的影响。这对正处于"三观"成型时期的大学生来说，他们可能会理想信念模糊，迷失人生方向，甚至会走错道路。

鉴于此，高校要对大学生思想政治教育严加规范和引导，让大学生养成独立思考的习惯，对是非对错有积极的自我判断。而通过对大学生进行中华优秀传统文化、革命文化以及社会主义先进文化教育，不仅能增强大学生对本民族文化的认知和认同，使大学生对本民族文化充满赤城与敬畏，而且能

够帮助大学生正确对待本国文化和外来文化，自觉进行文化选择。因此，将文化自信融入大学生思想政治教育，在很大程度上能让大学生坚定自身文化根基，使大学生在实现中华民族伟大复兴中国梦的征途上充分发挥生力军作用。

## （二）有助于增强大学生思想政治教育实效

实效性是衡量大学生思想政治教育成功与否的重要标准，它决定了高校各项工作的顺利进行。目前高校对大学生进行思想政治观教育基本都采取班级授课制，以教育者为主导向大学生灌输教育内容，这样的教育方式极易使大学生对这门课程产生逆反心理，而且部分大学生不喜欢这门课程，认为该课程可有可无，没什么实质性价值，甚至不愿意去上课，就算去教室也不听老师说教，久而久之，就严重影响了大学生思想政治教育的效果。因此，对大学生进行思想等方面教育，增强实效性尤为重要。文化是大学生思想政治教育的一个重要因素，文化自信对大学生思想政治教育效果具有重要影响。将文化自信融入大学生思想政治教育，能提高大学生的学习积极性，有利于增强大学生思想政治教育的实效性。

一方面，让文化自信走进校园，将中华优秀传统文化、革命文化、社会主义先进文化融入课堂、校园等大学生日常学习和生活中，形成一股无形的力量，使大学生的物质、精神世界都能在潜移默化中受到影响；另一方面，可以将文化自信走出校园，走进社会，比如定期组织大学生观看中国先进文化专题电影，参观有浓厚文化色彩和氛围的名胜古迹，让大学生用心去感受文化的力量。由此，大学生才会有更高的文化素养，才能更好地为人民、社会和国家服务。

## （三）有助于丰富大学生思想政治教育内容

当代大学生思想政治教育主要包括道德规范教育、爱国主义教育、理想信念教育，而这三方面内容都与文化自信有着紧密的联系。

从道德规范教育来看。中华优秀传统文化为大学生思想政治教育提供了丰富的滋养，其所倡导的"真、善、美""仁、义、礼、智、信"等优良传统对提升大学生思想和道德境界有着重要的导向作用，将中华优秀传统文化自信引入高校大学生的思想政治教育，对大学生个人品质的提升和文明习惯的培养有着重要的作用。

从爱国主义教育来看。中国特色革命文化无疑是生动的教育教材。革命文化是党领导人民在充满着"血与火"的抗争中形成的优秀文化，承载着中国人民对祖国炽烈的热爱和无限的忠诚。高校在思想政治教育工作中应大力宣传革命文化，用革命战士无畏牺牲、英勇奉献的集体主义精神培养大学生高度的民族自信心，厚植爱国主义情怀。

从理想信念来看。马克思列宁主义、毛泽东思想、邓小平理论、"三个代表"重要思想、科学发展观以及习近平新时代中国特色社会主义思想都属于我国的先进文化思想，它们都是当代大学生的思想武器来源。在思想观念、政治观点、价值取向日益多元化的今天，对大学生进行马克思主义理想信念教育，可以让他们在实践中认识到马克思主义的科学性和真理性，为大学生构筑精神世界的支柱，进而以其强大的凝聚力和感召力使大学生抱有崇高的理想和坚定的信念。

### （四）有助于完成大学生思想政治教育任务

大学生是促进经济社会发展的生力军，更是实现中华民族伟大复兴之伟业的中坚力量，对他们文化方面的培育也不能忽视。因此大学生思想政治教育的重要任务之一就是培育大学生文化素质和文化修养，树立其文化自信心和归属感，使大学生坚定中华文化的力量，辩证看待各国文化差异，对全球文化冲击抱有理性应对的态度。

文化自信是习近平总书记在党的十九大报告中明确提出的要求，大学生作为青年一代，应当站在新时代的潮头，做习近平新时代中国特色社会主义思想的坚决支持者和履行者。然而，当前大学生在文化素养方面还有较多问题，一方面，部分大学生对中华先进文化认知不清，了解也不够深入；另一方面，在与外来文化的选择中缺乏独立思考能力，极易受到意识形态问题的影响。因此，将文化自信融入大学生思想政治教育，可以使大学生在真切感悟中华文明魅力的同时，坚定中华文化自信，进而在处理本国文化与外来文化的关系中做出正确的选择。

## 第二节 文化自信融入大学生思想政治
## 教育的主要影响因素

### 一、社会环境带来的负面影响

#### (一)多元文化产生的冲击

全球化的发展使各个国家和地区经济、政治、文化等各方面的交流日益频繁,其中不同意识形态和文化价值理念的碰撞尤为复杂,也就造就了文化的多元化即多元文化。这种文化的多元化一方面可以实现优势互补,促进不同文化之间的交流与发展,使世界形成"文化的百花园";另一方面,西方国家为实现"东方从属于西方",将一些不良文化价值观渗透到我国,在一定程度上对我国社会主义主流文化产生很大冲击。中华文明 5000 年历史发展蕴含着博大精深的中华文化,当民族文化和传统观念受到西方功利主义、享乐主义价值观的挑战时,势必会形成强烈反差。当代的大学生虽然已经形成特定的文化价值观,但是由于他们正处于对周边事物充满好奇而极易接受新鲜事物的时期,当长时间汲取我国特色社会主义文化的熏陶,难免为新鲜的西方文化所吸引,因此大学生在思想观念和行为方式上极易受到多元文化冲击,出现个人主义、拜金主义和享乐主义倾向,甚至在某种程度上对我国主流文化的认知出现偏离,使社会主义文化边缘化,从而导致部分大学生在不知不觉中选择了西方文化,丧失了对我国文化的自信心。

#### (二)市场经济带来的影响

改革开放以来,社会主义市场经济的持续深入发展给我国经济发展带来了丰厚的物质财富,人民生活水平也有了极大提升,然而在经济生活快速发展的同时,我们必须清醒地看到自身文化价值观也被颠覆了。西方资本主义经济所谓的"自由""平等""民主"等模式给人们的思想观念和文化取向带来巨大影响,人们被商品、货币这种工具理性所"异化",普遍遵从物质利益至上法则,片面地以个人利益为中心,产生功利主义和拜金主义思想,这就正如马克思所说,"资本把人与人之间的关系都变成了赤裸裸的金钱关系。"受西方市场经济的影响,大学生对我国经济发展缺乏自信,这自然也使大学生对我国文化价值观产生动摇，他们在日常生活中为追求利益最大化，盲目崇尚个人主义，无视我国传统集体主义精神，部分大学生急功近利，为满足一己物欲甚至不择手段，种种迹象都表明他们的理想信念已经有所动摇，丧失了对我国主流文化的信心，这些无疑都给大学生思想政治教育带来了负面的影响。

### （三）网络文化的不良影响

随着时代的发展和科技日益创新，网络在人们的生产生活中扮演着非常重要的作用，人们的生活、学习、娱乐和工作都与网络息息相关，网络所特有的交互性、时效性和开放性使人们的生活愈加便捷。大学生是使用网络的主要群体，网络已经成为大学生日常学习和生活的主要场所，网络文化（主要包括文化产品和价值观念）能在不知不觉中对人的思想和行为产生深刻影响。因此，大学生在网络中虽然感受到文化的多元性，但是也能被错误文化信息所影响，尤其一些别有用心的西方国家通过网络技术严重干扰了大学生的价值判断和选择，此外大学生在网络上还能接触到一些低俗的不良文化，比如封建迷信和色情信息等，这些都给大学生带来巨大挑战，影响着他们的思想观念、道德情感和行为，也不利于将文化自信思想融入到大学生思想政治教育中。

## 二、家长自身及家庭环境影响

### （一）家庭错误理念的影响

众所周知，家庭观念的熏陶会对大学生的价值观产生深远的影响。如果家庭成员对我国文化缺乏信心，那么就会直接影响到大学生对中华文化的自信心，甚至会对已经形成的坚定文化自信产生冲击，这就消解了大学生思想政治教育工作的实际效果。

在市场经济的快速发展和就业形势日益严峻的双重压力下，一些家长的心态开始变得浮躁，进而会用功利化的理念教导大学生，只关注他们的专业课成绩，忽视了文化自信和思想政治教育，只用学习成绩来衡量教育成果，而忽视大学生本身价值观的养成。在大学生入学前填写高考志愿选择专业的时候，很多家长都忽视孩子的想法和意愿，自作主张帮他们选择一些比较热门、好就业且预期工资更高的专业，但是一些大学生因不满父母的安排，再加上家长对自己的学习也不太关注，就把大学当成吃喝玩乐的场所，根本无心学习。入学后一些家长则鼓励孩子要多接触社会，为自己将来就业积累更加丰富的经验，而忽视了孩子文化课的学习。另外，还有一部分家长自己对优秀传统文化、红色革命文化以及社会主义先进文化存在一些错误理解，这些思想会潜移默化地影响到学生，使得大学生产生一种错误的判断，进而反驳老师在开展文化自信和思想政治教育工作中的一些观点。这些错误的教育理念对大学生文化自信的形成以及思想政治教育效果的巩固都是极为不利的。

### （二）家庭文化风气的弱化

习近平总书记曾在讲话中强调了家风的重要性，认为家风的好坏不仅对于家庭，而且对于整个社会的发展都有重大影响。良好的家风不仅是一个家庭传统习惯和生活方式的集合，也是家庭精神风貌、道德品质和优秀传统文化传承的体现。家庭里浓郁的文化风气可以促进大学生文化素养的提升，而缺乏一定的文化氛围则会影响大学生对我国文化的感知和认同。

现如今，在市场经济和多元文化的影响下，社会不良风气严重冲击着优秀家风的传承，导致一些家庭缺乏营造健康浓郁的文化氛围的意识，再加上大学生和父辈存在一定的代沟，除了和父母聊聊日常生活琐事之外，关于文化交流和价值取向的沟通鲜有涉及。家风作为一个家庭共同认可的价值观，具有榜样示范作用，但是一些家长在文化教育方面并没有起到一个榜样的作用。比如在传统文化传承方面，家长没有做到孝敬老人，那么大学生也会对我国传统美德产生疑惑。再比如在红色革命文化教育上，家长平时在生活中忽视革命精神，缺乏集体主义原则，也会导致大学生产生个人主义倾向。此外，在社会主义先进文化培育方面，有些家长一旦对社会上某些现象产生不满，就开始对党和国家领导人进行言语上的攻击，这必然会直接影响到大学生对我国特色社会主义文化的自信心。

### （三）家长文化素养的影响

有人说，孩子从呱呱坠地的那一刻起，就"入读"了他们的第一所学校，那就是家庭，而家长则是孩子的第一任老师。家长的思想道德、文化素质、价值取向和理想信念对孩子的道德涵养和文化认知有着较为深刻的影响，在很大程度上，孩子的文化修养与家长的文化水平有着较为密切的关系。从调查报告的结果来看，我们发现，家长的文化程度越高，大学生对我国文化的认同度就越高，反之，家长的文化程度越低，大学生对我国文化的认同度也相对较低。究其原因，一方面，文化修养较高的家长会关注、认识并了解我国主流文化，并且会刻意营造浓厚的家庭文化氛围，让大学生在"润物细无声"式的潜移默化中对我国文化产生崇敬之情；另一方面，文化修养较高的家长，对人才培养的理解就越正确，越不会受社会功利性风气的影响，而忽视大学生文化素质的培养。所以我们在推进大学生文化自信和思想政治教育的过程中，也应该重视家长文化修养的提高，也要让家长为培养大学生的文化素质和形成坚定的理想信念保驾护航。

## 三、高校对文化自信重视不够

### （一）缺乏有效的文化教育

习近平总书记要求各院校都要把"立德树人"排在第一位，致力于培养学生较高的思想觉悟、政治站位、道德情操和文化素养，使学生成为一个德才兼备的高素质人才。这不仅回答了培养什么样的人，而且规定了遵循什么样的价值观培养人。现阶段大学生思想政治教育也必须贯彻"立德树人"这一根本任务，旨在对大学生进行"德""文"的双向培育，但目前，高校对大学生进行思想政治教育教学过程中存在一个普遍现象，那就是更重视大学生的政治素养和思想品德的培养，而忽视了对大学生文化素养和人文精神的教育，使以德育人和以文化人分离开来。

比如，在大学生教学课程设置上，《马克思主义基本原理》《思想道德基础与法律修养》《毛泽东思想与中国特色社会主义理论体系概论》这种公共必修课与优秀传统文化这种选修课程就大有区别，有的高校甚至从未开设过专门的传统文化课程，因此大学生受到优秀传统文化的熏陶是有限的。再者，即使《毛泽东思想与中国特色社会主义理论体系概论》课程教学中会涉及一部分中国特色社会主义文化教育，但内容相对很少，而且教学的教师由于对中华文化挖掘不够深入或是欠缺教学经验而照本宣科，也会影响大学生的学习积极性。总之，这些都使得大学生对我们的传统文化、革命文化、社会主义先进文化不接触、不了解，也不关注，从而打击大学生对中华文化的自信心。因此，大学生思想政治教育必须把以德育人和以文化人结合起来，二者同时发力，协调发展。

### （二）内容和方法有待完善

将文化自信融入到大学生思想政治教育工作中，内容和方法十分重要，丰富的文化教育内容和有效的教育方法对大学生传承和发扬中华文化有着不可替代的作用。当前，就高校思想政治理论课讲授的内容而言，很明显，我们所学的关于文化部分的内容与高中《文化生活》教材中的内容有所重复，这就让大学生对文化教育产生厌倦感，认为文化自信教育就是空洞的说教，没有一点儿新意。另外，高校缺乏对优秀传统文化的教育，要知道我们的文化自信首先就来自于博大精深的中华优秀传统文化，这是文化自信最坚实的根基和最突出的优势，彰显着我们最深厚的软实力。只有大学生认识并了解优秀传统文化的精华时，才会对我国文化肃然起敬。关于文化自信教育的方法，众所周知，大学生思想比较活跃，在高校推行文化自信教育必须考虑大学生实际情况，然而，目前大学生授课教师习惯用传统的课堂教学方式"单向输入"，这就忽视了与大学生的交流互动，打击大学生的学习积极性，使大学生容易产生逆反心理。

此外，我们发现高校也会组织各种校内外文化活动，但是大都没有深刻的学习体会，只是形式性地参观合影，没有将理论学习与实践活动密切结合。因此，在文化自信融入大学生思想政治教育中，教育内容和方法必须推陈出新，与时俱进，更好贴合大学生学习实际，从而加强大学生文化自信教育的实效性。

### （三）缺乏健全的保障机制

自全国高校思想政治教育工作会议召开以来，各高校尤其重视大学生思想政治教育工作，尤为秉承习近平总书记提出的要重视"以文化人、以文育人"的教育理念，但是由于各项管理机制不完善、不健全，使得高校在将文化自信融入大学生思想政治教育工作中陷入困境。

第一，大多数高校对思想政治教育课程改革设有一定的经费支持，但是在大学生的文化自信培育和思想政治教育等方面投入的经费并不多，有时只是为应付上级检查，才会拨一点经费，但是往往不够使用。另外，这些经费也缺乏统一的标准，致使高校更愿意将其用到其他专业教学研究上。第二，为保证大学生能够熟练掌握文化自信教育的各项内容，高校应设置专门的评估体系，对其融入大学生思想政治教育的质效予以保障。当然，目前高校对大学生思想政治教育效果的评价方式还不太成熟，评价结果也有失偏颇，这就使得大学生文化自信意识和思想政治教育缺乏一定的成效。第三，当前大学生文化自信同高校思想政治教育工作最有效结合的方法，自然是要对大学生及其代课老师文化自信培育意识进行周期性的督促检查，然而多数高校并没有一定的考核监督机制，导致大学生文化自信心的培育效果与高校思想政治教育课堂教学不匹配。因此，一套完备且高效的保障机制对大学生建立强烈的文化自信心和高校有效开展思想政治教育必不可少。

## 四、个人自身因素产生的影响

### （一）大学生心智地位特殊

马克思主义哲学认为人具有主观能动性，大学生在文化自信方面的不足也是受主观思想的影响。刚进入校园的大学生多为"00后"，他们都刚经历青春期的懵懂，身心素质不是很成熟，还没有完全形成正确稳定的思想观点和价值观念，他们整体的特征就是渴望成熟、向往自由，很容易被外面的不良思潮所误导。当前正处于"两个一百年"伟大奋斗目标的关键时期，大学生作为新生的中坚力量，必然担负着国家和民族的希望。与此同时，他们也会遭受到来自西方文化的各种侵袭，比如西方国家会利用电视、电影等喜闻乐见的方式去影响大学生，由于大学生心智还不够完全成熟，加之对事物具有强烈的猎奇心理，很容易丧失理想信念，从而盲目效仿和推崇西方文化，在不知不觉中对我国文化失去信心。

再者，大学生缺乏辩证思维能力，尤其在面对大量的西方文化时，容易用片面、孤立的眼光全然肯定外来文化，对社会主义文化自信缺乏足够的热情。习近平总书记曾告诫青年人要善于感悟、思考与分析，这就要求我们在多元文化情境下，要善于运用辩证法，对西方文化一分为二地看待与分析，既要肯定其精华的一面，又要发现其糟粕的一面，更要透过现象把握本质，认识到西方国家利用文化观千方百计对我国大学生进行渗透的现实。然而当前大学生由于心智不成熟的特性，又欠缺辩证思维，就很容易掉进西方国家的"圈套"，也就极易使大学生缺乏对中华文化的认知和认同，从而难以培育文化自信。

## （二）文化认知度有待加强

大学生是国家的未来与希望，也是中国文化的传承者和建设者。中华文化的繁荣与发展与大学生自身的文化认知、文化情感和文化选择密切相关。所以，大学生文化自信教育和思想政治教育相融合，旨在将大学生培养成具有丰富文化理论知识和强烈文化使命感的人。然而，当前大学生对中华文化的感知和认同还不够全面。究其原因，首先，存在错误的学习态度，部分大学生对思想政治文化课程的学习不认真，逃课现象普遍存在，从未真正认知和了解中华文化。另外，一部分大学生的文化态度也存在误区，认为传统文化和革命文化都是过去那个时代的思想，不能拿到当今社会使用，这在很大程度上影响了大学生对中华文化的认知认同，从而也削弱了他们的文化自信。其次，知识构成存在局限。中华文化博大精深，包罗万象，就拿一些经典著作来讲，优秀传统文化中的《论语》《史记》和《大学》，社会主义先进文化中关于马克思主义文化理论的书籍等，大部分著作都晦涩难懂，但是却蕴含着丰厚的文化思想。由于大学生缺乏一定的文化知识储备，难以领略到其中的文化价值。最后，没有主动学习相关文化理论的意识。这主要体现在理科生和艺术生身上，他们学习文化课程只是为了修得学分，通过考试，这些必然导致大学生缺乏应有的文化素养和传承担当，从而影响大学生文化自信的培养，也不利于对他们进行思想政治教育。

## （三）文化鉴赏力有待提高

随着经济全球化的飞速发展，各国文化也在传播中相互交流和碰撞。西方文化大量涌入，网络文化应运而生，社会上还存在各种不同的文化。这些多元交融的文化一方面可以促进中华文化推陈出新，与时俱进；另一方面多元文化中的不良文化思潮也不断冲击着我国主流文化的底线。在这样的背景下，我国文化的传承与发展也受到一定的阻碍。当然，这种影响在大学生身上尤为明显，相对于一直萦绕在身边的民族文化，他们对外来的多元文化更有猎奇心。但是，外来信息的复杂性和传播方式的广泛性使大学生在接触这些文化时，或多或少缺乏科学的分析和冷静的判断，从而导致他们在思想文化领域变得偏激，甚至出现私下攻击我国传统习惯、革命精神以及国家政策等现象。这样下去会严重影响大学生对我国主流文化的认同度，使他们在不知不觉中丧失了对中华文化的自信心。因此，我们必须着手锻炼大学生自身的文化甄别能力，积极推进文化自信和思想政治教育，使大学生能够自觉抵御多元文化的侵扰。

## 第三节 文化自信融入大学生思想政治教育的原则与路径

### 一、文化自信融入大学生思想政治教育基本原则

文化自信融入大学生思想政治教育工作，必须充分尊重马克思主义原理和大学生身心发展特征，坚持主体性和主导性相统一、批判性和继承性相统一、灌输性和渗透性相统一的原则，使文化自信融入工作达到理想的效果。

#### （一）主体性和主导性相统一

在文化自信融入大学生思想政治教育的过程中，要将大学生的主体地位和教师的主导地位有机结合起来，既要尊重大学生在学习生活中的积极主动性，又要充分发挥教师开展教学工作的主要引导作用。以前进行思想政治教育工作都把教师的引导作用放在第一位，旨在通过灌输和说教的方式对大学生进行知识传授和价值引导，完全忽视了大学生的主体性，这不仅不能达到教育目的，而且还会使大学生在思想政治教育工作中出现厌烦和抵触心理，不利于学校教育工作开展。因此，在文化自信融入高校思想政治教育工作中，要始终坚持主体性和主导性相结合的原则。

一方面，教育者要将文化自信教育贯穿于大学生思想政治教育教学全过程，在教育内容和教学安排上主动作为，加强自身文化功底和理论素养，积极引导大学生建立本国文化自信意识，在文化精神的弘扬和传承中，使大学生树立正确的思想道德品质，自觉端正其人生观和价值观。另一方面，无论在课堂教学还是实践活动中，都要从大学生本身出发，紧紧围绕学生、关照学生、服务学生，帮助大学生接受传统文化、革命文化和社会主义先进文化的学习教育，让大学生自觉自发地对中华文化产生浓厚的兴趣和较大的学习热情，从而更有效地实现高校思想政治教育目标。

#### （二）批判性和继承性相统一

在文化自信融入大学生思想政治教育过程中，既要使大学生对革命文化和社会主义先进文化充满信心，自觉继承革命精神，学习先进事迹，也能够

以辩证的态度对待我们的传统文化和西方外来文化。传统文化是中华文明五千年来凝聚的精神基因，我们必须尊敬历史赋予我们的财富，但这并不是说要我们不分情况不加节制地兼收并蓄，正确精华的部分可以促进大学生身心健康发展，糟粕内容则不利于大学生成长。这就要求我们要辩证看待、理性推崇，对于正确和适宜的传统文化我们要大力继承和赞扬，对于封建的毒素也要果断地批判和舍弃。因此，要想使大学生认同中华传统文化的生命力，传承中华文化基因，就必须秉持批判和继承相统一的原则，吸收传统文化之精华，剔除不符合时代发展要求的糟粕。

大学生在受到我国文化思想熏陶的同时，也会面临来自西方文化的冲击。他山之石、可以攻玉，我们要以批判的眼光看待西方文化，既不可盲目崇拜，也不能全盘否定，而要吸收借鉴其优秀部分，使其为中国特色社会主义文化建设增砖添瓦。因而，将文化自信融入大学生思想政治教育必须培养大学生的辩证思维能力，只有这样，才能保证他们在面对各种文化时能够气定神闲地分析、比较和鉴别，从而强化文化自信融入大学生思想政治教育的效果。

### （三）灌输性和渗透性相统一

灌输性和渗透性相统一，就要在文化自信融入大学生思想政治教育的过程中，处理好理论灌输和实践渗透的关系。灌输性教育是教育者要"以理服人"，用科学的理论占领大学生思想的高地，也就是教育者要把我国文化的来龙去脉给大学生讲清楚讲明白，用透彻的思想理论和强大的真理力量说服大学生，并将主流价值观寓于知识传授中，引导教育大学生自觉形成正确的思想体系、政治观点和道德情操，使其敢于直面各种错误思潮。渗透性教育有着潜移默化、寓教育于无声的特点，可以在无形之中让大学生受到思想政治教育。重在以大学生所喜闻乐见的方式开展各种实践活动，为大学生思想政治教育创造条件。坚持灌输性和渗透性相统一，一方面要"灌中有渗"，教师要改变以往循规蹈矩的理论阐释，要让教学语言变得通俗而生动，使大学生乐于接受，并且可以通过巧妙设置课堂互动和小组讨论，将文化自信以润物细无声的方式灌输到大学生的头脑中，使大学生在内心深处对我国文化产生认同，这对大学生的健康成长有着重要的指导意义。另一方面要"渗中有灌"，高校要开展丰富多样的社会实践活动，将思政小课堂延伸到社会大课堂，教师则基于社会现状把我国文化的脉络讲得深入浅出，让大学生在活动中品尝文化的味道，进而使文化自信在大学生思想深处生根发芽，转化为实际行动。

## 二、文化自信融入大学生思想政治教育实现路径

文化自信的融入研究不应仅停留在理论分析层面，更应该探索其具体的融合路径。本节将从发挥大学生自我教育作用、加强日常思想政治教育、重视校园文化建设、挖掘社会实践内容以及运用新兴媒体平台等五个方面探究文化自信融入大学生思想政治教育的路径，为中华民族伟大复兴中国梦的实现输送德才兼备的优秀人才。

### （一）发挥自我教育作用，夯实文化自信融入基础

#### 1. 自觉提升文化素养水平

高校思想政治教育的任务之一就是要使大学生拥有较高的文化素养，从而塑造正确的人生观价值观。文化自信有着丰富的内容，它包括中华优秀传统文化、革命文化、社会主义先进文化，这三种文化都是中华文化魅力的体现，大学生要深刻把握三种文化的深刻内涵，对其多加了解和认同，积极领悟其蕴含的时代价值，夯实自身文化理论功底，进而增强文化修养。

优秀传统文化是中华文明的祖先在长期的生产生活中积累的精神智慧，是中华民族发展史上的瑰宝，更是中华文明生生不息的源泉，其发展必然需要中华儿女的接力传承。大学生是继承和弘扬中华优秀传统文化的主力军，应该结合自身实际，充分汲取传统文化的滋养。首先，大学生要重视个人道德修养，通过"吾日三省吾身""言必信，行必果""谦敬礼让"等修养方法，不断提升优秀传统文化素养，弘扬中华传统美德。其次，通过学校图书馆、电子阅览室、历史文献资料等途径阅读我国传统文化经典《论语》《中庸》《大学》等书籍，不懂的地方上网查阅资料或者询问老师。最后，利用闲暇时间观看《经典咏流传》《国家宝藏》《中国诗词大会》等综艺节目，在放松之余也能感受中华文化的生机与活力。此外，大学生也要重视我国传统节日，通过自身力量让我们的传统节日过得热闹、红火，更有仪式感。

红色革命文化是党在领导人民争取民族独立、人民解放的奋斗历程中铸造的优良成果，展现了中国共产党人不怕流血、不惧牺牲，矢志不渝为革命奉献的精神风貌。在社会主义现代化的今天，良好的物质生活条件使大学生

无法想象革命战争年代英雄先辈们艰苦奋斗的那段历史，无法体会民族利益高于一切的革命精神，部分大学生出现理想信念动摇，对革命传统不以为然，价值观扭曲等问题。因此，大学生应该意识到红色革命精神的重要性，提升自身革命传统道德修养，积极继承和发展红色革命传统，传播革命文化。首先，大学生要在课堂上加深对中国近现代史的学习，并在深入了解中国共产党带领人民浴血奋战的历史的前提下，剖析革命文化蕴含的精神成果，增强自己对革命文化的认识与认同。其次，在国家重大事件纪念日参观革命旧址或者观看革命纪录片，切身感受中华民族的奋斗历程，让红色革命的种子在头脑中生根发芽。最后，大学生可以访问已经退伍的革命先辈，聆听他们的革命故事，或者听父母讲述他们所知道的革命年代，在无形之中坚定自己对革命文化的自信。

社会主义先进文化是以马克思主义为指导，以社会主义核心价值观为统领，旨在实现国家、社会、个人的全面发展，使人们的生产生活得到最大满足，它代表着社会生产力的发展，指引着历史前进的方向，有着鲜明的科学性、时代性和人民性等特征。没有社会主义先进文化的科学引领，中华民族不能也不会站立在世界舞台之上。大学生要积极学习和研究社会主义先进文化，深入认识了解社会主义核心价值观，坚定正确的文化自信。大学生要在课堂上认真学习马克思主义及党的各种先进思想，用科学的理论武装头脑，提升自己的社会主义先进文化知识水平。平时要多看一些有意义有价值的图书，比如《习近平谈治国理政》《习近平新时代中国特色社会主义思想学习纲要》《习近平关于社会主义文化建设论述摘编》等，在阅读中感受先进文化的熏陶。另外，大学生要紧跟时代步伐，利用微信公众号或"学习强国App"关注习近平总书记重要讲话和最新政策。总之，作为传承和发展中华文化的主体，大学生要自觉提升文化素养，抵御各种不良文化思潮，做一名合格的社会主义接班人。

**2. 增强自身文化创新能力**

习近平总书记曾强调，优秀人才是创新创造的根本基础和来源，大学生作为国家未来的栋梁之才，是中国特色社会主义文化建设的生力军，在推进新时代文化强国建设的进程中，不仅需要有自觉的文化创新意识，而且要具备较强的文化创新能力，只有这样，才能为坚定文化自信提供源源不断的动力。因此，大学生增强自身文化创新能力要从以下几方面做起：

首先，大学生必须用马克思主义理论知识武装自己，学会运用辩证原则发现问题、分析问题、解决问题，还要科学地选择一些有关文化方面的书籍、期刊等进行认真学习和研读，为提高自己的文化创新能力储备丰富的理论功底。其次，要积极对待外来文化，切勿盲目排斥和全盘吸收，要坚持"中学为体、西学为用"的原则，在继承中华文化的基础上，批判吸收外来文化中的一切有益成果，让其为自己进行文化创新提供新思路、新方法。同时，大学生还要增强文化辨别能力，自觉抵御西方国家的文化渗透，坚定中国特色社会主义文化自信。最后，大学生还可以将文化思想融入本专业，进而提升文化创新能力。诸如，将优秀传统文化中的和谐思想融入美术或工艺设计专业；将红色革命文化中的管理思想融入人力资源管理相关专业；将社会主义先进文化融入汉语言文学专业等。人们在文化创造的过程中获得历练和回报，同样，在文化创新过程中，也能提升相应的能力。总之，大学生应该肩负起文化创新的职责，有意识地培养文化创新能力，为祖国的社会主义文化建设增砖添瓦。

### 3. 强化自身文化实践活动

实践教学在提升大学生思想政治教育实效性中占据着重要地位，同样，文化实践活动也是增强大学生文化自信的重要环节。所学的理论知识要想转化为自身能力，就必须深入实践，在实践中发现、论证、探索，而后掌握实干技能与本领。积极主动参加各种文化类活动，一方面可以调动大学生的学习积极性，使文化自信教育不拘泥于"纸上谈兵"阶段；另一方面有助于提升大学生的文化获得感，强化他们的民族文化自信心。

作为新时代青年大学生，在平时的学习和生活中要身体力行，主动参加文化实践活动，提升自身文化实践能力。例如：学习一些书法、剪纸和刺绣等民间传统艺术，还可以参加校内外的划龙舟、唱大戏和猜灯谜等民俗活动，切身感受传统文化的魅力，提升自己对中华优秀传统文化的认可度。参观历史博物馆、文化研究所、当地的文化遗址、革命圣地等各种文化基地，之后要以文化交流或者撰写心得体会的形式分享自己的感受和经验。通过这样的文化实践活动，可以使大学生真真切切地了解到中华文化的历史和脉络，激发大学生的爱国主义情怀，不断增强他们的文化自豪感。自发组织

"我的中国梦"演讲比赛、"党的十九大"知识竞赛和征文比赛、"走进新时代"宿舍文化艺术节、学习先进模范人物事迹等文化活动，培养大学生的人文情怀和健康人格，使他们积极弘扬和宣传社会主义先进文化，提高对我国文化自信心。

此外，大学生在文化实践活动中要善于总结和自我反省，及时将自己在实践中的不足之处找出来，有针对性地进行学习，不断增强自身文化学习的主动性和积极性。

### （二）加强日常思想教育，提升文化自信融入质效

#### 1. 提高思政课教师的文化自信教育教学水平

习近平总书记曾指出：教师是人类灵魂的工程师，承担着神圣使命。高校思政课教师作为灵魂的工程师，只有不断提高自己的文化自信教育教学水平，才能保证文化自信科学有效地融入到大学生思想政治教育中。

第一，思政课教师作为文化自信融入大学生思想政治教育的主导力量，首先要提升自身的文化知识和修养，这将直接关系大学生群体对文化自信的认知水平。如果思政课教师没有扎实的文化理论知识功底，那么在对大学生进行文化教育教学时必然会捉襟见肘，也就极大地影响了文化自信的融入工作，不利于大学生思想政治教育的顺利开展。

在文化自信的融入工作中，一方面，思政课教师要强化对马克思主义理论的学习，扎实掌握马克思主义基本原理，并且要深入研究马克思主义中国化相关理论，做到真正"学马、懂马、信马"，在给大学生授课时，能够正确运用这些理论知识向大学生讲清楚文化自信的过去、现在和将来，并能够引导大学生正确认识西方文化，厘清本国文化和西方文化的差异，帮助大学生树立本国文化自信。另一方面，思政课教师要不断加强对文化自信理论的学习，广泛研读关于文化自信的各类书籍，全面系统了解中华优秀传统文化的精髓，正确掌握红色革命文化的核心内容，深入研究社会主义先进文化，为更好地将文化自信融入大学生思想政治教育奠定科学的思想基础。

第二，要坚持"以学生为本"，主动更新教学理念和教学方式，不断提升自身教学水平和教学能力。当前大多数学生对思想政治教育方面的课程缺乏了解和兴趣，很大一部分原因在于思政课教师教学理念陈旧，教学模式单一重复，而且总是照本宣科，单向输出。为解决这一问题，思政课教师必须

使自己的授课语言生动活泼，以情动人，要善于运用传统美德故事、老一辈的革命事迹和现代榜样人物等来感染大学生，讲好中国故事。当然还可以借助现代教学手段，例如，观看历史题材的电影、播放时事新闻等，用大学生喜闻乐见的方式强化文化自信融入思想政治教育的效果。要有敏锐的观察力，留意大学生在学习和生活中的思想问题，多与他们进行沟通和交流，及时了解他们的需求，善于将文化自信和思想政治教育内容、方法相结合，用文化自信的相关理论为大学生的学习生活答疑解惑，逐渐使他们形成正确的价值观念，从而将大学生文化自信和思想政治教育落到实处。

另外，思政课教师要提高自己的教学能力，还必须定期组织各种文化培训和课程教学讨论。这不仅可以使思政课教师了解到近期大学生文化自信和思想政治教育的最新动态，而且可以使他们获得丰富的教学心得，切实保障思政课教师将文化自信融入大学生思想政治教育的能力。

第三，要注重师德师风建设，立志肩负起立德树人的责任感和使命感。首先，要提高思想政治素质，这是作为思政课教师必备的基本素质。为此，思政课教师必须做到政治立场坚定，在思想上积极向党组织靠拢，使自身始终同党中央保持一致，在行为上也要紧跟党的步伐，用党的纪律严格要求自己，尤其在给大学生授课时，在思维方式和行为举止方面都要体现党的先进性，做一个坚定的马克思主义者。其次，思政课教师应恪守教师职业道德，在文化自信的融入工作中，注重以德施教，用自身人格魅力感染学生，避免以往教师与学生之间的疏离感，与学生之间建立一种朋友间的亲密感，主动关心、爱护学生，帮助他们解决在文化生活中遇到的烦恼，成为学生学习的引路人，真正让学生"亲其师""信其道"，让文化自信的种子融化在大学生的思想血液中。最后，思政课教师要以身作则，发挥好示范作用。孔子曾指出："其身正，不令而行；其身不正，虽令不从。"教师的一言一行都深刻影响着大学生的价值判断和行为选择。因此，思政课教师要表明自身的文化态度，在平时的授课和生活中践行中华文化，培养中华传统优良师德，坚定理想信念及革命正气，将文化自信的精神内涵内化于心、外化于行，为大学生做好模范带头作用。

**2. 发挥大学生思想政治理论课的主渠道作用**

学校思想政治工作的主渠道在于教师的课堂教育教学，文化自信融入大学生思想政治教育也要充分发挥思想政治理论课堂教学的重要作用，"守好一段渠、种好责任田"，加强大学生在思想政治理论课堂上的获得感，让文化自信深入头脑，促使大学生树立正确完善的价值体系和政治信仰。目前，大学中普遍开设的思想政治理论课程主要包括《马克思主义基本原理》《中国近现代史纲要》《毛泽东思想和中国特色社会主义理论体系概论》《思想道德修养与法律基础》，我们要利用好这几门课程，使文化自信在思想政治理论课堂中的重要作用得以充分体现。

在《马克思主义基本原理》课程上，注意把握它与文化自信的契合点来讲授。我们可以把马克思主义哲学观点和中华优秀传统文化中蕴含的哲学思想结合起来，比如从唯物论和辩证法的角度分析传统文化中天人合一的人生理想和福祸相依的生活智慧，使大学生更好地理解和掌握马克思主义观点和方法，得心应手地应变学习和生活中面对的各种难题，从而提升其全面分析处理问题的能力。将红色革命文化中的实际案例融入马克思主义基本原理课程教学，让原本枯燥的课堂变得生动起来。例如学习"实事求是""一切从实际出发"这些章节时，可以结合革命文化中的具体事例，使大学生在潜移默化中形成坚定的红色革命文化自信。教育引导大学生，让他们知道中国特色社会主义先进文化之所以能够显示出巨大的优越性，是因为我们有马克思主义的科学指导。此外，还要大学生明确社会主义先进文化作为文化自信的来源动力，在《马克思主义基本原理》中都能找到相关出处，鼓励大学生进行学习研究。

《毛泽东思想和中国特色社会主义理论体系概论》（以下简称《概述》）讲述的是马克思主义基本原理同我国发展历程相结合的相关内容，主要包括党的历代领导核心在马克思主义思想的指导下创造发展的中国特色社会主义理论。要把文化自信分别融入到毛泽东思想以及中国特色社会主义理论体系的发展历程中，结合两次伟大理论成果的酝酿、提出和发展的历史史实，给大学生讲清楚、讲明白马克思主义思想是如何同我国的具体实际情况相结合的，让大学生切身感受党领导人民进行的艰苦卓绝的斗争和探索。还要通过文化自信让大学生体会到中国特色社会主义制度确立的合法性和优越性，帮助大学生树立中华民族伟大复兴的历史使命感和责任感。总之，《概论》课中的文化自信，就是对党领导人民进行革命、建设和改革事业的自信，要教育引导大学生学好《概论》课，这将有助于加深大学生对文化自信的理解和把握。

《中国近现代史纲要》课程旨在通过历史教育，对大学生进行思想、素质、人格等方面全方位的塑造和完善。在这门课程中要让大学生认识到党和人民为救亡图存、争取民族独立和人民解放而英勇斗争、艰苦探索的历史，我们可以沿着文化自卑、文化自觉以及文化自信的主线讲解鸦片战争、洋务运动、戊戌变法，到义和团运动、辛亥革命、新文化运动，再到最终找到适合我国实际国情的社会主义道路，力求在文化主线的讲授下让大学生不仅能够清晰地了解中国近现代史，而且能够帮助大学生树立文化自信心。此外，要注重将党带领人民在伟大斗争中孕育的红色革命文化融入到这门课程中，讲好革命故事。比如在各章节讲授中穿插一些直观生动、扣人心弦的红色故事，让大学生切身感受到党和人民不畏艰险、勇于牺牲的爱国主义民族精神。总而言之，就是要给大学生讲清楚讲明白红色革命时代先辈们呕心沥血创造的文化对新时代中国建设的重要意义，使大学生感悟和体会到革命的艰辛，以及现在幸福生活的来之不易，让大学生主动地继承和发扬革命文化传统，树立正确的历史观和文化观。

《思想道德修养与法律基础》课程旨在通过对大学生进行道德品质和法律常识教育，引导他们形成正确的道德情怀情操，具有无比坚定的理想信念和高尚的道德追求。另外，在平时生活中遇到特定纠纷事件，也要保持清醒的头脑，用所学的法律知识引导自己或他人的所作所为。将文化自信融入该课程可以通过传统美德、革命事迹和先进文化的引领，使大学生接受思想文化的精神洗礼，对我国的文化充满自豪感，同时提升自身的思想道德修养。比如在第一章"追求远大理想，坚定崇高信念"和第二章"继承爱国传统，弘扬中国精神"中，可以给大学生讲述革命战争年代中涌现的长征精神、延安精神、井冈山精神等革命精神文化，让大学生在聆听故事中体会革命先辈们为中华民族崛起所付出的艰辛，引导大学生树立远大的理想和爱国主义精神，自觉担负起新时代赋予的历史重任。另外，优秀传统文化是中华文明五千多年来生生不息发展凝结的一套完整的传统习惯、思想观念和价值体系，彰显着中华文明一脉相承的民族精神，不仅包含着"杀身以成仁""舍身而取义"的高尚人格和价值偏好，而且蕴含着讲仁爱、守诚信、尚和合的思想品格和道德情操，这和第三章"领悟人生真谛，创造人生价值"和第四章

"学习道德理论，注重道德实践"的内容高度契合，因此可以结合优秀传统文化的本质内涵和实现途径使大学生传承传统美德，实现人生价值。

另外，高校可以设置专门的中华优秀传统文化课程、红色革命文化课程、社会主义先进文化课程，并根据学校实际情况确定为必修或选修课程，将文化自信教育落到实处。具体来说，一方面高校要安排对本课程有深入研究的教授或经过专门培训的专职教师来授课，并且研究制定系统的考试测评体系，为文化自信的融入实效保驾护航；另一方面，教师在授课过程中可以不定期组织一些专题学习交流和社会实践调研活动。比如，可以邀请对本课程有深入研究的资深专家学者来做专题讲座，这样既能增长大学生的专题学识，又能提升他们对课程的热情与兴趣。还可以依据课程背景选择教育基地进行调研，使大学生在实践活动中潜移默化感受文化的熏陶。

**3. 加强高校辅导员群体的日常管理辅助作用**

辅导员是高校思想政治教育工作中的主干力量，他们既是教师又承担着管理干部的重任，是与学生关系最为密切的一个群体，因此，做好大学生思想政治教育工作，辅导员的重要作用不可忽视。在文化自信融入大学生思想政治教育中，更应该积极发挥高校辅导员的管理辅助作用，将文化自信融入到日常思想教育和管理工作中去。

首先，高校辅导员要认真学习和研究文化自信相关课题，提高自身的文化自信和教育引领学生的能力，以便帮助大学生树立完善的文化价值体系，并且要时刻关注大学生的思想动态，主动找学生进行一对一的谈心交流，深入了解大学生的文化需求、判断和选择，通过自身的文化理论基础影响大学生的思想。其次，要重视宿舍管理，辅导员与大学生的关系亦师亦友，这就要求辅导员不仅要对学生的学习情况一目了然，也必须了解学生平时的生活状态，相对于其他场所，宿舍更能反映出大学生的思想品德修养。因此，辅导员作为学生工作的管理者，应该多去大学生宿舍了解他们真实的生活状态，注重将中华优秀传统文化教育和引导大学生与室友同学互相帮助，努力构建团结友好的宿舍集体。最后，辅导员要充分发挥学生干部的作用，定期开展文化自信主题班会，使大学生受到文化的洗礼和熏陶。班会形式要灵活多变，切实根据大学生出现的文化方面的问题有针对性地进行开展，此外，班会要紧贴大学生的兴趣，这样可以增强思想政治教育的效果。

另外，辅导员还要对大学生进行适时的文化形势与政策教育，解答大学生所关心和关注的文化问题，同时要引导大学生正确认识国内外文化的较量，厘清本国文化与别国文化的区别，教育和引导大学生全面了解中华特色传统文化、红色革命精神文化和社会主义先进文化，增强大学生自身文化使命感和责任感，促使大学生自觉自发地与不良文化思潮做斗争。

**4. 结合党建团建工作开展文化自信主题教育**

大学生思想政治教育离不开高校党建团建工作，开展党建团建工作一直是大学生思想政治教育的必要路径。将文化自信融入高校党团共建工作，一方面可以丰富高校党团工作的内容，为其创新工作方法提供了可靠路径；另一方面可以扩大文化自信教育的宣传面，使大学生全方位各环节感受文化的熏陶与洗礼，自觉形成坚定的文化自信意识，从而推动高校思想政治教育工作的有效开展。

第一，采取"线下＋线上"模式将文化自信融入大学生党建工作。线下定期开展"三会一课"（支部党员大会、支部委员会、党小组会和党课）活动，这不仅可以丰富"三会一课"活动的内容，而且可以让大学生党员明确文化自信的核心内涵，深刻领悟优秀传统文化、革命文化和社会主义先进文化的魅力，以文化自信强化大学生党员的思想水平和政治觉悟。线上要充分发挥党支部宣传委员的作用，创建微信、微博和QQ等网络平台的公众号，并开设文化自信教育专题栏目，积极组织文化自信教育系列活动，定期开展网上分享活动心得，让文化自信精神深入大学生心中。

第二，高校党团要积极组织各类培训班进行专题讲座。例如开展入党积极分子培训班、预备党员培训班、党员内部培训班、党部支委培训班等，通过各种培训班将大学生道德品质和优秀传统文化相统一、理想信念和革命文化相统一、价值观念和习近平新时代中国特色社会主义思想相统一，实现"三个相统一"，以达到宣扬文化自信的目的。实时向大学生宣传党团关于文化自信教育方面的方针和政策，使大学生将文化自信与个人成才与发展联系起来，在实现文化自信的同时，也将使自己培养成为合格的社会主义建设人才；密切关注大学生身心发展状况，使他们有能力从容面对各方压力；结合大学生极易引发关注与讨论的热点文化话题，对其进行引导和教育，教会他们做出正确的文化判断与选择；组织开展"青年马克思主义宣讲团"培养工程，发挥优秀政治青年的模范带头作用，以党建带动和促进团建，推动大学生思想政治教育工作的顺利实施。总之，要积极践行《中共中央关于加强和改进党的群团工作的意见》中提出的关于传承中华文化，身体力行促进社会主义核心价值观发展的各项举措，为新时代中国发展积蓄优秀人才。

第三，高校要利用主题党日活动，大力宣传文化自信。可以组织大学生党员制作文化专栏海报和展览，使他们在活动中深刻感知中华文化的精神力量，并向全校进行推广，加深大家对文化自信的了解；也可以联系党员团员，利用传统节日、革命纪念日和学习习近平总书记重要讲话开展文化自信主题活动，这不仅有利于发挥团结和凝聚大学生的职能，而且能够让大学生在活动中更好地传承中华文化。同时，为使大学生更好地发扬中华文化精神，也可以通过以文化来为党团命名的形式，让大学生时刻谨记自己的文化使命，真正将文化自信内化于心，从而为自己的价值观奠定良好的基础。为使文化自信更好地融入大学生思想政治教育，高校在党建的基础上也要带动团建工作，形成党团共建的局势，一齐扩大文化自信的影响力和宣传力。

总之，在党建团建工作中开展文化自信教育，有利于培养大学生高尚的道德情操、坚定的政治信仰和丰厚的文化素养。我们要积极利用党建团建，为文化自信融入大学生思想政治教育创造更好的路径。

### （三）重视校园文化建设，营造文化自信融入氛围

校园文化建设是对大学生进行思想政治教育的重要环节，将文化自信融入校园文化建设当中，使大学生在校园文化氛围中感受文化自信的熏陶，从而在无形中引导大学生的思想和行为，促进大学生自身成长。

#### 1. 加大校园物质文化建设，创设文化自信教育环境

校园物质文化指的是学校里含有文化元素的建筑物，比如图书馆、校史馆、雕塑等，还有路牌、标语、警示语一类的校园设计，这些物质的存在都能给大学生带来感官上的享受和一定的文化感染。将文化自信融入校园物质文化建设中，不仅可以为大学生创设一个舒适良好的学习环境，而且在无形之中影响他们的思想和行为，从而使自己的思想道德素质得到全面提高。

在校园基础设施建设中融入文化自信，可给大学生创造一个文化氛围浓厚的外在环境。马克思曾说："人创造环境，同样，环境也创造人。"所以，校园物质环境对大学生也有深刻的影响。将文化自信融入校园基本设施建

设，可以对大学生进行"润物细无声"式的思想和道德教育，增强他们的爱国主义情怀。

大学生在平时的学习和生活中所看到的一切，都或多或少地给他们以启发，并能在日后的不经意间显现出来。因此，在文化自信融入校园基本设施建设中，可以在教学楼、办公楼、宿舍楼、体育场、图书馆、餐厅等大学生随处可见的地方悬挂传统古诗句、革命先辈们的名言警句，使大学生随时随地都可以感受到文化的熏陶。也可以利用花草树木、标语、道路路牌指示等硬件给大学生营造一个文化氛围浓厚的学习生活环境，从而为文化自信教育创造有利的外部环境，这一点可以借鉴西安理工大学的做法，他们有出自"儒有博学而不穷，笃行而不倦"的"笃行路"，还有"励志忘生，为君不避丧生"的"励志路"等。还可以在校刊、校园橱窗、宣传栏上专门设置一个"文化角"，定期张贴发布一些富有文化精神的人物传记、书画作品和"故事会"，这既能激发大学生养成积极进取、奋发向上的精神，又能增强他们对我国文化的认知认同。

将文化自信意识渗透在校园标志性建筑中。正如梁思成所说，任何建筑设计都能或多或少地反映出一种物质精神面貌，映射过去展望未来。因此，高校对校园标志性建筑也应该予以重视，让每一处设计都能充分体现对我国文化的自信，让大学生在接受建筑审美熏陶的同时，形成正确的文化价值观，从而提升自身思想和道德境界。例如，可以在校园中新修建具有中式风格的教学楼，并用我国优秀传统文化中的仁、义、礼、智、信等思想来命名，使大学生在无形之中感受传统文化的魅力，增强民族自信心和自豪感。也可以增设红色革命文化主题的标志性建筑，例如革命先烈人物雕塑，将爱国主义、集体主义、无私奉献、艰苦奋斗等价值观念在其中彰显出来，使校园建筑达到审美与教育的和谐统一。此外，还可以在幽静的林荫小道中建设一个文化长廊，旨在积极宣传中国特色社会主义先进文化，使大学生在日常放松之余，也要牢记自己身上肩负着实现中华民族伟大复兴中国梦的历史重任，增强他们的爱国主义情怀。

**2. 加强校园精神文明建设，营造文化自信教育氛围**

校园精神文化是凝结在高校长期的办学历史中，为全体师生所共同认可、遵守、并主动执行的，具有自身特色的文化理念、生活观念和价值追求的一系列意识形态，具有一定的稳定性特征。将文化自信和校园精神文化发展相结合，坚持以我国优秀文化为大学生营造积极向上的文化自信氛围，既可以规范和引导大学生的思想和行为，帮助其树立正确的价值观，又能增强他们传承中华文化的信心和勇气，自觉做一个合格有担当的青年大学生。

可以将文化自信教育和具有特色的校风校训相结合。高校校园的校风校训集中展现了一所学校的精神风貌，决定着学校的办学理念和办学精神，它可以在无形之中使大学生接受共同的思想引领，对大学生的世界观、人生观、价值观以及道德品质和人格特征都产生较强的规范功能和导向作用。优良的校风校训可以给大学生营造一个积极向上的学习生活氛围，既可以激发他们的学习动力，又可以培养他们的健全人格。高校要充分挖掘校风校训中与中华文化契合的地方，将中华优秀传统美德、抗战精神、社会主义核心价值观等元素融入到校风校训中，用春风化雨的方式涵养大学生的文化自信，为他们的思想政治观奠定良好的基础。比如，许多大学的校训中都蕴含着我国优秀传统文化的内核，清华大学"自强不息、厚德载物"的校训；中山大学"博学、审问、慎思、明辨、笃行"的校训；山东大学的"气有浩然、学无止境"的校训等，都是中华优秀传统文化与校训校风精神相结合的产物。还可以将社会主义核心价值观融入高校校风建设发展中，从国家、社会、个人三个层面教育引导大学生形成远大的理想信念和共同的价值追求，做一名合格的社会主义事业接班人。

以文化自信教育为主题开展丰富多彩的校园文化活动，是加强校园精神文明建设，营造文化自信风气的另一个重要途径。因此我们可以打造校园文化品牌，定期举办传统文化书画作品展、经典著作朗诵比赛、红色党史竞赛、"走进新时代"演讲比赛等一系列形式多样的校园文化活动。并注重打造精品校园文化品牌，以校园文化艺术节为契机，创作深入人心的歌舞、话剧、音乐剧等文艺作品，让大学生在展示自我才能的同时，也能汲取文化精神的养分，从而提高自身的思想素质。可以发挥"名人效应"，邀请优秀校友做专题访谈，说出自己坚持传统美德、革命精神的故事，用成功的人生经历和感悟激励大学生热爱、敬畏、践行中华文化，使大学生自觉为学校、社会乃至国家的繁荣兴盛贡献自己应有的力量。此外，还可以举办以文化自信为主题的论坛、读书会、文化沙龙等学术活动，让大学生在学术交流中提升理论和文化素养。总之，要让文化自信成为校园精神文化活动的有力武器，让大学生在浓厚的文化自信氛围中自觉接受思想政治教育。

**3. 注重校园制度文化建设，健全文化自信教育机制**

校园制度文化主要是指高校里的规章制度、管理条例、组织机构等。将文化自信教育融入校园的制度体系，可以在校园文化的常规管理中引导并强化大学生的观念意识和行为规范，切实挖掘高校制度文化中蕴含的教育功能。

第一，科学制定文化自信融入的制度保障。要使文化自信融入工作得以有效开展，就必须制定科学合理的方针、政策和管理机制。一方面，教育部门应加强对文化自信融入工作的重视，做好整体规划，并依据高校实际给予一定的资金支持。高校要切实履行教育部门的相关要求，制定符合高校实际的融入政策，建立健全由高校领导和思想政治工作有关部门组成的专门管理机构，并配备包括学校党委、学工部、校团委、思政部教师和辅导员等组成的专门管理队伍，要合理安排融入工作，使各部门能够明确各自的任务，担负起自己的责任，齐心协力地开展工作。另一方面，大学生群体作为校园制度的主要践行者，要发挥其主体地位，可以通过校长信箱等渠道为融入工作提出合理的意见和建议。这样不仅使大学生能够切实地感受到文化自信的熏陶与濡染，而且能够促使文化自信融入校园制度工作的进一步完善和创新。

第二，建立健全文化自信的融入激励机制。马克思曾经说过："人们为之奋斗的一切，都同他们的切身的利益相关。"恩格斯也指出："每一个社会的经济关系首先必须是作为利益的形式表现出来。"大学校园也是如此，在文化自信融入大学生思想政治教育的过程中建立激励机制，有助于增强大学生对文化自信教育学习的主动性和积极性，从而使高校思想政治教育工作也能获得良好的成效。关于文化自信融入相关的激励机制，则需要物质激励和精神激励的双重保障。通过对各学院、各年级、各班文化自信教育的情况，具体包括文化自信相关课程成绩、参加学校及院里的文化活动次数以及对传播或践行文化自信做出突出贡献等的综合评价，开展先进班级和先进个人评比活动，并给予奖学金、助学金等形式的物质奖励，这将会成为大学生积极接受文化自信教育的重要动力。另外，也要进行精神激励，思想政治教育最重要的一个目标就是使大学生拥有一个强大而充满正能量的精神世界，而精神激励就是一种隐形的推动力，促使大学生形成社会所需要的思想观念。因此，在建立文化自信融入激励机制时要坚持物质激励和精神激励并重，提高文化自信教育效果。

### （四）挖掘社会实践内容，保证文化自信融入效果

马克思主义实践观告诉我们，知识和真理都是要投入实践来确证以及提升的。因此，实践性也是大学生思想政治教育工作的重要特性之一。一方面，将文化自信融入大学生思想政治教育，就是为了帮助大学生解决在学习、生活和工作中遇到的关于文化判断和文化选择的实践问题；另一方面，文化自信理论不断接受实践检验和发展的同时，也能帮助大学生获得思想和素质上的提升，使他们成为更好的自己。因此，文化自信融入大学生思想政治教育过程中，要切实利用社会实践内容，充分保证文化自信教育的实践效果。

### 1. 深入社会调查，参与学术研讨

任何计划举措要想取得实效，就必须进行一些实地调查研究，只有深入了解了具体的情况，才能说清楚、讲明白，对症下药。把文化自信融入大学生社会实践，就是要鼓励大学生到各处去深入、去调查、去研究，使他们在各种调查研究中深化文化自信思想，厚植道德情怀。切实地深入社会调查可以走进社会，贴近基层、联系群众，让大学生密切了解中华文化的现实基础，而且大量的调查走访更能激起大学生对我国文化的认同，进而增强他们的自豪感。在这样的调查实践中，更能让大学生抱有中华文化自信，自觉主动形成正确的思想观念、政治观点、道德规范，做一个对国家、对社会、对人民有用的人。

一方面，高校要积极选取具有丰富文化气息的民俗村落、革命圣地和先进示范小镇，在全校范围内开展以大学生实践"文化自信"为主题的社会调查活动。通过参观调研，可以让大学生充分尊重历史，了解过去，从而主动传承中华民族的优良传统；可以让大学生深刻体会革命精神力量，激发热爱国家和人民的情感，坚定他们为中华梦想奉献的决心和勇气；也可以使大学生深切体会到历届党和国家领导人为国家兴盛富强做出的努力与牺牲，这对大学生的政治信仰和道德情操都有一定的教育引导作用。

另一方面，很多大学生具有较强的学术研究能力，我们可以依托专业的

学术科研团队，成立"文化自信"研究会，对文化自信进行深入的研究，开展以"文化自信"为主题的学术研讨会，给大学生的社会调查成果建立一个展示自我的平台。这不仅可以使大学生利用自身优势为社会发展做贡献，而且可以使大学生多方面了解我国文化的形成、发展和影响，进一步提高他们的自豪感、责任感和使命感，使他们为中国特色社会主义文化事业增砖添瓦。

**2. 建立教育基地，开展参观活动**

首先，要将文化自信教育融入社会实践基地建设。通过设立专门的文化自信教育基地，进一步推进相关工作的有序进行。在加强基地建设的过程中，要充分考虑文化自信融入社会实践的各个环节，要让大学生在教育基地中不仅思想得到升华，而且也增长了见识和经验。一方面，高校要加强与社会各界的联系，与掌管文化资源的机构建立长期的合作关系，建立稳定的实践教育基地。可以定期组织大学生到基地参观学习，让大学生在参观活动中感受精神的洗礼，体验文化的魅力。另一方面，高校也可以建立自己的文化自信教育站点，并定期聘请相关专家学者，为大学生传授孔孟之道，或者邀请老一辈革命家和政界领导开展讲座、报告，宣讲党史、国家的大政方针和中国特色社会主义建设的伟大成就，为大学生坚定理想信念树立榜样。

其次，高校要积极组织大学生到历史博物馆、红色革命纪念地、复兴之路展览馆等爱国主义教育基地进行参观学习。这样可以使大学生切身感受古人的勤劳与聪慧，感受中华民族可歌可泣、英勇悲壮的历史，感受改革开放带来的巨大成就，让他们在可见、可感、可闻的参观学习中知道中华民族的发展史就是一部文化史。从古老的文明到今天实现中华民族伟大复兴的"中国梦"，就是中国人民传承中华美德、筑牢理想信念、弘扬民族精神的一种文化底气。通过古的回顾、今的展望，让大学生在参观学习中对我国文化产生强烈的认同感和自豪感，这不仅可以使大学生建立强烈的文化自信心，还可以培养他们的爱国主义情感，让他们更有决心和力量在中国特色社会主义建设中增长才干。

最后，高校还可以利用寒暑假的时间组织相关活动。可以选取我国的历史文化遗产，一些具有代表性的古建筑进行游览学习，比如可以去福建土楼、苏州园林、故宫、颐和园等有名的景区，让大学生在了解建筑背景，感慨景观的宏伟中对我国传统文化产生赞叹与敬仰，以此激励大学生深入学习我国传统文化，增强自身文化素养。可以组织大学生走访战斗英雄和先进模范人物，听取他们的优秀事迹，了解他们的精神境界，这不仅可以增强大学生对民族精神的理解和认同，还可以提升思想政治教育的效果，让他们借用榜样的力量奋力前行。可以定期组织大学生集体观看弘扬主流价值观的音乐剧、话剧和电影，使大学生在欣赏优秀文化作品的同时感受文艺作品传达的价值观念，进而使他们的思想、政治、道德、素养等都得到质的提升。

**3. 助力公益行动，参与志愿服务**

公益活动不但有利于展现大学生积极向上的精神面貌，而且对培育大学生的思想政治素质有重要作用。因而，在大学生集体教育活动中开展以文化自信为内容的公益活动，对增强大学生的责任意识、组织能力、团队意识及文化自信心都有一定的意义。

政府要合理利用文化馆、博物馆、图书馆、纪念地、文化遗址等公共文化场所，充分重视社会公共文化机构的教育功能。首先，政府可以号召大学生参加文化馆开展的主题文艺演出，在演出中积极倡导大学生为灾区儿童捐书、捐款，使大学生在欣赏文艺演出中不自觉地增强自身的责任感和使命感。其次，可以常年多批次招募大学生来博物馆或图书馆整理历史档案、资料，并清理、保护文物，使大学生在实习的过程中吸取文化的精华，提升道德品质。最后，政府也可以招收大学生志愿者去历史遗址、革命老区、党的建设展览区等地做志愿宣讲，这不仅可以增强大学生对中华文化的热爱之情，而且对于他们的思想道德建设也有很大帮助。

此外，在文化自信融入大学生社会实践的过程中，不能忽略社区的作用。社区是连接学校、家庭、社会的一个重要场所，也是促进大学生思想政治教育工作建设发展的优质资源。社区经常举办一些带有公益性质的实践活动，可以让大学生参与进来。例如，大学生可以参加社区举办的庆祝传统节日活动，在活动中参与送温暖、献爱心，拜访敬老院的老人，和他们一起感受节日的快乐，这不仅可以使大学生感受到传统习俗、风土人情，还可以让他们在活动中理解中华传统美德和精神，这对大学生树立正确的价值观具有促进作用。还可以组织大学生为社区"弘扬社会主旋律"的讲座或活动做志愿服务，这不仅可以让大学生在活动中发挥个人才干，而且有利于他们形成爱国、敬业、诚信、友善的道德观念和价值准则。

### （五）运用新兴媒体平台，探索文化自信融入模式

互联网信息技术的迅猛发展使得新媒体成为人们生产、生活不可缺少的工具，这对人们的思想和行为有着深刻的影响。大学生也不例外，他们作为参与网络空间最活跃的群体，在道德观念、政治修养、心理素质等方面都能被偌大的网络所影响，但是，互联网新模式也为大学生思想政治教育工作提供了新思维、新路径和新方法。通过新媒体搭建文化自信融入大学生思想政治教育新平台，不仅迎合了大学生群体的审美趣味，也丰富了高校思想政治教育的工作方法。

比如，可以借助校园网络平台宣传文化自信。首先，要在校园网上设置专门的文化自信教育专栏，并定期以图片、视频、简文的形式推送丰富的学习教育内容，可以是中华传统美德小故事，可以是红色影视片段，也可以是平凡生活中涌现的正能量，鼓励大学生见贤思齐，形成正确的道德意愿和情操。其次，在周末和节假日邀请广受大学生喜爱的"思政名师"在专栏开设精品课程直播，并鼓励大学生和老师隔屏互动交流，通过这种微课的方式提高大学生的文化生活质量，使他们在潜移默化中养成较高的文化和精神修养。最后，高校可以在校园网上建立一个关于文化自信的数据库，让大学生通过浏览、查阅资料的方式将我国文化熟稔于心，从而使他们能够对学习和生活中遇到的难题快速做出反应。

也可以通过微博、微信、QQ等大学生经常登录的手机APP及时传递文化的相关信息。目前，许多高校都有自己的官方微博和微信公众号，因而可以以传统节日为契机做好网上宣传，用图片和视频的方式向大学生展示传统节日的由来，或者利用革命纪念日发布经典红歌和党史故事音频，使大学生在浏览信息的过程中感受到文化的洗涤和熏陶。此外，还要结合QQ、微信等社交平台建立思想、文化交流群，辅导员要切实负起责任，经常在群里转发关于文化专题的报道、社会热点新闻以及时事政治等信息，并且鼓励大家在群里交流探讨，这不仅可以增强大学生的思想政治文化水平，而且能够使大学生提高认识、明确使命，积极担当我国建设发展与繁荣复兴的历史重任。

　　需要注意的是，互联网是一把双刃剑，它在带给我们正确信息的同时也夹杂着错误的思想。因此，高校在运用新媒体，将文化自信融入大学生思想政治教育中必须坚持社会主义先进文化的引导，积极践行社会主义核心价值观，为大学生思想政治教育工作营造风清气正的网络文化环境。要打造一支专业技术过硬的网络管理团队，定期对网络系统和空间进行有力的监督和管理，并且对网络环境进行维护，为高校思想政治教育工作的顺利开展保驾护航。

# 第四章　文化自信视域下大学生
# 仪式教育研究

## 第一节　仪式教育概述

### 一、仪式教育的内涵

首先，关于仪式感。仪式感是人们表达内心情感的最直接的方式。仪式感是近年来的大热词汇，寻找仪式感成为当代人们的一种生活态度。在很多人眼中，生活中的仪式感就是用认真的态度对待生活中看似平常的事情。人类学学者兰德尔·柯林斯在"互动仪式链"理论中提出"情感能量"一词，即指仪式中产生的共同情绪或情感共鸣。国内学者认为，仪式感是与心灵产生某种呼应的主体内在的感性活动，同时又渗透着与之对应的恐惧感、道德感、和谐感等具有价值表征意义的情感体验。

放在仪式教育场域中，仪式感是仪式教育中受教育主体的内在感性活动，其依托于场景的设置、华丽的语言、柔美的音乐和奢华的场景等艺术形式所产生的审美感受，是心灵与外在事物的完美结合。仪式感是仪式教育得以生存和发展的生命力，仪式感的程度决定了仪式教育过程中所要传达的文化观念和精神信仰是否最终被受教育者所接纳和认可。各种各样仪式的开展是仪式感在现实生活中的直观体现，人们对仪式的精神性需求就是仪式感。仪式感一方面表现为，在仪式场域之中，人们参与仪式时所产生的心理和情感体验；另一方面，是人们在非仪式场域之中的主观感受，表现为一种生活理念。去形式化的仪式教育能够通过主题、符号、组织宣传等方面创建具有感染力的文化场域，突破平凡的日常生活、跨越时空限制营造具有感染力的气氛来唤起仪式感。而当前高校中仪式教育的开展缺乏仪式感，表现为过分追求整齐划一而呈现形式化的过程，缺乏明确的目标和主题，内容符号的缺失等问题。高校中集体仪式感的缺失，成为大学生追求生活中仪式感的重要原因，他们希望营造更多具有仪式感的体验来填补学校仪式教育的空缺。

其次，关于仪式。仪式是人类社会发展过程中逐渐形成并在很多领域发挥着重要作用的行为体系，基于不同的视角仪式的内涵有着不同的解释。美国学者马文·哈里斯从文化学的角度阐释："仪式是文化结构中的一个重要组成部分，在仪式开展过程中表达着丰富的文化内涵，当然也可以认为仪式是文化内容的缩影。仪式本质是一种符号的传递，代表着某种文化。仪式通过象征性符号的排列和展示、重复和规范化的展演，向人们传达出特定的社会价值观念。"在我国，仪式从古至今始终扮演重要的角色，古人云："中国有礼仪之大，故称夏；有服章之美，谓之华。"不同时期，仪式被应用于不同的空间，传达着不同的文化意蕴。《礼记》中记载："礼事起于燧皇，礼名起于皇帝。"礼在诞生之初是用于原始社会的祭祀之中，山顶洞人在殉葬仪式中为尸体周围撒上赤铁矿粉，象征着灵魂不灭，祈望重获新生，起到向天地祈福、向先祖祭祀之用。在古代学校中，学生通过束脩之礼或释奠礼等，来向师长表达崇拜和敬仰之意。仪式有教化民众、维持社会稳定的作用，随着社会的发展，仪式逐渐摆脱神秘和封建化的外衣，渗透到每个人的日常生活中，小到乡饮酒礼、婚丧嫁娶，大到祭天大典、国家庆礼，无不向人们传达着其中的价值观念，逐渐实现了仪式由"原始自然化"向"人为普遍化"的转变。仪式带有神秘性和现代性的双重表达力，神秘性是它所运用各种符号营造了文化空间，这个空间中承载了诸多的文化要素和文化观念，参与者对仪式中的符号基于自己的理解建构了新的文化意蕴和文化价值；现代性则是它承载着世俗文化的表达力，维系着整体观念的团结，维持着对人们价值观念的教化。基于以上分析，仪式是由国家或社会各部门组织开展的具有象征性、程序性的活动，用来表达和传播一种具有高度精神实质的抽象观念的活动。

最后，关于仪式教育。仪式放在教育领域将彰显教育场域的独特性，学校作为教书育人的主要文化阵地，其本质是育人，那么仪式也将遵循这一本质而生成了仪式教育。仪式教育是学校精神风貌和文化氛围的折射，它以多样的形式弥补了单纯理论授课缺乏的情感体验和表达，将所要传递的价值观念通过艺术化的形式传递给受教育者，将教育变得生动而深刻。因此，仪式教育即在一定文化理念的关照下，通过明确的主题、富有感染力象征符号和形式以及规范化的程序和组织，使行为主体处于庄严神圣又极具感染力的场域之中，直接体验并接受价值理念和文化信仰教育的过程。

## 二、仪式教育的特征

仪式教育作为提升大学生文化自信的教育载体，具有以下特征：

象征性。在《象征之林——恩登布人仪式散论》一书中，特纳说道："象征符号是仪式中保留着的仪式行为属性的最小单元，在仪式语境中具有独特结构的基本单元。"仪式中的象征符号包括仪式中所呈现的物体、事件、行动、人员关系和空间单元等。在他看来，象征性是仪式教育最典型的特征。仪式教育的象征性充斥在活动中的每一个角落，小到一个物件的摆设、演讲的词汇；大到整个活动的地点选择、场景布置都为参与者营造着某种氛围，传递着不同的信号。仪式教育通过隐性教育的方式向学生呈现着某种文化或观念，就像是一系列符号的浓缩，使之成为一个大的象征性的统一体。《论集体记忆》一书中，哈布瓦赫说到"借助过去留下的物质遗迹和仪式，心理和社会方面的资料，重构了过去"。就像摩梭人的成年礼仪式中，借助一系列具有象征意味的符号系统实现对即将成年的摩梭人的塑造。那么，高校中的仪式教育就是在某种文化的指导下，将学生及教职工集体参与的集体环境打造成为一个具有极具感染力的场域，参与其中的每一个个体都将被一系列仪式符号所创设的环境所感染而产生情感，潜移默化地使每个人自然而然产生情感的共鸣和价值的认同。

艺术性。孔子所云："礼云礼云，玉帛云乎哉？乐云乐云，钟鼓云乎哉？"礼、乐总是互相为伴，在音乐中传递着礼韵，在礼节中伴随着乐琴，展示着一幅尽善尽美的艺术场景。古时的"乐"有琴弦诗歌、音乐舞蹈，如今的仪式有场景布置，影视灯光，无不向人们展示出一幅充满艺术性的盛宴。音乐舞蹈对于人情感的感染不言而喻，每个人都深有体会，"诗言其志也，歌咏其声也，舞动其容也，三者本于心。"高校仪式教育过程中，无论是何种形式的仪式，其中的音乐、灯光、舞蹈等艺术符号总会触动着每一个参与者的内心，音乐通过声音、舞蹈通过动作，使情感通过具体化的形象向人们传递着信息，让人们有感于物，产生共鸣和情感上的认同。

实践性。彭兆荣曾表示："仪式是参加者增进个人性'实践知识'的过程，同时也是集体传统价值的依附形式，因而也是集体'实践知识'累积和传承的过程。"仪式教育在一些理念和文化的指导下，将其中精神信仰通过一系列可操作性的实践行为表达出来，成为学校最为常见的实践活动之一。在封建社会，农民为了祈求丰收而举办丰收仪式，开始劳作而举办耕种仪式，祭祀神灵时在神像前展示的音乐舞蹈，也是在向神灵传递自己的诚心和祈求。在教堂礼拜时，神父带领歌唱班吟诵赞美诗，教民们将手放在胸前以表祈求。在小学教育中，每节课前起立向老师问好，其实就是一个小的仪式教育，通过学生的言语和动作，向老师传递着尊敬和热爱，将这种尊师理念付诸实践行动。在高校仪式教育时，组织者会在特殊的时间节点设置一些仪式环节，并让学生参与其中体验仪式的执行和实践，实现对文化的传承和文化信念的建立，这些过程都是按照一定程序组织起来的，让参与其中的学生通过身体或语言传达文化和精神理念。

秩序性。中华传统的仪式以"礼"为根本，这就决定了其具有严格的秩序性；西方传统的仪式是由宗教仪式逐渐演变来的，以"万物皆有灵观"为原则而具有神圣性，发展至今仪式逐渐具有了严格的程序和礼节讲究。这种秩序性体现在仪式教育开展时间的确定性、仪式教育的场景分布和物品空间摆放的有序性、参与到仪式教育中的受教育者行为的严谨性以及仪式教育过程中人与人之间的等级关系的森严性等具体方面，所有这些严格的秩序都是在一定文化关照下严密排列和发挥作用的。法国汉学家汪德迈曾说："在中国传统中，各种礼仪都被组织的完整而严密，成为社会生活中人和人之间关系的规范系统。"当然封建社会的很多仪式活动中的繁文缛节存在许多糟粕，当今社会我们应极力反对并努力纠正。因此，现今大学中开展的各种仪式教育也遵照着同样的秩序性，首先体现在仪式教育开展时严肃的氛围，整个会场要保持秩序；其次是仪式中人物位置的安排也是有讲究的，要遵循长幼礼节；最后是仪式开展的程序的规范。受教育者在参与仪式的过程中遵循相应的行为规范，在一定约束之下获得归属感并逐渐明确自己的身份和相应的权利和义务，规范自己的行为，养成良好的道德意志力，在面对外来文化的侵扰时才能够坚守本民族文化的精神力量，坚定自己的理想和文化信念。

周期性。仪式活动往往是按照规定的周期在固定的时间进行的，比如：六月的毕业典礼、九月的开学典礼、十月一日的国庆阅兵仪式、六月的端午龙舟、九月的中秋赏月等各种仪式开展的规律往往伴随着具有标志性的日子。保罗·康纳认为仪式的周期性可以帮助加强关于集体的记忆；利齐认为仪式行为按照时序重复的目的是将文化信息多次复制并发送出去。因此，在大学仪式教育中，组织者按照一定的周期举办各种各样的仪式活动，通过仪式所传达的文化符号，帮助大学生集体加深对于文化的记忆。

### 三、仪式教育的功能

仪式教育是文化的载体。文化是习得的，是共享的，更是需要代际濡化的，在社会发展进程中会不断产生新的文化，其中对社会的发展具有深远和长久影响力的文化意识和价值观念就需要进行有效地保存和传承。有效的载体有很多，书籍在其中发挥着无可比拟的作用，运用文字和图像向人们展示着过去也展望着未来，而仪式通过一系列符号和行为将一些传统文化保存并传承至今。从文化的角度来看，仪式教育本身就是一种符号，向人们传递着某些文化内涵。这个特点就使它成为传承和贮存人类文化精神的纽带，记载着人类物质文明更承载着精神文明和文化信仰。同样，高校中的仪式教育也具有同样的功能，周期性的纪念仪式和庆典仪式对文化发挥着储蓄和解释的功能，使得传统文化在仪式中再现，集体的记忆一次又一次地被强化和分享。校园中常见的升旗仪式是属于政治仪式教育中的一部分，在升旗仪式中有国旗、升旗手、国歌等符号元素，看似简单的符号却承载着我们的民族文化：国旗的颜色象征着革命、五颗五角星象征着中国共产党领导下的革命人民大团结，国歌通过慷慨激昂的节奏和振奋人心的歌词振奋着人们"站起来"争取民族和平、国家繁荣富强的决心，升旗手们将国旗抬到旗杆处，将国旗有力地挥向蓝天并注视着国旗一点一点升起，都表达着我们国家和民族的尊严，相信参与过升旗仪式的每一位同学，在国歌响起的那一刻都会有无比的自豪和感动，对国家文化的崇敬和认同也是在这样的情感影响下油然而生。

仪式教育具有沟通交流的功能。彭兆荣认为"交流与沟通构成了仪式教育的基本功能，并通过这一功能作用于社会现实。"仪式不是个人而是群体聚合的行为，是人们为了完成某些特定任务而聚合在一起的集体活动。不论是社会仪式还是学校仪式、宗教仪式或政治仪式，都含有沟通和交流的作用，对参与其中的人群关系起到情感聚合的作用。原始社会部落通过仪式表演的活动增进人际之间和人神之间的交流，以求获得某种神秘的超自然力量；封建时期的祭祀是人们开展的一场公开表演，不同层级身份的人参与进来，在某种等级秩序的制约下开展仪式活动。在我们生活中，人与人之间为了保持良好的认识沟通关系而进行的社交礼仪，如日常的问候、道歉或拥抱等，这不仅对人们的行为有很好的规范约束作用，而且成为社会中人与人之间关系链接的重要纽带，拉近了人与人之间的距离。每四年举行的奥林匹克运动会，不仅是一场体育的竞技更是不同国家通过重大的集会场所建立平等团结的国家关系，参与一场无关输赢的神圣的行为艺术。

仪式教育具有情绪体验、情感聚合的功能。维克多·特纳认为："仪式象征符号是情感的催化剂，浓缩的象征符号的意义触及潜意识深处，并将其情感特质散播到远离象征符号的各种行为和情境之中。"特纳认为仪式能够引导和控制各种强烈的感情，就像仇恨、恐惧、爱慕以及忧伤等，仪式教育借助特殊的场域环境催化着参与者的情感，对每一个参与其中的人的情感产生了强大的感染力和导向力。远古时期，人们在面对大自然的灾难危机时，希望神灵能够帮助他们摆脱自然灾害，所以会用巫术仪式表演舞蹈、音乐和颂祝的形式来寄托内心的敬畏之情。在高校的仪式教育中，大学生聚集在一起时感情和思想被凝聚为统一的整体，逐渐淡化了个体身上的独特性，形成一种凝聚力，在仪式行为引导之下，这一凝聚力会呈现出崇高的精神和美德，这就是勒庞认为的"群体的道德"，他表示在群体中会比个体更容易形成仪式所传达的文化认同和道德品质。在参与仪式教育的过程中，仪式感所创造的"高峰体验"是在日常生活中所无法经历的，独自一人的生命历程也很难有这样的文化建构和情绪体验。而正是在这样的场域中所形成的超乎日常体验的情绪才能激发出有别于日常的感受，从而加深了获得这种情绪体验的记忆。当然，高校中的仪式教育不仅能够构建涂尔干所提及的"集体欢腾"，还能够创造出各种各样的情绪，包括正面的凝聚力、认同感，也包括对负面情绪的宣泄等。

仪式教育具有道德教化、文化认同的功能。自古仪式强调"礼"即秩序和伦理，仪式教育作为道德教化的一部分，担任着重要的道德教育手段，不仅对个人的道德行为具有强有力的约束作用，还为集体提供了共同的道德发展目标和价值观参照。通过了解中国传统的礼仪变迁，不难发现礼和仪是难以分割的，礼仪是道德的展现，礼之中蕴含伦理性，而仪则是外在的道德载体，是一种教育手段，其作用在于精神的引领。孔子对祭礼赋予浓厚的道德伦理内涵，将其当作对民众教化的重要手段。在波尔诺夫看来，人具有惰性，需要借助外界不断地推动起到唤醒、告诫、号召的作用。因此，在大学的仪式教育中，仪式教育作为唤醒大学生道德意识的手段，通过对正确道德行为的展示，对错误道德行为的纠正，号召和激励受教育者梳理正确的价值观念和文化意识。同时，在仪式教育中受教育者被聚集在一起，仪式活动起到很好的黏合剂的作用，培养学生集体观，确保教育力量集中发挥，价值观和文化信仰得以建立。

## 第二节　文化自信视域下大学生仪式教育的作用

要研究仪式教育对大学生文化自信的作用，最核心的部分就是明确其作用的具体体现。因此，本节首先明确以仪式教育为路径提升大学生文化自信的可行性，从二者之间共同的目标、共同的文化根基、共同的实现机制和共同的社会基础为切入点，明确作用发挥的前提基础；而后，展开分析仪式教育对大学生文化自信提升作用的具体体现。

### 一、仪式教育提升大学生文化自信作用生成的基础

#### （一）共同的目标指向

仪式是世俗世界通向神圣世界的桥梁，通过仪式的开展，人们希冀神所具有的所有品质能转化成世俗中的现实，使参与其中的人信奉道德规范、唤起内心的道德意识、树立集体信仰并促进社会集体秩序的完善。在涂尔干看来，宗教仪式中的图腾向人们展示着"共同意识"，这些意识正是仪式中各种图腾的内在价值。仪式教育的开展是为了维护信仰，不仅以意识的建立为目的，更要保证最核心的精神信仰被保存并延续下去。虽然涂尔干关于仪式

的观点被应用在宗教之中，但是我们从中可以得到有益的启发：精神信仰的建立是仪式教育开展的目标所向，仪式教育是信仰建立的载体和传承的有效机制。仪式教育在开展过程中通过符号的呈现保持与信仰内容的高度一致，通过规范性和原则性的展示达到对信仰体系的强调，使共同的信仰目标持续发展。仪式教育的周期性使仪式逐渐成为一种稳定的形式，这一稳定性是由强大的信仰支撑的。正如程天君所说"仪式是行为层面的社会操演、权力实践和行为模式；通常它与价值观念相伴而生，相辅相成。"因此，仪式教育的目标即通过参与仪式，帮助人们建立一种有力的精神信仰，并在之后的定期举行中帮助人们维护和巩固信仰。

文化自信是新时期意识形态建设的重要内容，在大学生价值观念形成中起着重要的作用。当今世界文化和思想意识逐渐走向多元，各种各样的意识碰撞交融，尤其当前我国进入了现代化建设的攻坚阶段，各种思想的冲击造成大学生价值观的混乱。为了应对当前问题，我们要重视大学生文化自信的培养，这是凝聚全党全国人民的重要精神基础，具有更基础、更广泛、更深厚的特点，文化的优秀、国家的强大、人民的力量是我们文化自信的强大底气，这种自信构成我们共同的信仰，是我们团结奋斗的共同思想基础，是促进个人发展、引领社会进步、实现中华民族伟大复兴的强大精神支柱。因此，培养大学生的文化自信与仪式教育的开展都是以建立和巩固共同的信仰为目标。

**（二）共同的文化根基**

仪式教育是对一定文化的展示，是社会文化的产物。从出生开始，人的一生将经历一系列的仪式，帮助人们学习本区域内的社会经验和行为准则。个体在适应社会生活的过程中，最先发挥作用的就是他所处的社群中手把手传承下来的行为准则和经验。各种各样仪式体现着不同民族的文化和信仰，不同的象征符号展示着属于本民族的行为规范、道德准则和社群习俗，体现着本民族所特有的价值观念、信仰和知识经验等。如封禅大典、祭祀典礼到乡饮酒礼、宾礼宴礼，再到个人的冠礼、婚礼无一不是建立在中华文化的基础之上。仪式教育的举行也在增强文化和精神力量，成为文化传承和创新的有效形式。

文化自信是建立在 5 000 多年文明传承基础上的自信，是与中华优秀传统文化相承接的；仪式教育是建立在优秀传统文化的基础上，对博大精深的中华文化积淀的成果。文化自信具有深厚的文化根基，有中华优秀传统文化的底蕴，也有中国革命的建设和实践过程中孕育出的革命文化和社会主义先进文化，是我们国家发展的文化底气。自古的礼仪之邦，传统文化礼仪观念滋养着国家、社会和个人等各个层面，浸润着每个国人的内心，成为日用而不觉的价值观念，构成中华儿女的独特精神世界。因此，中华文化为仪式教育的开展和文化自信建设提供了深厚的文化根基。

### （三）共同的实现机制

仪式教育对价值观的建构是通过一系列具有象征意义的符号的表征而实现的。在学校场域中，运动会的开幕式，每个班级都有与众不同的入场仪式、口号和手势，这是属于每个班级的"象征符号"，同学们在班级间的相互竞争中建立了强烈的班级认同；在学校间的比赛中校徽、校旗、校服的设置也同样维系了学校认同的象征符号；在国际竞赛中，不同国家有属于自己的国旗、国徽和国歌，它们被赋予了不同的价值和意义，构建着属于我们本国的国家认同。

在文化自信的培育中，同样也是通过丰富的文化表征向受教育者传递文化意蕴，以构建文化认同、维系中华民族认同感。在我们熟悉的民族节日里，"民族服装""民族语言""民族美食""民族艺术"等是民族同胞们建立"民族认同"的文化符号。在对云南文山蓝靛瑶"度戒"仪式的研究中发现，历史上的瑶族没有自己的文字，在长期的流动迁移中通过本民族独特的教育方式——"度戒"来保持自己民族原有的生命活力。在社会发展变迁的过程中，瑶族没有因为连续的迁居而分散解体，依然保持了该民族自身鲜活的民族特色，其中最重要的因素就是通过"度戒"仪式教育维系了族群成员强烈的民族认同。仪式教育通过极具仪式感的场景将各种"社会表象"通过社会戏剧的场景表述，不仅赋予文化以鲜活生命，同时也为参与其中的每一位学生印刻了文化烙印，使受教育者在建立对文化身份的认同中传承民族文化，建立文化自豪感。

### （四）共同的社会基础

仪式教育作为社会活动和实践的形式，具有整体性、组织性和统一性的特点，是由具有一定共同身份的成员共同参与的活动，这部分社会成员对共同的社会价值体系的认知存在一致性，比如共同的理念、共同的习俗、共同的文化和共同的语言等。彭兆荣曾表示："在人类社会里，仪式属于一群人——个人群共同体，包括家庭、家族、民族以至整个国家的人民在一个确定的时间和空间内所进行的传统认定活动。"仪式教育的开展需要有权威的主持，有受众人群的参与和对权威的拥护，这种习惯一旦形成就需要人们不断再演，人民群众举办的周期性仪式操演就为仪式教育的延续提供了社会基础。

文化自信作为极具群众性的精神文明创建活动，是以人民群众为开展基础的。文化自信的生命力存在于亿万人民群众生机勃勃的实践中，历史是人民创造的，文化是人民群众的集体智慧的结晶，我们的传统文化来自人们生产生活实践中的风俗习惯。"百里不同风，千里不同俗。"博大精深的中华文化是在历史的长河中，由人民一点一滴创造并传承下来的习惯和方式。因此，文化自信的提升的内源性推动力量是实践和认识的主体——人民群众，在高校中就是大学生群体。

## 二、仪式教育提升大学生文化自信作用的体现

### (一)仪式教育迎合大学生对教育中仪式感的需求

仪式感是近年来的大热词汇，寻找仪式感成为当代人们的一种生活态度。在很多人眼中，生活中的仪式感是用认真的态度对待生活中看似平常的事情。在本研究中，仪式感是仪式教育过程中受教育主体的内在感性活动，依托于场景的设置、华丽的语言、柔美的音乐和奢华的场景等艺术形式而产生的感受，这一审美感受是心灵与外在事物的完美结合，是仪式感在仪式过程中的生成。人类学学者兰德尔·柯林斯在"互动仪式链"理论中提出"情感能量"一词能帮助我们理解，情感能量是指仪式中产生的共同情绪或情感共鸣。仪式感是与心灵产生某种呼应的主体内在的感性活动，渗透着与之对应的道德感、和谐感等情感体验。仪式感在仪式场域中，是人们参与仪式时所产生的心理和情感体验；从更广泛的角度来看，也是人们在非仪式场域中的一种生活理念。

仪式教育需要仪式感并能够创造仪式感。一方面，仪式教育呼唤仪式感。仪式感是仪式教育生存和发展的生命力，这一感受程度是衡量仪式教

育过程中所传达的文化观念和精神信仰是否最终被受教育者所接纳和认可的重要指标。而当前高校中仪式教育的开展缺乏仪式感，表现为过分追求整齐划一而呈现形式化的过程，缺乏明确的目标和主题，内容符号缺失等问题。由于高校中集体仪式感的缺失，成为大学生追求生活中仪式感的重要原因，他们希望营造更多具有仪式感的体验来填补学校仪式教育的空缺。

另一方面，仪式教育通过严格的秩序、丰富的情境和主体自我参与创设教育中的仪式感。首先，仪式教育的规范性塑造教育中的仪式感。仪式教育的开展是按照一定程序开展的规范性活动，每一各环节的创设和序列安排都有其内在的秩序，参与仪式教育的过程也需要遵循规范化的认知和行为要求。通过严格秩序的安排使仪式教育庄重而令人敬畏，受教育者在参与仪式活动中感受仪式教育的程序和规范是必须要遵守的，从而心生敬畏之心以产生仪式感。其次，仪式教育的情境性孕育教育中的仪式感。"情境"中"境"是仪式教育的客观氛围创设，仪式教育通过主题创设、符号传递、组织宣传等方面创建具有感染力的文化场域，突破平凡的日常生活，跨越时空限制，营造具有感染力的氛围。"情"则是受教育主体的主观感受，"情"表达的是文化认同，仪式教育通过富有"仪式感"的环境创设营造集体氛围，传达共同的文化价值理念，激发受教育者对民族文化的强烈认同和自信。最后，仪式教育中受教育者的主体性参与提升仪式感体验。在仪式教育过程中，受教育者不再是被动的聆听者，而是仪式活动的参与主体，亲自参与到仪式的各个环节之中。升旗仪式过程中唱国歌、行注目礼，使仪式成为具有仪式感的教育活动，毕业典礼时的拨穗环节、入党仪式的宣誓环节等，这种参与感满足了受教育主体对教育中仪式感的需求，也从全方位塑造着学生们的自我认知，引导其对自我身份和价值的积极思索。

### （二）仪式教育推动抽象文化观念的具象转化

仪式教育运用形而下的具象以表达形而上的抽象内容，其采用"随风潜入夜"的教育方式却能够达到"润物细无声"的效果。首先，仪式教育通过一系列具有教育意义的象征性符号的组合传递价值观念，运用可见的物品或行为直观地表达文化精神。仪式不仅是一场展演，更是一个被赋予了精神意义的文化场域，抽象的文化不再局限于文字的传达而具有丰富的表达形式，如场景的布置、器物的摆放、服饰的穿戴和言语措辞等具体符号传递着文化精神力量，直观呈现文化自信培育中的主体内容，帮助参与主体对其所蕴含的文化的理解。它突破了传统教育模式，不再局限于对知识信号缺乏解读的物理接受，而是将知识置于可感知的时间和空间中，吸引学生的主动关注以加深文化记忆。就像勒庞在对群体心理进行研究时指出的："观念具有简单形式时才能被集体所接受，这些观念为了大众化，往往就需要经过脱胎换骨的改变，尤其是一些思想哲学类的学习。"例如，宪法宣誓仪式中，参与宣誓的人员处于精心创设的宣誓场景中，左手持宪法宣言、右手握拳举过头顶宣誓，在前辈的带领下宣读宪法誓词。整个宣誓过程通过可感知的方式展现，不仅能够增强对公平正义的崇尚和对宪法精神的信仰，还能加深这份集体的记忆。其次，仪式教育为抽象文化观念注入新时代特征，有利于当代大学生的接受。仪式教育既是对传统仪式的传承也是对现代实践性教学优势的汲取，在发展过程中去粗取精并融合时代特点，不仅揭示中华传统文化的意蕴，还能够展现当今时代的价值观念，并且升华和改造仪式教育的形式，以符合时代特色并向当代大学生展现社会主流思想和文化观念。

## （三）仪式教育创新了大学生文化自信的培育方式

仪式教育以其象征性的表达方式优化高校的思想政治教育。仪式被广泛应用于学校教育生活中，使学校的日常事务被赋予了特殊的价值而变得不再平淡。因本研究中的大学生文化自信培育属于高校思想政治教育领域，因此，这一部分探讨仪式教育在高校思政教育过程中的作用。

首先，仪式教育完善了高校思政教育机制。传统的思政教育形式常采用单向理论灌输，受教育者在教育过程中处于被动接受的地位而缺乏学习的积极性。而在仪式教育中受教育者成为学习主体进行自我教育，弥补了传统教育形式中自我感受、自我选择和自我认知的不足，在完善了思政教育机制的同时，提高了高校思政教育的效果。其次，拓宽了高校思政教育渠道。思政理论课程是思想政治教育的主阵地和主渠道，具有系统性和高效性的优势，但仅限于课堂教育。仪式教育作为价值观念传播和集体情感建设的场域教育，使思政学习过程不再局限于书本而拓展到道德实践中，将文化内容融入具体情境和活动中，弥补了高校思政育人渠道单一的不足。最后，仪式教育创新了思政教育方式。传统的思政教育注重运用说理的方式，强调借助逻辑和知识的力量。然而单纯的理性教育很难唤醒学生的情感认同，而文化自信的建立是离不开情感的催化作用的。在仪式教育中，学生作为学习主体不仅需要意识的投入还需要身体的参与。"通过身体的共同参与，激起参与者的神经系统，从而形成与认知符号相关联和成员相关联的记忆，同时也为每个参与者带来情感上的力量，使他们更具自信和热情地、自愿地做出符合道德的事情。"自信具有情感性，没有情感的催化，很难产生真正意义上的认同和自信。正如郭于华所讲："意识形态的说教、道德理想的灌输和精深理论的灌输都比不上一次实践重要，最为有效的实践教育当属仪式化的行动了。"

### （四）仪式教育契合大学生文化自信生成的内驱需要

需要是思想信念生成的内驱动力。在内在需求的作用下受教育者会增加与他们密切相关的思想信息，这种需求越是强烈，对所接受的信息就越敏感，在信念建立的过程中则表现出主动性和积极性。

在不同的发展阶段，随着自我意识的增强，个体的需求发生着相应的改变，逐渐由外在的奖励需求转变为自我实现的需要。在过渡仪式中，伴随着自我角色、政治面貌或身份的转变，主体将伴随相应的思想活动的发生，包含对过去自我的总结，也有对将来自我实现的展望。在这些特殊的节点，需要有正确价值观念的引导和教育，为即将迎来的新阶段做好精神建设的准备。为了突出人生过程中重要的时间节点而创设了很多仪式活动，满足了主体对于新角色的认知和价值观建立的需求，帮助明确新角色的权利和义务，为未来生活起到指向作用。

教育是有明确目的导向的有意识的行为。在现代教育的主导形式来看，教育者和非教育者承担着制定和实施教育目的的双重责任，而受教育者则是通过接受教育者预设的教育目的、相应的教育措施以实现预设的目的，而受教育者才是学习目标的真正制定者。教育目的可分为"所欲之物"和"期望之物"，前者是教育者设置的教育目的，而后者则是受教育者自发生成的教育决心，两个方向的教育目的各有其优劣之处，但建立在自我内驱需要基础上的教育更能成为受教育者内心执著的追求而更容易实现。

仪式教育能够将个人成长需要和社会发展要求联系起来，激发价值观念的养成。在重大纪念活动和传统节假日开展的仪式教育活动中，受教育者感受中华五千年文明历史的博大精深，铭记先烈为实现民族独立、国家富强的浴血奋战；感受到为实现国家独立和富强前赴后继、不怕牺牲的井冈山精神、西柏坡精神；体会先辈在新中国建设中继往开来、不断创新的社会主义先进文化。让每个参与其中的人感受并珍惜革命、建设的果实，自觉践行崇德向善、见贤思齐的传统精神；自觉捍卫国家尊严与领土完整的革命精神；勇于改革创新、博采众长的时代精神。通过采用贴近大学生生活的文化结构呈现方式，仪式教育深入到学生的日常生活之中，满足大学生文化信仰建设需要，运用符合大学生审美的话语方式，用他们更容易感知和接受的途径将中华文化内涵展示，在情感的催化下生成精神信仰建立的内驱需要，成为大学生自己努力奋斗的目标。

## （五）仪式教育营造大学生文化自信建立的情感场域

仪式一直被人类学家看做是获得经验体验、情感建立的重要工具。仪式是在集体场域中进行的公开性的展演和陈说，具有情感渲染的特征并易于为人们所感受。通过仪式教育中形式化要素的排列创设庄严肃穆的文化氛围，使仪式场域具有强烈的磁场效应。曾有学者将人的情感比喻成磁场旁的铁屑，只需轻轻一拍就能按磁力线的规律整齐地包围排布。因此，文化自信的建立离不开仪式教育的情感表达作用，在仪式氛围的浸润之下，受教育者的自我情感和非我场面渐趋统一，一方面受教育者主体意识投射到客体之中，另一方面又很容易将客体中的表达吸收到自我情感之内。前者因人们无意识的情感投入而具有了人格化的感情与生命，而后者则通过主体的吸收逐渐形成自我情感。在两种力量的作用下，人们逐渐摆脱了真实生活情景对各种具体问题的思考，激发起个体对仪式主题的关注。

有情感和美感的参与，有愉悦性的感受，才会有接受的主动性和接受的欲望，才会产生思想接受中的想象力和创造力，才能进入思想接受的理想境界。在提升大学生文化自信的教育过程中，仪式教育积极引导受教育者参与到仪式所创设的文化场域，体验道德实践获得文化情感。首先，情感是仪式教育中认知转化为认同的催化剂。维克多·特纳认为，情感和认知在仪式的操演中是相互交替进行的，大卫·科泽认为："仪式中情感灌输到它所培育的认知观之中，二者会起到相得益彰的作用，这种交换能够帮助在无意识的情感和社会结构的要求之前建构起社会必要的关系，即人们被引导去做他们应该做的事情。"其次，人们的合群心理会使其情感在群体仪式场合中被身边人的情感所感染。勒庞在《乌合之众》中指出，"群体中个人的主要特征是有意识的个体逐渐消失，无意识的个性逐渐产生，情感和思想会通过暗示、感染等影响，转向到某个方向，将所暗示的意识转换为实践行为。"最后，仪式活动中的掌声、肃静、欢呼、高歌等行为使个体的情绪受到集体情绪的感染产生集体认同。仪式教育通过视觉、听觉、触觉等为受教育者提供丰富的情绪体验，升华情感产生共鸣，促成思想观念的整合和对价值观念、文化形态的认同。

## （六）仪式教育以"阈限"促进大学生文化自信生成

对学生进行思想政治教育时，首先要做到调动学生的视听感官对外界信息的注意和反映，学生通过去粗取精、去伪求真的一系列活动后将所接受的信息进行筛选和加工以建构起自己的认知结构。这一过程，强调观念的生成需要建立在尊重和重视受教育者已有观念的基础上，使外来观念与已有知识充分融合后以形成坚定的信念。这一过程中，受教育者对外来观念进行理性加工，价值观念等信息能够转化成为自己头脑中的信念，经过多次重复和再现后，价值观念具有一定的稳定性，并自觉地转化成为社会生活和交往过程中的自觉行为。这种自觉的行为具有强有力的带动和辐射作用，使周围人群受到同样感受性的影响而产生积极的向心力。在高校中，提升大学生文化自信属于思政教育领域，因此其过程要遵循思想政治教育的规律，才能最大化地发挥思政教育的功能。

仪式教育通过"阈限"理论的应用，有效提升受教育者对中华文化的认同度和向心力。特纳在《仪式过程》一书中提出"阈限"的概念，认为仪式能够使参与其中的人进入一种"阈限"的状态，以此来发挥仪式的教育效果。"阈限"即一种通过过渡和模棱两可的状态，受教育者感受到人与人之间的身份的平等，不存在级别和无条件服从的关系。在这样平等关系的状态下，受教育者对自身本已有的知识包容性更大，从而缩短了施教者和受教育者之间的差距，促进不同的知识结构、思维方式和认知能力等在仪式教育的集体聚合中得到平等的发展，在自尊感的引导下，受教育者自觉地融入仪式之中，接受仪式教育所传达的文化观念等信息。

## 第三节 文化自信视域下大学生仪式教育的优化路径

### 一、高校仪式教育的开展原则

#### （一）主体性是本质

仪式教育的开展要充分发挥仪式教育的主体性优势。仪式教育是区别于课堂教育的实践教育形式，将提升大学生文化自信的内容渗透其中，让大学生在不知不觉中感受到文化的氛围和思想的熏陶。文化自信的主体性是文化自信建构主体对文化内容积极的认知，并主动地汲取其中所蕴含的价值。在仪式教育过程中，文化自信的建构主体是仪式活动开展中内容的接收者和体验者，接受效果如何取决于受教育者的能动性发挥程度，其对于有效获得仪式所承载的文化内容具有至关重要的作用。若在仪式教育活动开展过程中文化建构主体的主体性地位被忽视，从而被动地参与到活动中，那么整场仪式活动的开展将流于形式，无法发挥其本应具有的作用。

因此，高校仪式教育开展过程中要充分尊重大学生的主体性地位。首先，让学生有机会根据自己的学习需求自主选择仪式所要开展的内容和方式。学生真正感兴趣的内容，才能对学生产生足够的吸引力，自觉地融入教育过程。其次，要满足学生全方位的学习需求。学校中的教育内容不仅涉及文化知识的学习，更应该关注学生生命成长、社会交往等方面的教育，以实现学生全面发展。最后，尊重学生的参与性和创造性。当代大学生是充满创造力的，他们对于新媒体技术、光电设施的使用能够快速掌握并熟练操作，还有文化故事的创新表演都体现着这个时代的特色，所以要充分信任学生主体的想法和灵感，他们能为仪式的开展带来新鲜活力同时获得成就感，最终实现仪式教育在提升大学生文化自信过程中的实际效果。

#### （二）时代性是前提

仪式教育的开展要注重立足于时代特征。仪式不仅是传统文化的载体和体现，也是一个需要不断自新的时代载体。仪式教育过程不仅仅是一场流程化的表演，而是对文化内容的承载和对精神理念的体现，它需要实现与现代价值观念的对接。在历史发展进程中，仪式在文化传承和治理方面发挥着十分重要的作用，它所承载的文化内容通常体现出一定的时代特征，代表当时的社会道德、宗法制度以及价值观念等，仪式生来就承担着对应时代社会发展的要求和统治阶级的发展需要，仪式所承载的价值理念要与时俱进。很多仪式在产生之初被赋予了一定历史时期的特征和功能，随着社会的发展，如今的仪式仍然被我们不断地重复并当作一种教化手段运用着。

因此，高校仪式教育的开展要重视时代性。首先，高校仪式教育的开展要注重与时代相结合，与中国特色社会主义文化自信所倡导的价值观念相联系。当前大学生仪式教育多数侧重于在固定时间节点开展，如升旗仪式、毕业典礼仪式等，而忽视了仪式教育实践立足于当前社会所倡导的文化理念创新的仪式活动主体内容。其次，高校开展仪式教育的过程中，应当充分利用现有文化资源，在具有教育意义的场域开展仪式教育，如现代修建的文化纪念广场、现代展览或现代建筑等地方，实现中华文化与先进文化的共同教育。

### （三）系统性是关键

仪式教育的开展要坚持系统性原则。高校中仪式教育要重视这一教育形式与其他教育形式之间的优劣互补，还应当注重仪式教育自身程序性的规范。良好社会环境的构建需要有效的制度规范才能实现有序的社会环境，高校中的教育开展也应具有有效的规范和运行程序。

因此，高校仪式教育要注重仪式开展的系统性。首先，作为高校建设中的一部分，要将仪式教育的开展置身于整个学校建设之中，满足学校整体建设的目标和要求。从宏观的角度调控整体和部分之间的关系，这是我们有效解决问题的路径。从宏观考虑学校整体建设的角度出发，系统考虑仪式教育的规划、如何组织和实施，使其能够与其他教育方式之间优劣互补，促进整体建设。其次，仪式教育自身也是一个完整的建设体系。仪式教育自身包括一系列的教育元素，要注重这些元素之间关系的链接和结构的完整，确保仪式教育所传达的各个理念找到其发挥的最佳位置，并能够与其他教育元素之间互动修正，以最佳的状态适应和改变不同仪式活动在系统中作用的发挥。通过规定的仪式程序和仪式规范，将价值观念和价值取向规范地展示给大学生，使呈现给大学生群体的是规范化的行为之"道"，使受教育者在"道"的影响下而有所"得"，形成符合制度的精神理念和行为德行。最后，仪式教育对价值观念承载具有连续性，能真正实现对大学生文化自信提升的作用。注重仪式活动的顶层设计，任何活动的开展都不是随意的安排，而是要遵循教育规律循序渐进，遵循大学生学习特点。仪式教育的开展受到一定时间和空间的限制，要在特定的时间和空间中开展才能实现其应有的教育效果，才不影响仪式教育本身所承载的文化理念的继承，不降低文化自信建设主体对文化理念的接受效果。所以，要注重不同仪式教育中仪式所蕴含的文化价值理念的同根同源，发挥仪式教育对文化自信建设主体的连续性的影响，提高受教育者对仪式所传达的文化理念的接受程度，建构整体性知识体系。

### （四）仪式感是中心

仪式教育中对仪式感的重视，是大学生文化自信形成的内在驱动力。仪式感是仪式教育过程中主体的内在感性活动，其依托于场景的设置、华丽的语言、柔美的音乐和奢华的场景等艺术形式，受教育者所产生的审美感受与外在事物的完美结合，是仪式感在仪式活动中的生成。而当前高校中仪式教育的开展缺乏仪式感，表现为过分追求整齐划一而呈现形式化的过程，缺乏明确的目标和主题，内容符号缺失等。由于高校中集体仪式感的缺失，大学生开始追求生活中的仪式感，他们希望营造更多具有仪式感的生活体验来填补学校仪式教育的空缺。仪式感是仪式教育得以生存和发展的生命力，仪式教育中受教育者的情感体验程度决定了仪式教育的最终成效，决定了仪式教育所要传达的文化观念和精神信仰是否最终被受教育者所接纳和认可。

因此，高校仪式教育的开展要注重满足学生对仪式感的需求。在高校仪式教育过程中，对于文化理念和精神信仰的宣传不仅是口号和理念的展示，而应该是能够实际践行并展演的。要借助各种具有仪式感的形式弥补教育刻板、单调的过程，晚会时的灯光设置、乐器的演奏等都在传达着对于文化的敬意。当然，中华文化同样也为仪式教育中仪式感的创设提供文化基础，仪式感也使得中华文化的表达变得更加饱满和持久。

## 二、完善高校仪式教育的组织开展

### （一）充分挖掘仪式教育的开展主题

合理设置仪式教育的主题。仪式教育主题的设置在继承传统基础上要有所创新。实现仪式教育提升大学生文化自信的作用，要坚持仪式主题的创新。传承和创新是辩证统一的关系，仪式作为一种教育形式本身就是对传统文化的传承，其能够沿用至今除了自身所具有的属性外，更重要的一点就是它不断地自新保持生命力。对仪式教育的主题进行创新是文化传承的内在要求，创新离不开对传统文化的挖掘和转化，释放其中所具有的物质力量和精神力量，若保持原有的形态故步自封很难使其真正传承下来。前文中讲到的端午节仪式活动主题的变化是跟随着社会生产力和政治需求的变化而变更的，是由一代又一代成员创作的成果。端午起源于战国时期，在最初阶段端午的仪式主要是人们为了驱恶辟邪而开展的。由于当时五月初五处于盛夏时节，时常出没蛇虫瘴气，人们为了驱除毒气而开展了一系列的仪式；汉代之前端午节庆也通常被人们用来崇拜水神祈求风调雨顺，具有浓重的原始崇拜和迷信观念。而随着社会的发展，人们对于端午仪式开展的需求也发生着相应的转变，到了汉末魏晋时期，端午仪式逐渐被统治阶级用来宣扬一些爱国观念，满足人们内心对和平稳定的希冀。"明者因时而变"，若没有创新就很难有特色和灵魂。因此，我们要在厘清中华文化根脉的基础上，在为仪式教育主题注入新的时代特征中增强文化自信。这一过程中，要对中华优秀传统文化进行创造性转化和创新性发展，反对抱残守缺地对待原有的封建仪式活动，以马克思主义为指导，坚持中华文化的立场，立足当代大学生的现实情况和时代条件，本着不忘本来、吸收外来、面向未来的理念来选择。主题的选择要对传统进行必要的甄别和筛选，剔除其中的糟粕和落后的内容，提炼精华并进行现代性的转化和发展，凝练出具有时代感和实践感的与中国特色社会主义相适应的新的思路，为文化自信提供更深厚的资源。这就需要高校在选取仪式活动主题时，在传承中创新，在创新中发展。

仪式教育主题的设置要在对外吸收借鉴中创新。文化自信不是封闭的自信，而是建立在不断交流和学习的基础上的自信。当前中华文化的发展处在多元文化共存的场域之中，或多或少地受到外来文化的影响，在这样的时代背景下会产生两种转向：一是很多国外仪式形式在中国的传播，会削弱承载着中华文化的仪式在凝聚文化认同方面作用的发挥；二是在这一情况下可能会起到反向的激励作用，激发我们对中华文化的捍卫，唤起我们对凝聚中华文化认同的自觉意识。在这样的情况下，就像高小岩所讲到的："要想牢牢抓住机遇，沉着冷静地应对当前的挑战，就要构建我们国家的具有深厚文化地域和现代视觉冲击力的精品庆典仪式。"因此，要充分挖掘不同仪式活动中具有激发大学生文化情感的符号并将其凸显出来，将中华文化影响空间不断地重塑和扩张。并且，加强与不同国家之间的文化互动，与世界各国之间展开友好的交流借鉴，通过多元文化的交流，借鉴其他不同的国家利用仪式传承民族文化，增进文化凝聚力的经验，为丰富我们当前仪式教育活动的开展提供多种有益的资源。这不仅可以为本民族文化的发展提供有价值的路径，也能够促进本民族文化在交流互动中不断地提升自身发展的能力，更好地实现文化自信的建设。

### （二）科学布局仪式教育的构成要素

#### 1. 仪式教育中的话语设置

仪式中的话语是对文化展示的一种形式，这种形式是以语言为载体的文化精神存在的方式。"仪式话语是被集体所赋予了表达权的言说行为"。语言的表达在仪式中发挥着至关重要的作用，尽管语言属于个体性的行为，但被整个仪式环境和仪式中的集体氛围扩大后，对参与其中的人就会起到很重要的情感调动作用。仪式教育中的话语设计是一门艺术，具有重要的意义：一方面要能够将所要传达的内容全面客观地传达；另一方面要能够为学生所接受。所以，仪式中的话语的设置就要经过反复的琢磨和修正，要使仪式活动中的语言被学生所接受，更好地营造仪式氛围，增强仪式的教育效果。因此，高校仪式教育过程中进行话语设置时，首先，仪式教育过程中话语要运用规范化语言。仪式教育中的发言一般都是具有代表性的人员的发言，他们是代表群体讲话的发言人，话语的设计要公正客观，符合发言人身份并代表不同的群体，运用合法的官方言语，一般来说是多应用政治话语，政治话语在通常情况下具有天然的正确性和有效性，更具信服力和引导力。其次，高校仪式教育过程中的话语设置要具有创新性。范·热内普在对宗教仪式活动中的话语进行研究时发现，宗教仪式中通常使用一些生活中不常出现的特殊的甚至是日常中禁用的语言，有创新性的词汇更容易吸引人们的眼球，能够更好地营造活动氛围，对参与人群起到有效的号召，使文化精神更深入人心。最后，仪式教育的各个环节都要注意语言的设置。包括主持词、活动标语、演讲词等都具有教育价值，能够对学生起到规范化的引导、价值观的治理和文化认同等效果。

**2. 仪式教育中的艺术载体**

仪式教育过程中，艺术载体的使用可将中华文化直观呈现。高校中仪式教育的开展需要借助艺术载体将所传达的内容直观展示，使参与其中的人感受到文化氛围，可以说艺术载体的选择是仪式教育开展的中心环节。2014年10月习近平总书记在文艺工作座谈会上就曾总结道："我们必须把创作生产优秀作品作为文艺工作的中心环节，努力创作生产更多传播当代中国价值观念、体现中华文化精神、反映中国人审美追求，思想性、艺术性、观赏性有机统一的优秀作品。"因此，在高校开展仪式教育的过程中要注重艺术载体的运用。首先，艺术载体的运用要体现文化性，也要满足当代大学生的审美需求。艺术形式的展现应该体现中华文化的精神，同时也要注重大学生当代的审美特点，使仪式教育在具有思想性的同时具有艺术性和观赏性，创造出更多的文化载体的精品，创造经典。学校要注重艺术精品的创造，一所学校中的艺术产品的生产是一所学校魅力的有力例证，是对文化传统的体现、历史的深厚积淀和凝练，同时也是体现大学精神不可忽视的重要部分。其次，艺术载体的创设要能与仪式环境布置、仪式所传达的情绪以及仪式教育的主题相呼应，根据不同的仪式教育的具体活动内容量身设计。

**3. 仪式教育中的象征器物**

仪式教育中的器物设置使中华文化得以感知。《周易·系辞上》中传统儒学谈论过象征器物，认为其"形而上者谓之道，形而下者谓之器。"器物是现实存在的、可以触摸到的东西，人们对于道的把握很多时候只能通过器物来实现，器物被赋予了某些精神，具有了象征意义，通过器物感知，帮助人们建立道德观念。自古人们创设了不同器物并赋予其不同的文化意义，如古时人们的服装经常会出现"云"的样式，"云"具有吉祥的寓意，因为云能造雨，雨能够滋润万物，并且"云"与"运"谐音，因此也具有好运的寓意，"云"也能用来表示聚集、众多等意蕴；还有传统文化中的"玉"字，通常被人们指代君子，"玉"被当作了仁义礼智信的象征等。因此，仪式教育中器物有着重要的作用。器物作为一种符号将抽象的文化概念具象化展现以传达文化精神，要合理利用已有器物所体现的文化意蕴，并积极地创设不同的符号来传达精神，如校徽、校旗的设计，建筑物的搭建都为中华文化的传承起着不容忽视的作用。

**4. 仪式教育中的规范设置**

高校仪式教育应具有规范的秩序。仪式教育的开展是否会流于形式受到仪式教育的实践、流程的设置和仪式主题的选择等多方面因素的影响。因此，高校仪式教育过程中要对仪式规范设置引起足够的重视。首先，仪式教育时间的选取。仪式教育的开展首先要考虑时间的选取，时机的把握会对仪式教育功能的发挥起到事半功倍的效果。如学校在开展爱国主义教育活动时，可以利用端午节庆仪式来进行，端午主题蕴含有民族文化的价值观念，其中就包括爱国这个主题。提到端午节我们会自然而然地将其与爱国主义代表人物屈原联系在一起，对他的追思就是对其身上所蕴含的爱国精神的崇尚，通过仪式形式潜移默化地强化了屈原爱国精神的育人效果。北京大学的校庆活动举办日期选为五月四日，五四运动的主要参与者是北大师生，在这一天开展校庆仪式既是对历史的追思，更是对五四精神的追忆。其次，仪式教育流程的设计。要使仪式教育在提升大学生文化自信中发挥应有的效果，就要对仪式教育的流程进行精心的设计，避免形式化的开展使学生产生抵触心理。合理设置仪式教育的每一个流程，不同流程中用不同的形式展现中华文化的博大精深，革命文化的激昂情感和社会主义文化的时代特色，每一个环节都是对文化的展示和信仰的追求。

**（三）合理设置仪式教育的组织宣传**

**1. 仪式教育组织层级分配**

国家在高校仪式教育开展过程中起到科学引导的作用。首先，坚持顶层设计，提供政策性支持。2015年国务院印发了《统筹推进世界一流大学和一流学科建设总体方案》的通知，为高校的建设提供了科学的指引，其中关于文化建设方面，通知中讲道："加强大学文化建设，增强文化自觉和制度自信，形成推动社会进步、引领文明进程、各具特色的一流大学精神和大学文化。"2016年12月习近平总书记在全国高校思想政治工作会议上强调："要更加注重以文化人以文育人，广泛开展文明校园创建，开展形式多样、健康向上、格调高雅的校园文化活动，广泛开展各类社会实践。"可见国家对文化育人的重视以及政策的支持为仪式教育的发展提供了存在和发展的基础。其次，为高校仪式教育的开展提供物质资助。活动的开展离不开物质基础的支持，当前很多学校在建设方面出现物资紧缺的现象，原有物资保障无法顺应现实发展的需要，在建设学校硬件设施的方面捉襟见肘，相应的分配在校园文化建设方面的资金就会相对紧缺，包括时间和精力都无法有效地投入。加之不同地区之间经济发展水平相差较明显，不同高校的发展水平也呈现较大的差距，但是高校育人的使命是不应该存在差距的。国家重视对发展较落后的高校教育的经济扶持，不仅在学校教学设施和硬件配置方面提供支持，还应注重加大对校园文化软实力的支持。要真正发挥高校仪式教育的效果，推动高校仪式教育的规范化。第一，要提供仪式教育专项资金，并建立有效的经费保障和监督机制；第二，国家支持高校艺术服务体系的建设，引进优秀的文艺作品和民间文化艺术走进校园，如民间民俗艺术表演、话剧舞台剧的展演等，真正推动体现中华优秀传统文化、红色革命文化的仪式作品进入校园；第三，推动国家性的仪式活动与校园仪式活动的结合，产生积极的联动效应，延展教育效果。

高校在仪式教育的开展中发挥着重要的作用。高校为仪式教育的开展提供优秀教师。高校承担着为国家建设培养社会主义建设者和接班人的重要任务，在培养过程中教师起着至关重要的作用。一方面，教师是优秀品质的示范者，高校思想政治教育的效果很大程度上会受到教师本身素质的影响，"师者为师亦为范，学高为师，德高为范。"学生对教师具有崇尚心理，"亲其师，信其道"，学生会不自觉模仿老师的言行举止，若教师在开展仪式教育中无法对中华文化有很好的理论认同、政治认同和情感认同的话，将会对中华文化的仪式教育起到负面的影响。另一方面，教师是仪式教育的实施者，同时也是学生的引导者。要注重教师在仪式教育过程中对学生的积极引导，重视学生的主体性地位，除了提升自身文化素质，更要讲究教育方法。因此，要抓好高校仪式教育开展的人才培养任务，制定教师队伍建设的整体规划，对教师进行必要的教育培训，掌握科学开展仪式教育的方式、方法，提高仪式教育开展的整体水平，保障仪式教育在开展过程中真正起到积极的教育效果。

高校的仪式教育注重发挥学生主体的作用。作为文化自信建设的主体，大学生是仪式教育的参加者、实践者，要增强受教育者的参与效果，就要重视仪式教育参与者的仪式性回归。一方面要重视仪式组织者的作用，组织者要尽量体察和尊重受教育者的内在需要，形式和内容符合大学生的文化自信结构和生成规律，使大学生在增强文化自信的过程中愉悦地接受，将教育内容与日常生活结合起来提升学生主体的参与度，发挥自我教育的效果；另一方面，要重视学生干部在思想引导方面的作用。学生干部作为学生中的一员，更容易深入学生群体在同辈之间传播价值观念。要加强学生干部在仪式教育中对其他学生的精神和思想引导，加强对学生干部的教育和培养，更好地发挥先锋模范作用。

**2. 仪式教育宣传介体选择**

创新应用媒体传播，增强仪式教育的辐射效果。柯林斯曾认为成功的仪式教育的开展需要"集体聚集"，也就是参与者亲身的体验，他认为共同的行动或者实践能够带来短暂的情感刺激，这种刺激能够帮助参与主体之间互相传达信息，并通过互动带来有效的反馈，以强化情景中彼此之间的情感能量和认知体验。现代科技高速发展，高新科技能够为人们带了多维的视觉听觉的感官体验，现代科技和媒体通讯技术的发展，为不在场地受教育者远程参与到仪式活动创设了条件。尽管，有学者认为远程仪式的效果远不及现场效果更能调动人们的情感和认知，但不得不承认现代介体的创新确实增强了教育辐射效果。创新的媒介具有现代特征，不仅能够吸引受教育者的主动参与，还能够拓展仪式活动的影响力和覆盖面，突破仪式开展地域的限制，发挥更大更广泛的教育效果，搭建文化教育的高地。因此，高校仪式教育的开展，要积极利用现有媒体创新仪式教育的介体选择，如微信、微博、QQ 等新媒体平台。例如 2016 年共青团中央、中央网信办策划主持的"这个清明，用你的手为英烈的碑文描金"，人们在网上实现了对英雄的祭奠，通过 H5 平台，人们能够参观全景的人民英雄纪念碑，并为纪念碑上的"人民英雄永垂不朽"亲手描上金文，创新了仪式参与的形式，有效地唤起了人们对革命先烈的深刻缅怀，实现了对革命文化精神的传承和弘扬。

**3. 仪式教育中多样方法应用**

仪式教育的多样方法满足不同学生的学习需求。大学生群体是由不同思维特征的学生个体组成的整体，在开展教育的过程中，要保证仪式教育开展方法选择的多样化，满足不同学生的需求。

首先，通过仪式场景的创设实施情景交融的情感教育法。在仪式教育过程中，通过活动氛围的渲染和文化符号的呈现，学生会自觉地融入活动之中，感受仪式所带来的文化的熏陶、心灵的感化，达到对中华文化产生积极认同、发挥对集体文化意志凝聚的效果。情感教育突破学生对于传统理论灌输的抵触心理，在仪式活动现场营造出富有感染力和震撼力的文化场景，迅速将学生带入到积极文化情感建构的场景之中，获得文化价值认同感和文化观念的内化力，并且这种情感的体验要比纯认知的活动更加持久和深刻。因此，要积极利用情感教育的方法，通过场景的布置为学生带来直观的视觉冲击，通过音乐舞蹈的展现，渲染仪式活动的艺术氛围，通过语言的组织为学生带来文化内化的推动力量。

其次，通过学生主体性参与实施实践教育法。以不同的身份参与到教育中会产生不同的教育效果，杜威曾经举过一个关于旁观者和参与者的经典的例子：他认为旁观者就像是一个困于监狱中的囚徒，监狱外的雨对他来说，下或者是不下都是一样的；而参与者就像是一个明天要去郊外野餐的人，不同的下雨会影响到他第二日的郊游活动。在仪式教育中的参与其实就是受教育者进入到一种阈限的状态，产生身临其境的体验，以达到某种教育效果。朱小曼认为："体验是人们生存的一种方式，是人们探寻生命意义的方式。"实践教育方法的重点在于实践，以实际的参与引导受教育者形成正确的道德品质和价值观念。因此，要积极利用实践教育法。第一，引导学生积极参与到仪式教育活动中，在不同的层面开展不同形式和规模的仪式教育，如引导学生积极参加南京大屠杀国家公祭仪式，也可以参加国家政治仪式如阅兵仪式等，感受爱国主义精神。第二，学生以不同的身份参与到仪式教育中，收获不同的文化体验。学生以仪式组织者的身份参与到仪式活动的组织安排之中，体验责任意识。这个过程中，需要参与仪式场景布置、活动编排、文字编写等，帮助学生以更宽阔的视角了解中华文化知识。第三，利用现代人工智能手段，感受不同地域中的仪式活动。仪式活动的参与既可以是现实的也可以是虚拟的，现代科技手段的不断更新，现有新媒体和人工智能为我们创设了很好的"入境"机会让我们参与到很多无法亲身参与的仪式中，通过现代手段的应用使我们多种感官受到刺激仿佛身临其境般，帮助人们精神和情感入境，同样也能够发挥仪式教育的育人作用。

最后，通过鼓励学生内省体悟实施自我教育法。外在教育的要求只有被受教育者积极内化后才能转化为自身的学习需求，达到最好的教育效果，内化了的伦理体系才是最稳定和可靠的。建立信仰不是一件易事，而当信仰一旦形成根除它也是不易实现的。"场域—惯习"理论指出，仪式能够帮助实现教育者对教育要求的内化并确立长久的习惯，在文化自信的建立中这种习惯就是对中华文化的信仰。马克思曾指出，人是一种独特的存在，人能够自我生成、不断地自我超越，在不断地超越中逐渐实现自我的完善，人始终处于自我教育的过程中。因此，在仪式教育过程中要积极利用自我教育的方法。第一，教师要充分尊重学生主体性地位，相信学生有能力不断进行自我的革新，能够在仪式活动中找准自己的兴趣点进行自我教育，并且有意识地培养他们自我教育和解决问题的方法，用发展的目光看待学生。第二，无论是学校的老师还是父母都要给学生一定自我发展空间和自由，太多的管束反而会适得其反。第三，教师的引导十分必要。大学生虽然有自我教育的能力，但是处在这个年龄段的学生正经历着青春期角色混乱阶段，信仰体系没有完全建构完善，自我教育的能力和经验相较教师来说还有很大的提升空间，所以教师要重视对学生的积极引导，以身作则，注重言传身教，能对仪式教育中所强调的文化观念起到积极的示范作用。

**4. 仪式教育的延伸**

增强仪式教育对大学生文化自信提升的有效性，就要延续仪式教育的效果，强化仪式活动的印象和记忆，生成对中华文化的认同，形成长久的文化自信。

一方面，在仪式教育开展过程中，高校要重视延伸仪式教育的效果。第一，要注重在仪式举行阶段扩大受众群体。引导大学生有序地参与仪式实践活动，使具象仪式之下的抽象观念能够潜移默化地影响到每一个学生，促进文化思想生成并固定化。第二，可以通过多种渠道，如微信公众号、官方微博等大众媒体向大学生征集好的仪式活动创意。第三，联合博物馆、音乐厅等场馆配套地举行相关的主题展览或通过不同的大学生社团组织不同主题的活动，如党员团体可以开展"纪念屈原，心为民众"为主题的党风建设生活会，运动员团体可以开展端午运动会等。另一方面，在仪式教育举行的后期，可以通过后续的活动巩固仪式主题的影响力。注重仪式教育后期的效果延伸，以深化大学生在仪式教育中所获得的情感体验和价值意义，强化在仪式教育中的实践性的集体记忆。课堂教育的环节设置中，课后的作业是必不可少的，仪式教育之后的"强化复习"也是十分必要。因此，可以在仪式活动举行之后，通过校园文化的创设，如举行相关主题的摄影展览、征文比赛、将爱国精神付诸行动为主题的座谈会等，或者在校园布置符合主题的文化标语和象征器物，利用仪式教育的余温使活动中的文化精神潜移默化地延伸到大学生日常校园生活中，加强集体对文化的记忆和对文化精神的认同。

## 三、重视高校仪式教育的特色建设

突破传统仪式教育形式推动高校仪式教育办出特色。要实现仪式教育对大学生文化自信提升的效果，就要突破原有单一仪式教育形式和内容，选择代表本区域和高校自身文化特色的主题。

### （一）树立仪式教育的创新理念

高校在仪式教育的开展中要注重教育理念的转变。首先，仪式教育要坚持"以人为本"的教育理念，充分尊重大学生主体。教育过程是学生自主自觉的参与过程，是自我教育和自我建构的过程，仪式教育过程也要重视学生主体的实现。在不同的仪式参与中，学生将体验不同的社会角色，如成人礼、开学典礼和毕业典礼等，是学生面临新的社会角色时的主动参与；升旗仪式、入党宣誓的开展则是对不同社会责任的认知，而无论哪一类型的仪式教育都具有丰富的教育内涵。因此，高校要树立"以人为本"的教育理念，鼓励和引导学生主动地参与到仪式活动之中。其次，仪式教育要树立多样性发展的理念。现代社会是一个多元文化的社会，仪式教育作为文化的载体其背后也具有丰富的文化背景，仪式教育也应该是各具特色的。

高校在开展仪式教育中应该重视仪式教育的多样性，不仅满足学生对于多样文化和个性的追求，也应该帮助学生多样思维方式的建立和创新潜能的挖掘。第一，仪式教育的开展不是对其他学校的简单模仿，而是要基于本校文化特色有所创新。第二，鼓励和支持学生的创新性提议和个性的张扬。美国高校中仪式教育的开展在保留庄重性和传统性仪式的同时也鼓励具有创意的生活化和娱乐性的仪式，如："Crazy Day"时大学生们可以穿着怪异的服装来张扬个性，"Pajama Day"时学生可以穿着睡衣、拖鞋在校园中闲逛等。每一个校园所创设的仪式都有其背后的故事或历史因素，这不仅拉近了学校和学生之间的关系，还保留了学校中富有特色的文化。

## （二）挖掘丰富的仪式教育内容

充分挖掘丰富的仪式教育内容，突破固定化主题和类型的设置。

大学生文化自信是对中华优秀传统文化的自信、对红色革命文化和社会主义先进文化的自信，中华优秀传统文化中有"精忠报国"的爱国情怀、"自强不息"的奋斗精神、"舍生取义"的牺牲精神、"革故鼎新"的创新精神；有"协和万邦"的和平理念和"民为邦本"的治国理念；有"己所不欲、勿施于人"的处事之道，也有"以和为贵""和而不同"等东方智慧和文化；红色革命文化中长征精神、西柏坡精神，到大庆精神和雷锋精神，再到航天精神、奥运精神和抗险救灾精神；社会主义先进文化有改革开放的时代精神，也有社会主义核心价值观的传达，以及对外开放、学习引进的西方优秀文化理念等。每一种文化都包含有丰富的价值理念和精神信仰。

仪式教育也有丰富的类型，有通过性的仪式教育，如开学典礼、毕业典礼或成人礼；有竞技类的仪式教育，如军训、辩论赛或运动会等；有纪念型仪式教育，如校庆、节庆仪式或重大历史事件的纪念活动等；有职业体验型的仪式教育，如模拟法庭、勤工俭学创新创业实践活动等；还有日常型仪式教育，如座谈会、上下课礼仪等多种仪式教育形式。

因此，高校要善于从中华文化的资源宝库中，挖掘出符合当代社会的文化观念和精神信仰的符合社会主义核心价值观的节日，并对节日有所创新。

## （三）建设具有特色的仪式教育

当代仪式教育的开设不在多而在于特色和创新。当前高校中仪式教育的种类繁多、形式多样，但每一个仪式开展都大同小异缺乏特色，呈现出"形式化"，缺乏每一个仪式本身所具有的意义。为此，首先，高校要筛选学校中所开设的仪式教育，结合自身的办学理念和校园文化选取具有本高校特色的仪式教育主题和形式，大胆地淘汰已经丧失教育价值或与时代特点相冲突的仪式，积极助推满足时代要求和学生需求的仪式教育，避免"一刀切"，有重点地投入到有特色、有教育意义的仪式教育活动中；其次，积极吸收中国传统仪式中有教育价值的内容和形式，并学习借鉴国外仪式教育开展中的积极成分进行再创造；最后，不同地域的高校可为仪式教育注入地域文化，办出具有地区特色的校园仪式。司马迁在《史记》中曾说道："百里不同风，千里不同俗。"由于自然环境的差异、移民文化的影响、行政区域的划分以及少数民族的分布等因素的影响下形成了各种各样的地域文化，受不同地域文化的影响又形成了各种民族方言、不同的饮食特点、不同的节日庆典和婚丧礼俗、不同的文化信仰等。处于不同地区的高校在开展仪式教育时要保留本地区的文化特色，文化自信是对本民族文化的认同和自信，地域文化通过高校仪式教育的形式传递给大学生时，使其在时间和空间上都得到了弘扬和传播。一方面本地的学生更加认同区域的文化，外地的学生感受和包容着这个区域的特色并将其带到其他城市生活中去，帮助不同区域人民对地域文化的接受和认同；另一方面，通过高校仪式教育的开展，地域文化得以有效地保存和传递下去，在延续优秀传统文化的同时向其注入新的时代特点，使其更有生命力和持久力。

# 第五章　当代大学生优秀传统文化自信培育研究

## 第一节　大学生优秀传统文化自信概述

### 一、中华优秀传统文化概述

#### (一)传统文化

文化演绎国家和民族发展的独特历史规律,提炼历史经验,延续历史智慧的弘扬和传承,随着时代的发展不断增添新的文化内涵,文化具有稳定性的文化基因遗传功能。

传统文化是每个民族及国家走过历史长河孕育出的所有历史发展阶段创造出的文化遗产,因制度的转变建构起相应的文化机制,传承至今的传统文化都有其独特的传承价值与不适合时代发展的桎梏。

优秀传统文化是不同民族和国家在每一历史发展阶段创造出的优秀文明成果,优秀传统文化的核心价值穿过历史的时空,厚植了本土文化的土壤,为今天国家现代文化的发展提供充足的养分,提供不竭的精神动力,推动本民族文化实现新的发展和繁荣。

#### (二)中华优秀传统文化

吴增礼、马振伟指出:"中华优秀传统文化在长期的历史变迁、发展过程中,自身经过不断积淀与传承、嬗变与创新,孕育生成了中华传统文化的精华所在、精神所在、气魄所在,体现着中华民族精神。"

中华优秀传统文化博大精深,内容极为丰富,涵盖物质文化、精神文化、制度文化、行为文化等方面。仅以精神文化来讲,中华优秀传统文化内容极为丰富,思想极为深刻,影响极为广泛深远。中华文化的优秀成果有先秦时期的"诸子百家"思想,"秦篆""汉赋""唐诗""宋词""元曲""明清小说"等。中华优秀传统文化,植根于五千年的历史进程,集中形成于封建时代，至今仍然释放出强大的文化力量，能有效解决多元文化冲击的现实困境。中华传统文化的核心内容源于学术流派间的相互碰撞争鸣、交流互鉴，儒家思想集众家之长，逐渐成为传统文化的主干。中华优秀传统文化的特色是源远流长、博大精深。中华优秀传统文化的主要特征是"天下一统的国家观、人伦和谐的社会观、兼容并蓄的文化观、睦邻友好的生活观、自强不息的人生观、立足本土的民族观"等。

中华优秀传统文化，就是指中华传统文化中的优秀成果，也是精华部分。从中华民族发展历史看，文化繁荣了中华民族精神，促进了中华民族的持续进步和不断发展，至今仍在发挥着积极作用。中华优秀传统文化展现出以下特点：与文化发展规律相符、起到推动社会发展进步的作用、是民族文化认同的本源、在时代发展中历久弥新等。这些特点成为当代大学生继承弘扬优秀传统文化的原因，中华优秀传统文化是当今文化自信的根基。中华优秀传统文化的核心内容已经成为中华民族最基本的文化基因，也是中华民族有别于其他民族的独特标识。从本质上看，增强中华优秀传统文化自信有利于加强当代大学生对民族文化的认同感，提升中华民族的向心力和凝聚力。

### （三）党的历代领导集体关于中国传统文化的论述

中国共产党的历代领导集体都是辩证地看待中华传统文化，既肯定中华传统文化的优秀成果，又否定中华传统文化中的糟粕。但是中国早期的一些马克思主义者形而上学地理解中华优秀传统文化，对传统文化过度贬低、排斥，缺乏对优秀传统文化的理性认知。

1923 年，陈独秀在《前锋》，讽刺胡适整理国故是"在粪秽里寻找香水"。

瞿秋白在《新青年》指出"中国古旧的宗法社会之中，一切思想学术非常幼稚。"

李大钊认为中国被卷入资本主义体系，孔子的学说在"经济上生了变动"，"不能适应中国现代的生活、现代的社会"，"你们若是无奈何这新经济势力，那么只有听新思想自由流行，因为新思想是应经济的新状态、社会的新要求发生的。"

新民主主义革命的发展过程中，到社会主义制度建立以后，党的历代领导集体肯定传统文化的独特价值及优秀成果，对待传统文化的态度是，弘扬和传承传统文化的优秀成果。

1956 年，毛泽东同音乐工作者的谈话提出"古今中西（古为今用，洋为中用）"观点，即"向古人学习是为了现在的活人，向外国学习是为了今天的中国人""中国的面貌，无论是政治、经济、文化，都不应该是旧的，都应该改变，但中国的特点要保存。应该是在中国的基础上面，吸收外国的东西，应该交配起来，有机地结合。"

1956 年党的八大要求："对于我们过去的和外国的一切有益的文化知识，必须加以继承和吸收，并且必须利用我国现代的科学文化来整理我们优秀的文化遗产，努力创造社会主义的民族的新文化。"强调"在我们对于封建主义和资本主义的思想体系进行批判的时候，我们对于旧时代有益于人民的文化遗产，必须谨慎地加以继承。"

刘少奇评价毛泽东思想，是马克思主义"中国化"与"大众化"的历史成果。"是马克思主义民族化的优秀典型"，"是应用马克思列宁主义的科学方法，概括中国历史社会及全部革命斗争经验而创造出来""是中华民族智慧的最高表现和理论上的最高概括"。

邓小平提出，对中华优秀传统文化认真"钻研、吸收、融化和发展"，以"创造出具有民族风格和时代特色"的新文化。强调"不要又是一阵风，不加分析地把什么都说成是封建主义。"

1986 年 9 月，十二届六中全会决议强调："以十一届三中全会为标志进入一个新的历史时期"，"不但将创造出高度发达的物质文明，而且将创造出以马克思主义为指导的，批判继承历史传统而又充分体现时代精神的，立足本国而又面向世界的，这样一种高度发达的社会主义精神文明。"

1990 年，李瑞环就弘扬民族优秀文化，提出"面对西方资产阶级和平演变的攻势，弘扬民族文化是振奋民族精神，顶住一切外来压力的一个重要条件"，强调"我们既要看到文化遗产的阶级性、时代性，又要重视它的继承性和借鉴性"。

1990 年，江泽民指出："我们的社会主义现代化建设，需要继承和发扬中华民族优秀文化传统，也需要学习和吸收世界各国人民包括在资本主义制度下创造的优秀文明成果。"

习近平总书记曾强调："中国共产党人是马克思主义者""不是历史虚无

主义者，也不是文化虚无主义者""中国共产党人始终是中华优秀传统文化的忠实继承者和弘扬者。"

党的十九大提出，要"深入挖掘中华优秀传统文化蕴含的思想观念、人文精神、道德规范，结合时代要求继承创新，让中华文化展现出永久魅力和时代风采。"

## 二、大学生优秀传统文化自信的内涵和基本要求

### （一）大学生优秀传统文化自信的内涵

坚定大学生优秀传统文化自信，要把握好两个方面的内涵：一是指引大学生增强对优秀传统文化的认同，做到"古为今用"，自觉肩负起弘扬和传承本民族文化的历史担当。二是指引大学生面对外来文化，秉持一分为二的科学态度，做到"洋为中用"。

认识中华优秀传统文化的独特价值。优秀传统文化是由五千年的中华文明孕育，是民族精神的"根"和"魂"。优秀传统文化含有不竭的精神财富。屈原开创的爱国主义传统，成为传递崇高的爱国理念的永不熄灭的精神火炬。中华民族的基因传承，自古就有心怀天下的忧国忧民情怀，这也是儒家文化的精髓所在。睦邻友好体现爱好和平的热情好客传统，对于建设社会主义和谐社会，关注"人类命运共同体"，提供深厚的文化底蕴。立德立功立言的崇德重德育德思想，"仁义礼智信"的基本做人原则，体现出优秀传统文化旺盛的生命力。

优秀传统文化自强不息的民族精神，艰苦朴素的吃苦耐劳精神，在革命文化中进一步得到丰富和延伸。社会主义核心价值观的提出延续了传统美德，社会主义文化事业依然需要优秀传统文化提供充足的养分。无论是优秀传统文化、革命文化，还是社会主义先进文化，核心都是强烈的爱国主义精神以及无私奉献的集体主义精神。

兼收并蓄的文化包容心态，体现出对外来文化的开放视野。中国自古就是一个多民族共存的国家，在民族融合的进程中，不断促进中华文明的进步与发展。对待外来文化也有成熟的经验，融合佛教文化，诞生本土"禅宗"文化。

经济全球化的国际背景，改革开放的国内背景，市场经济的重利轻义

观念，多元文化价值，冲击当代大学生的"三观"。作为新时代的大学生，采取扬弃的态度学习西方文化，面对中西方文明的交流、交锋，实现文化间的合理交融，警惕西方文化和平演变的文化霸权思想。合理汲取西方文化的文明成果，抵制西方堕落、腐朽的文化思潮，坚定民族自豪感、自信心。

中华文化对待外来文化有着海纳百川的胸襟、有容乃大的气度。不同国家及民族有独特的历史渊源和地理环境，造就独具特色的民族文化，积聚起本国人民的智慧，塑造着不同国家及民族的价值理念与信仰追求，要主动挖掘适合并且值得我国学习借鉴的积极成果。禁止崇洋媚外，禁止不加区分地过度崇拜一切外来文化，甄别其意识形态与价值理念；也不应该对外来文化采取全盘否定、一味排斥的过分贬低的轻视态度。应该采取"古为今用，洋为中用"的文化策略，立足本国文化发展需要，客观审视异质文化，求同存异。善于挖掘适于社会主义先进文化建设的积极元素，筛选适于中国土壤、中国情况、中国道路的精华进行转化吸收，以此作为新的创新契机，服务于本国先进文化的建设。

## （二）大学生优秀传统文化自信的基本要求

对大学生优秀传统文化自信提出的基本要求，就是指怎样使大学生对中华优秀传统文化达到自信，具体地讲就是大学生对中华优秀传统文化自信所应遵循的指导思想、基本原则、基本方式方法等。从目前学术界的研究来看，基本是按照以上思路和理解对大学生优秀传统文化自信提出的基本要求。对大学生文化自信的基本要求，学者的见解较多，有共同之处也有这样或那样的差异。葛莹莹认为："坚定文化自信，必须要坚持以马克思主义为指导；坚定文化自信，还必须要坚持中国共产党的领导；坚定文化自信，必须奋力推进社会主义事业；坚定文化自信，还必须要讲好中国故事。"

根据以上的分析和学者的见解，我们认为，大学生优秀传统文化自信的基本要求，首先是坚持马克思主义的指导地位，深入贯彻习近平新时代中国特色社会主义思想，特别是要深刻领会习近平总书记关于中国传统文化的有关论述，大力创新发展中华优秀传统文化。始终坚持马克思主义理论教育的根本指导地位不动摇，这事关中国特色社会主义文化的大发展大繁荣，事关大学生明确的政治导向；持续推进优秀传统文化的宣传，引导大学生积极参与优秀传统文化建设；利用好思想道德建设这个主要阵地，指引大学生积极学习优秀传统文化的德育思想，培育并熏陶大学生树立起优秀的道德规范。

其次，提振优秀传统文化自信是实现民族复兴的必然要求。要辩证地分析中国传统文化，正确处理继承与创新的关系，反对历史虚无主义和文化虚无主义。潘新喆、刘爱娣认为："文化自信要求创新发展优秀传统文化，坚持马克思主义的指导；正确处理继承与创新的关系；反对历史虚无主义、文化虚无主义；增强中华文化世界影响力。"理智地传承本民族的文化，合理吸收异质文化的精华。文化复兴不是对传统文化的简单复制，是在延续优秀传统文化的基础上进行新的文化转化与创造。正是始终坚持走中国道路，中华文化才能历久弥新，符合历史的发展规律，薪火相传。

最后，提振优秀传统文化自信是捍卫民族精神的根本要求。大学生应该积极主动参与国际文化交流，促进优秀传统文化的世界传播，增强中国话语权在国际上的地位，增强中华文化的世界影响力。优秀传统文化自信成为提升综合国力的重要保障，成为维系社会和谐的有效手段，成为守护精神家园的根本要求。

## 三、大学生优秀传统文化自信的重要意义

文化自信理论的提出是党的文化建设在新的发展时期的重大战略决策，是党高度重视社会主义先进文化建设的需要，正面应对多元文化价值冲突以及文化霸权入侵的科学文化策略。文化自信有利于推进社会主义文化事业大发展大繁荣，是满足大学生文化需求的重要保证，是构建文化强国的重要举措，是实现民族复兴的必经之路。

### （一）有利于中华优秀传统文化的传承和弘扬

习近平总书记提出的关于中华优秀传统文化的"创造性转化"和"创新性发展"的两创发展战略对应了文化自信呼唤的时代强音。中华优秀传统文化历经五千年仍然散发出旺盛的生命力，在于其具有的积极历史作用以及契合时代发展需求的现实价值。我们传承的昨日之中国的传统文化自然是优秀的精粹，今日之中国的优秀文化在世界文化交流的过程中则展示出文化强国

的魅力与意蕴丰富的时代价值。青年大学生是国家的希望，肩负着中华民族伟大复兴的历史重任，是我国社会主义的建设者，关键在于我们培养的大学生是否德才兼备。这本身则说明青年兴则国兴，青年强则国强，同时也说明了新时代的大学生，不仅要重视专业知识的学习，培养大学生的科学精神，而且要重视文化知识的学习，培养大学生的人文精神。而学习和把握优秀传统文化，就是最好的途径。传承和弘扬中华优秀传统文化的意义在于吐故纳新，正如历史中每个朝代对于传统文化的优秀贡献，翻开历代典籍总会惊叹自己预料之外的种种收获。正是对于精神的培养，才能产生智慧的思想之光，才有自信的底蕴。

中华优秀传统文化核心思想在于对文化价值信念的自信，正是基于这种文化自信的理性认识才能使得传统文化内在地含有居安思危的忧患意识，造就中华文明兼容并蓄的胸襟，中国人谦虚内敛的性格正是由于中华文化基因在血液中的延续，昨日之中国最成熟且居于指导地位的儒家文化对于凝集民心维持社会稳定的历史贡献自是功不可没，深刻领悟优秀传统文化所蕴含的优秀价值信念，才能客观审视中庸之道对于今天立身依然具有实践上的现实价值。优秀传统文化中对于德的阐述在任何一种文明形态中都是最优质的，这种德育传统对于文明的传承更是居功甚伟，由重德延伸出的爱国主义精神致使中华民族在遇到重大历史转折的时候转危为安，永不坠大国风范的声威。

任重道远的中华民族精神时至今日体现在实现中华民族伟大复兴的现实规划中。"两个百年计划"即将完成一个，另一个百年计划不仅是支撑文化强国的必经之路，更多的是应对百年未有之变局的多元文化态势。儒家文化的核心追求在于忧国忧民，文能治世安邦利民的先国家天下的观念契合中国共产党"全心全意为人民服务"的宗旨。屈原因为发自内心地热爱自己的国家才会终有殉国的举动，端午纪念屈子皆因其开创爱国主义的先河，自他以后，爱国主义成了每个人毕生潜在的底线。新时代大学生作为社会主义的接班人和建设者，对于优秀传统文化的学习有利于其传承自古以来的对高远理想的追求，在弘扬精华的过程中内化自己的德之意蕴，在践行中完善自己。

## （二）有利于为大学生奠定深厚的文化根基

中华优秀传统文化多姿多彩的丰富内容成为文化自信的牢固基石。在新时代，中华优秀传统文化为中国道路提供更加符合时代潮流发展的文化强国的传统文化的信念，融入社会主义先进文化的体系中，使得传统文化焕发出新的生机，为文化自信增添新的文化元素，对于新时代大学生学习文化自信有更充足的底气。社会主义核心价值观就有很多优秀传统文化的价值元素，这就是在坚持马克思主义理论指导地位不动摇的前提下走符合中国发展实际的道路。优秀传统文化的内容涉及社会生活的各个层面，诸子百家的学术成果典故、汉赋诗词元曲小说以及《二十四史》都能将我们拉近历史的年轮感受各种价值理念的生成，生活中践行的很多风俗习惯都在彰显中华优秀传统文化的魅力与风采，这种现实的文化环境熏陶着每一位中国人，更遑论新时代的大学生。

中华优秀传统文化的评判标准有着内在价值理念的引领，成为妥善处理三种文化关系的基点。从发展的视角可以解读出每一种文化的生成有着特定历史时期的现实根基，随着时代的发展以及新的情况下产生出的新需求，要求必须在继承优秀文化基因的基础上赋予新的时代内涵，才能更好地引领文化充满活力，充分发挥文化的引领作用。优秀传统文化作为中华民族的本源文化，孕育着中华民族的精神家园，具有很强的向心力与指引力，是我们在总结历史发展规律的进程中不断推动历史向前发展的根本动力。学习优秀传统文化正如人不能忘本，牢记本民族文化传承的初心，有利于更好地建设文化强国。新时代大学生之所以要面对传统文化的优秀部分，在于通过对传统文化的深入了解，才能正确评估其价值，明晰优秀传统文化为新时代大学生文化自信培养奠定深厚文化根基的意义。

挖掘中华优秀传统文化的时代价值中重新塑造新时代大学生文化自信的信心。文化信仰对于任何一个国家和民族而言，都是立国立族的根基所在。文化的力量释放出不可估量的多重价值，越是强大的国家以及民族越是重视文化对于国家稳定的制约功能，强大的国家其文化必然散发出强大的生命力与文化创造力，在创新传统文化的态度上必然是客观公正地看待其优秀的部分，加以合理运用使其发挥强大的时代价值，使其融入更多的创新元素应对来自外部的冲击。我国肯定传统文化的优秀部分包括实现中华民族的伟大复兴，并非复古，正如欧洲在进入近代工业社会提出的"文艺复兴"的口号，实质是符合时代呼声的先进文化的生成。同理我们提出的"文化自信"是与时代的发展相契合的"文化强国"的本质一致，正是符合我们走"中国道路"的现实追求与实践探索的正确认识。

### （三）有利于大学生摆脱多元文化冲突的现实困境

学习中华优秀传统文化有利于大学生解决多元文化冲突引起的多元选择及价值判断。经济全球化的时代背景下，大学生面对来自多种文化的价值观的冲击，只有采取对文化价值标准的理智判断，有所选择地进行学习，并与中国现实的文化环境实现有效融合，才能有效理解中华优秀传统文化对于应对多元文化思潮的传统经验与历史依据，有利于汲取多元文化的精髓并采取有效思维进行创造性转化与创新性发展。大学生只有主动学习中华优秀传统文化的精华，培养起对优秀传统文化的自信，理直气壮地传承和弘扬中华优秀传统文化，才能打破多元文化冲击的现状。

在清醒地认识到多元文化挑战的同时，也是帮助我国文化有效填充文化养料乃至诞生新时代文化精华，有利于中华优秀传统文化实现现代价值，成为永不坠落的东方明珠。从危机中看到生机，就是中华文化得以延续至今的内因。因此，新时代的大学生更有理由学习中华优秀传统文化，真正让文化自信成为文化强国之路的先锋，民族复兴指日可待。

学习中华优秀传统文化有利于解决中西方文化差异引起的大学生文化价值观的混乱。中西方在文化差异上最大的区别，就是集体主义与个人主义的观念传承，我国自古以来的知识分子群体有个最明显的特征就是"以天下兴亡为己任"的"忧国忧民"情怀。近代以来中华民族由盛转衰的历史关口，总有以反抗外敌为己任的起义团体，以对国家无比的忠诚一代又一代地奉献自己的生命来救国，这种舍己为生的爱国主义的传统构成中华民族精神的核心文脉。而西方文化的个人主义固然有其鲜明的时代特色，但是对极端个人主义的过度宣扬，反映出西方文化对于文化霸权的不轨企图和文化入侵的意图。集体主义精神作为中华优秀传统文化的核心内驱力，对于新时代的大学生群体正确鉴别和取舍西方文化的精华与糟粕有着重要的防范作用，有利于强化政治主体对政治意识的认同，加强大学生群体对本国政治信仰的认知，提高政治参与的热情。大学生群体代表着高智力的社会群体形象，只有主动参与对本国政治动态的了解，才会产生强烈的归属感以及主动参与建设社会主义事业的豪情壮志。

# 第二节　大学生优秀传统文化自信缺失的成因

## 一、社会原因

多元文化环境对优秀传统文化自信带来不利影响。经济全球化的背景下，文化的发展倾向于全球化、多元化的趋势。全球化的问题不是停留在经济、政治、社会、国际关系的表象问题，其实质的根源在于文化问题。全球化呈现出的最突出的问题是文化霸权主义。文化霸权主义的表现形式具有潜移默化的隐蔽性，对当代大学生价值观、理想信念具有潜移默化的隐蔽性危害。后发展国家政治上抵制多元文化价值的冲击以及西方文化霸权，但个体在生活习惯、教育、文化上总是受到一定程度的影响，比如美国电影中宣扬的个人英雄主义、普世价值等。这种潜移默化的隐蔽性的文化入侵，使得部分大学生染上拜金主义、个人主义、享乐主义的不正风气，不利于大学生的成长成才。

社会主义市场经济的冲击，影响着文化领域的变革。改革开放的时代潮流，全面开放的格局以及社会主义市场经济的确立，冲击着中国几千年的轻商传统。人们由开始的排斥到品尝到市场的甜头，传统理念的打破以及新的价值理念的冲击，人性的考验比以往任何时候都来得更为猛烈。个人和社会接受知识和教育的商品性，高等教育的公共性持续消解，各种文化形态不断冲击着大学生价值判断与选择，导致大学生在处理个人利益与集体利益、个人价值与社会价值、个人理想与国家前途的关系时做出错误的抉择，进而影响部分大学生的文化自信。

## 二、家庭原因

计划生育政策导致传统文化中，以"尊老"为中心的"孝文化"本位转变成以孩子为中心"孩奴"本位。生育后代的唯一性，弱化了男尊女卑的封建残余思想，改善了社会风气。但是，家庭教育由过去的过分的严格转变成计划生育后过分的宽松。诞生部分"小皇帝、小公主。"过度溺爱首先表现在家庭礼仪文化受到严重冲击，过去的"无规矩不成方圆"的传统被打破。

父母"望子成龙""望女成凤"的心愿，希望子女在未来有"体面的工作"，导致对子女教育，仅是停留在学习义务教育规定的教材，课外读物不准涉猎。辅习班强化"唯成绩而成绩论"，以考试判定孩子是否优秀，使得孩子沦为"考试机器"。仅有的传统文化常识，也是因历史和语文的学科考试需要才积累一些，应用于考试而非提升人文素质的需要。家务以及生活自理能力，都因读书辛苦的名头而没有得到应有的锻炼，优秀传统文化中的家庭美德泯灭在这种"畸形教育"中。

教育的普及与国家经济的迅猛发展密切相关，改革开放加大了教育大众化普及的速度。此前，物质的匮乏，使得家庭缺乏相应的经济能力供应每一个家庭成员持续接受教育，多数都是停留在小学初中的教育水平，接受现代教育的有限知识造成父母的文化素养不高的事实。对于优秀传统文化的了解，也是建立在世代相传的大众化的简单认识，对于历代典籍不了解，对于优秀传统文化也是停留在浅层次的认知。父母这种先天性教育接受不足的实际情况，对后代的教育很难做到精心培育，更多的是停留在已有经验的传授，很难做到启发式的教育。

一些父母的行为没有践行好睦亲友邻的优良传统，优秀传统文化中提倡的礼、孝、信、仁、义等思想，同样缺乏实际楷模。父母现在的行为就是孩子未来长成的模样，父母观念的淡薄、行为的随意，影响子女在家庭教育中能否初步树立起正确的思想认识。家庭美德践行好的家庭，容易形成良好的家庭氛围，家庭成员的思想多是健康的、正向的、积极的，家庭和谐程度越高意味着家庭成员之间的包容性就越强，家庭成员对新事物的判断越趋向客观，容易理性学习合理部分，促进家庭成员的进步。

## 三、学校原因

高校教学课程表现在"大学教育目的倾向于物质性，大学教育内容忽视人文课程和国学课程，大学教育方法僵化单一"。大学教育目的过于重视物质利益，违背政治与道德而偏重于经济人、工具人。长此以往，导致大学教育偏离教育的本性，造成大学生片面式或扭曲式发展，容易形成利益高于一切的唯利是图的畸形人格。大学教育内容，过分注重对专业知识的强调，忽视人文课程和国学课程的开设。正是这种不断强化专业知识的做法，导致大学生缺乏应有的人文素养的培育环境，不利于综合素质的平衡发展。高校教育的教学方法，呈现出参差不齐的教学水平，对学生的引导也带来不同影响。教学过程注重理论教育方法，轻视实践教育方法，致使两者难以结合，发挥出的教育功效也就大打折扣。教育方法缺乏灵活性，创造性不足，对于教育者和教育环境的新需求难以解决，容易使教育方法走向僵化。

校园文化景物建设缺乏优秀传统文化的元素以及民族精神元素。校园文化建设过多注重现代建筑元素，缺乏塑造独特的校园文化标识，没有将校园文化精神和优秀传统文化有效结合。

校园的广播之声，作为重要的媒介平台，不懂得借助这个优势，合理宣传传统文化的精髓，对于优秀传统文化中的经典文化资源没有做详细合理的规划。每天中午时段，作为全校师生的午餐休息时间，应该合理优化资源，传播一些能洗礼人精神的优秀传统文化典故及优秀民族精神。

校园才艺表演以及迎新晚会缺乏对优秀传统文化的创新。迎新内容多停留在现代歌舞的展示，每年及每个学校在表演传统文化的才艺时，同质化的事实遮掩了形式上的精致，优秀传统文化元素缺乏转化与创新。

## 四、学生自身原因

大学生之前的学习内容就是以升学为主，学习的内容也是适应高考需要，他们不会浪费时间学习高考教材以外的内容。中学的升学压力在高校得到释放，由过去的过度紧张到现在的过分宽松，导致大学生不想持续努力，对新鲜事物的好奇大于对学习的渴望。大学生未来的就业压力，让他们更多地关注对专业知识的学习，导致学习兴趣的单一。除非是人文知识与国学知识对就业有帮助，才会进行有选择性的"考试性质的学习"，重短期效益。

大学生是文化自信的主体，承担着继承和弘扬优秀传统文化、革命文化、社会主义先进文化的社会担当与历史重任。只是，因为当代大学生对文化认识不科学，过分肯定西方文化，对优秀传统文化自信理解有偏差，对多元文化鉴别能力弱等，导致当前大学生对优秀传统文化自信上的不足。对文化认识不科学及过分肯定西方文化既有历史的原因，也有现实的原因。近代西方国家科技的迅猛发展，以及处于资本主义制度生命力最旺盛的阶段，造就西方社会处于比较强势的地位，导致部分大学生认为"西方的全是好的"误判。

对优秀传统文化理解上有偏差，体现在部分大学生缺乏深刻解读中华优秀传统文化。没有认清自己身上传承下来的中华文化元素，很难把握做人的分寸。知识可以赋予学习主体对概念的了解，以及学习知识的现实功用。文化使人获得事物运行的规律与解决问题的方法，这就是"术"和"道"的本质区别。部分大学生往往搞不清学习中华优秀传统文化，以及运用马克思主义理论研究中国化的目的是走中国化的马克思主义道路，实质是坚持走中国道路。

对多元文化鉴别能力弱，反映出部分大学生对中华优秀传统文化知识掌握片面化，没有领略到优秀传统文化的精髓，就开始胡乱评判，自以为很有发言权，其实不然。贸然武断地说出传统文化过时了的妄语，一味崇尚外来文化的姿态，其实是对外来文化一知半解。部分大学生重视对知识的积累，却缺乏对方法及规律的归纳与总结，反映到对中华优秀传统文化的态度上，往往仅是定位在"传统"而非"优秀"。定位的错位致使本末倒置，没有审准"中华优秀传统文化的核心价值理念"这个字眼，导致对文化自信提出的时代课题就会充满模糊性以及不确定性，从而缺乏应对多元文化价值观冲击以及西方文化霸权的文化侵略企图。

# 第三节　当代大学生优秀传统文化自信的培育

## 一、培养目标

### （一）培养大学生对中华优秀传统文化的自豪感

不论从哪方面讲，人的自信与自豪是相互依赖、相互包含、相互渗透的，自豪源于自信，自豪包含着自信。人的活动总体上讲有认识和实践两个方面。人都希望认识走向正确，行动取得成功。一旦如此，人必然会对自己的认识和实践活动及其成果充满自信、表现自豪。而中华优秀传统文化就是中华民族先辈们留下的认识世界和改造世界的优秀成果和宝贵财富，它对我们今天认识世界和改造世界同样具有重要指导意义。具体说来先辈们总结的做人的道理、做事的方法、做学问的精神，就是影响中华民族几千年的优良传统。当代大学生要认真学习和掌握中华优秀传统文化，深刻领会中华优秀传统文化做人、做事、做学问等方面的自豪之处，从而达到对中华优秀传统文化的自信。

中华优秀传统文化的自豪之处，在于它的做人的学问或者说是处世的哲学，可以为大学生成长成才提供充分的养料，从而提升大学生对民族优秀传统文化的自信心，增强大学生对中华优秀传统文化的自豪感。要学会做人，首先就是为人处世上表现出不卑不亢以及有礼有节的个人精神风貌，内在地剔除庸俗媚俗的不当之风。中国自古以来都是崇尚君子的修身处世之道，尤其是知识分子更是讲究民族气节。传承优秀传统文化的精华，与当下的时代发展联系起来，实现符合自身发展和时代要求的现代转换，是当代大学生优秀传统文化自信培养所必需关注的问题。大学生只有深入了解我们自己的民族文化，才能回味出中华文化深远的文化内涵以及品尝到来自民族文化跨越时空的经典魅力，领略到自豪的情怀。

中华优秀传统文化的自豪之处在于做事的方法，讲究有勇有谋的大局观谋略布局。不争朝夕之功，不谋一己之私，而是计之深远，谋在社稷，重在千秋之功，都江堰、大运河、长城等皆惠及身处在历史长河中的百姓并延至未来。民族的记忆在于每一代的优秀典籍，让下一代在传承中不断进行与时俱进的时代创新转化。对当代大学生的深刻启发，在于学习上应该有未来职业生涯的规划，身怀梦想立志高远，学在当下厚积薄发。

司马迁在《报任安书》中言明自己的志向在于"究天人之际，通古今之变，成一家之言"，《史记》的问世证明中华优秀传统文化的自豪之处体现在，做学问对"道"的永恒追求。其中，笔者认为最能符合这种精神实质的，是屈原流传千古的名句"路漫漫其修远兮，吾将上下而求索"。行路之艰对行路人的耐力是非常现实的考验，当代大学生就应该继续坚持这种持之以恒的精神，可以促使一个人做成许多预料之外的事。在成为一个智者之前这是最受打磨的一个阶段，当你的棱角被打磨的圆润，而非磨平就能扩宽视野和胸襟。这个时候，你眼中的世界就会转化成至美的存在，也就能跨过表象追寻事物的运行轨迹。传承优秀传统文化，熟悉历史发展的规律，对于回应今日之中国提出的时代课题"文化自信""文化强国""实现中华民族伟大复兴"的百年目标具有重要意义。

**（二）培养大学生对西方文化的扬弃态度**

培养大学生对中华优秀传统文化的认同感，不意味着对其他民族文化进行隔绝，抑或是完全排斥的绝对否定的态度，而是培养大学生以更加宽容的理智的态度，对待其他国家和民族的文化。当今世界的整体发展趋势是开放、共享、网络化、数据化、信息化、世界化的，封闭僵化的思想在这个资源多样化的时代是过时的、落后的。马克思、恩格斯早在《共产党宣言》中指出，世界的发展由民族历史走向世界历史。邓小平也指出，当今世界是开放的世界。因此，各国的思想文化必须是相互交融、相互影响、相互汲取的。中国社会主义文化建设同样要学习、借鉴、引进西方文化，同时要不断地把中华优秀传统文化宣传出去。因此，走出去、引进来是双向的变革，与改革开放的时代背景相契合。我们在学习西方先进思想的时候，西方也在研究我们值得学习的优秀传统，产生了文化与文化的碰撞，造成了思想与思想的冲突。

当代大学生由于心智的不成熟，很容易受到多元文化思潮良莠不济的影响，很容易对当代大学生世界观、价值观、人生观的形成产生思想上的偏差，不利于共产主义理想信念的塑造。西方霸权主义在影视作品中故意宣传暴力美学与所谓的凸显西方普世价值观的意识形态，与我们优秀传统文化中的和谐社会思想相违背。校园暴力事件的层出不穷以及崇洋媚外的各种行径，体现出部分大学生的"三观"确实受到一定程度上的负面影响。当然，绝大多数的当代大学生能够应对西方多元文化思潮的冲击，能够理智地判断并采取合理的应对措施，对于西方优秀文化成果进行主动学习、主动思考、主动改进。无论任何时候，还是要坚守科学无国界、但是科学家有国界的底线。只有这样，才能清醒地认识到差距的成因和结果，才能明白文化自信作为道路自信、理论自信、制度自信三个自信之基提出的历史根源与现实依据。

培养大学生对西方文化的扬弃态度。党的十九大报告中提出，当代大学生要具备起码的政治意识、核心意识、大局意识、看齐意识，以及加强意识形态领域的斗争意识，才能自觉践行核心价值观，为建设社会主义文化强国做出自己的贡献。因此，当代大学生在主动学习西方文化的优秀成果时也要警惕西方文化的文化霸权思想的冲击。要理智地判断西方文化的优劣，慎重地学习西方文化在走向现代化进程的优秀合理内核。西方社会在走向近代化进程中提出的"文艺复兴"，成功地对西方传统文化进行近代转换，赋予新的时代内涵，剔除了欧洲"中世纪黑暗"的封建蒙昧，转向更高一级的资本主义社会的科学与理性，率先出现在文化领域的正确变革为资本主义发展道路上清除了封建障碍。这对于今天"实现中华民族伟大复兴"，在指导方法上确有可鉴之处，民族复兴其实是借助优秀传统文化的精髓，实现符合中国特色社会主义先进文化的现代转化。

## 二、培养原则

### （一）引导性原则

这里的引导性主要是指引导当代大学生身处网络时代更要加强学习优秀传统文化，增强文化自信。"网民"的称呼，人人一部手机，就将自身与世界的距离缩小。网络的虚拟性，使得很多假消息泛滥成灾，每个人既是信息的接受着，同时兼具信息的制造者和传播者的身份。一些不法分子与国外敌对势力就钻网络的空子，借助网络这个平台，针对大学生心智不成熟的特点，动摇其政治意识，使得某些有心人借机传播多元文化价值观与西方主流思想，这就造成部分意志薄弱的大学生在思想上和行为上倾向于西方文化生活习惯，肯定西方主流价值。正是基于这种现象存在，提出文化自信，尤其是强调优秀传统文化自信的现实功用，对于帮助当代大学生有效甄别不同文化的合理之处与不足之处，起到重要的文化指引作用。

优秀传统文化兼收并蓄的文化传统有效引导当代大学生对待一切文化的态度是"取其精华去其糟粕、古为今用洋为中用。"要求大学生对待本土文化秉持辩证分析的态度，理智的学习与活学活用，既不自大也不自卑，采取从容的心态认识传统文化的精华与糟粕。同样，对待多元文化价值与西方主流文化也要秉持一分为二的观点，要吸收、借鉴异质文化的优秀部分，对于其文化糟粕坚决抵制。

当代大学生学习优秀传统文化，就要理解"越是民族的越是世界的"这句话的含义。当代大学生作为社会主义事业的建设者和接班人，内在要求当代大学生必须不断增强自己的专业知识能力，提升对中华民族的自信心与自豪感，而借助优秀传统文化能增强大学生的竞争优势。当今各国都注重提升国家文化软实力，对于个人来讲，提升个人的文化竞争优势等同于增强自身的文化力量，帮助个人提升综合素质。

文化的问题，从古至今都是一个国家和民族必须重视的问题。重视文化的引领作用，文化的安定会促使社会的和谐与安定。历史上缺乏文化的民族与国家，总是延续不长，就消亡在历史的长河中。中华文化作为至今唯一延续的文明，表明中华文明的生命力之旺盛。想要长久的发展，学习与传承中华优秀传统文化，是民族复兴的重要保障。

### （二）民族性原则

刘宏达、张春丽认为"克服狭隘的民族文化心理。在经济全球化、社会信息化的时代，跨地域、跨国别、跨民族的文化交流成为不可阻挡的潮流，大学生只有坚持对中外文化的理性比较，才能增强文化自信，才能克服文化自卑、文化自负等心理。"

梁漱溟曾总结道："历史上与中国文化若后若先之古代文化，如埃及、巴比伦、印度、波斯、希腊等，或已夭折，或已转易，或失其独立自主之民族生命。唯中国能以自创之文化绵永其独立之民族生命，至于今日岿然独存。"

民族性并不意味着排他性，民族性能够很好地回答近代殖民历史中产生的"我是谁"的民族困惑。这种思想上的矛盾源于近代殖民历史，如现代发展中国家普遍具有被西方列强侵略过的历史事实。

这种被发达国家殖民的经历，给现代许多发展中国家带来巨大的社会问题，至今依然是有待解决的文化困境。我国虽然也有着半殖民地的历史事实，却很好地避开了这个文化难题，这就要归功于中华民族精神的传承。

"文明冲突"是在丢失民族性的前提下，完全被殖民地文化所统治，致使"文化寻根"的自我意识中的本民族文化与殖民统治下的文化相冲突。

近代西方国家在推动文明的进程中，采取的先进战争武器，确实打开了许多国家的大门。打着文明的口号，实施蛮横的暴力行径，将其他国家的物质精神文明财富洗劫一空，继续压榨并奴役被侵略地的人民。

在这种情况下，很多民族及国家完全被征服了。最可怕的在于，沦陷在殖民文化的统治下，彻底放弃对本民族文化的传承，也就导致本民族精神的没落。

从精神上屈服的民族没有认清，只要能够延续本民族的文化，暂时的、形式上的亡国是能够实现"向死而生"的凤凰涅槃，这也是中华民族与其他民族的本质不同。

犹太民族人数较少，却有能够创造令人佩服的物质财富，在历史上被数次屠杀，导致他们屡次无法成功建国，过着辗转在各个国家分散居住的流亡生活。就是这样一个，只能称其为犹太民族，缺乏国家称号的民族，在大多数国家以及一些民族走向没落时，犹太民族抓住发展的机遇，日益壮大。

究其原因，他们始终守住了民族精神。在流亡的途中，吸收其他异质文明的优秀文化元素，不断与时俱进地丰富并滋养着自己的民族文化。任何的磨难，对他们来说都不是困境，都只不过是对他们化茧成蝶的应有考验。

回顾中华文化源远流长的历史进程，我国的文化从来都是灿烂光辉的。从古至今，吸引着其他民族的艳羡眼光。我们始终都在做自己，先天性的民族文化基因有着强烈的忧患意识，对未来前途命运的持续关注与不断思索，中华文明没有遭遇过实质性的重创。

近代民族危亡的历史关头，中华民族虽然经受许多磨难，但是没有任何一种异质文化能够对我们进行文化驯养，反而被中华文化汲取优质的文化元素，成功实现现代转化。

中华文化选择与马克思主义理论进行结合，诞生"革命文化"与"中国特色社会主义文化体系"的时代成果，体现出中华优秀传统文化的革新能力，民族性原则让中华民族避免遭遇其他民族在传承中的文明中断。

### （三）包容性原则

坚持文化包容的正确原则，文化自信包容了不同文化的差异性。大学生坚定优秀传统文化自信，内在要求用包容性态度来看待不同文化的交流、交锋、融合，坚持以批判性思维对多元文化和西方国家优秀文化成果进行吸收和借鉴。

每种民族文化各有其独立完整的形态，但在历史的演化进程中，要想永葆生机，只有对其他文化开放包容，才能有长久的生命力。包容性原则体现在"不忘本来、吸收外来、面向未来"。优秀传统文化是文化自信的根脉，是保持社会主义先进文化的基因密码。"不忘本来"指出经济社会发展到何种制度、全球化进程多快，都不能丢掉优秀传统文化这个根本。民族性是国家得以延续的根本，关乎在世界文化百花园中的地位高低。马克思主义是社会主义的核心和灵魂，虽然马克思主义是外来的思想文化，但是，在"吸收外来"的原则上，要分清马克思主义与其他外来文化的差别之处，弄清马克思主义深深植根于中华优秀传统文化的土壤，实现了有机融合，才能称为中国化了的马克思主义，而不是别的什么主义。中华文化是与时代发展同进步的文化，世界上很多文化随着时代的变迁消亡在历史的进程中，唯独中华民族文化连绵不断延续几千年，在于其兼收并蓄地融合一切优秀文化成果。今天，优秀传统文化要"面向未来"，就是面向中华民族伟大复兴的未来，这个面向突出的是中国特色；还要面向人类社会发展命运共同体的未来，这个面向彰显的是人类社会共同的价值追求。

文化演进的速度慢于经济发展的速度，文化要想契合时代发展需要，必须不断"兼收并蓄"与"推陈出新"，也就是"吐故纳新"。"吐故纳新"本身包含"兼收并蓄"与"推陈出新"，文化的吸引力是"软性的"，这也是文化自身魅力所在。文化力量的强弱依靠的是文化自身的包容性，包容性强，文化自我革新的能力就强，包容性差，意味着湮没在历史长河的危险性就越高。从中华文明成为唯一延续的文明就能看出中华文化的包容性之强之广，就在于中华文化自身不断"兼收并蓄"其他一切文明的优秀成果，转化为本土文化发展前进的养分，最终才能实现"推陈出新"的时代转换。中华文化这种"吐故纳新"的自我革新精神，指引当代大学生以包容的心态包容中华优秀传统文化与一切外来文化的优秀成果，提升自己的文化信心，增强文化力量，增加文化竞争优势。

### 三、培养途径

营造全方位的文化环境，是落实文化自信的重要途径。文化环境同文化教育一样，有利于当代大学生在文化环境中进一步加强文化影响。这种影响通过积极健康的社会价值、良好的家风熏陶、正向的学风氛围、大学生自身主动加强对优秀传统文化价值的内化等方式实现。

#### （一）营造良好的社会文化环境

人是环境的产物，环境分为自然环境和社会环境。社会环境就包括社会文化环境。社会文化环境好坏对人的成才、思想意识的变化有着重要影响，对人信任什么、认同什么有重要的导向作用。过去和现在市场经济的负面影响仍然存在，影响着大学生的价值趋向和追求。但是，现代社会不能忽视网络环境和主流媒体环境对营造良好的社会文化环境的重要作用，以及传统节日的现实功用。

网络化、信息化是当今世界最明显的时代特色，如今可以说是人人都是网民。网络对人们的生产、生活方式产生直接影响，对人们的思维方式、价值观念同样产生深刻影响，甚至改变人们的思考方向以及对世界的看法，因此，网络文化环境是营造良好的社会文化环境的重要阵地。当代大学生是伴随着网络的发展成长起来的，作为与网俱进的青年一代，其接触新事物能力较强，思想比较活跃，但是也极易受网络上各种错误思想的左右，导致价值观扭曲、政治信仰不坚定。因此，政府必须利用好网络文化环境的影响力，占据文化的制高点，把网络打造成大学生接受优秀传统文化的重要渠道。政府利用网络载体，对各种优秀文化网站给予肯定和支持，大力传播和宣传中华优秀传统文化、革命文化和社会主义先进文化。但是一定要加强网络文化管理，不断完善网络文化管理制度，定期开展各种"清网""净网"等专项活动，为当代大学生营造良好的网络文化环境。注重网络人才培养，建设一支以宣传与传播优秀传统文化为主体的网络宣传队，组织开展各种与优秀传统文化相关的网络文化活动，建设一些网民互动的网络文化社区。

利用现代媒体传承优秀传统文化，创新传统文化栏目，营造出良好的媒体文化环境。做的一些比较好的传播优秀传统文化的栏目，有《国家宝藏》《百心百匠》《我是演说家》《儿行千里》《国学小名士》《喝彩中华》《汉字风云会》《朗读者》《诗词大会》等，满足了社会各个阶层各个年龄对于学习与传承优秀传统文化的需要。"国学热"并不是赶时髦，而是真正在弘扬与传承优秀传统文化，将中华文化的民族精神与不同时期的民族瑰宝展示在每一个社会成员的面前，从而提升对优秀传统文化的自信心与自豪感。

传统节日是社会文化环境不可或缺的文化传统的不断延续的有效载体。地方都有传承千年甚至更久的特定的文化习俗，地方民俗活动通过政府文件的出台成为合法的假日。当地的人聚集在那一天，庆祝这种文化传统。譬如，达州的"元九登高"，成为达州法定的节日，那天政府会出动专门的警务人员维持安全。"元九登高"包括传统文化、红军亭的革命文化。登山途中，含有对幼儿的教育鼓励，传递不畏艰辛、贵在坚持的理念。了解达州传统节日形成的历史渊源，七位宰相的政绩及其留下的流传千古的笔墨，吸引日韩等国的文化学者访问交流，折射出优秀传统文化永不过时的永恒魅力。政府对传统节日的保护与传承，引领正向的社会风气。

## （二）重视家庭熏陶和潜移默化的影响

营造和睦相亲的家庭文化环境。现代家庭观念倡导相互尊重、男女平等，延续尊老爱幼的优良传统，继承勤俭持家的优良作风，家庭氛围呈现出和谐温馨的幸福感。社区文娱活动的开展，促进社区成员之间的良性互动，有利于形成睦邻友好的社区氛围，充分发挥文化调节家庭成员、邻里关系的和谐功能。营造和谐的家庭氛围，和睦是家庭文化环境的最佳状态，包含积极践行孝老爱亲的道德规范。

家庭成员的身上展露家庭文化的烙印。交往能判断出个人修养的高低，是判断考虑能否进一步交往的首要印象。家中长辈在孩子成长的各个阶段，注重对孩子的品行培养。义务教育的实现，与中国实行改革开放的时代重举密不可分。代代相传的传统文化的根基，不会读书识字的现实困难，不仅没有延误家庭教育，促使人们在实际的家庭生活中，传承优秀的民族精神。真善美的人性之美，熏陶着后辈清白人做清白事的正直之心。谋生必先学会做人的严格要求，体现在家庭教育中，父母的言传身教影响着孩子的品行。人的好坏受家庭环境的熏陶，人成就的高低离不开家庭对其栽培，人的教养基于家庭教育。重视家庭环境对孩子的正向指引，对孩子的健康成长成才起着激励作用。

家庭隐形教育，在潜移默化中影响孩子，良好的家庭氛围给孩子幼小的心灵培育出一颗健康的种子。中华优秀传统文化中，很多以诗书传家的百年望族受到当世之人的敬仰，备受后世之人的尊崇，崇敬的是"治家有方"的科学育子方法。历史上，很多贤人的家风素来极好，积德之家注重对子孙后代精神上的塑造，以德养心。家庭成员的行事风格，经受家庭氛围熏陶，立志成为君子而非小人。人的本性趋善，家庭希望自己的孩子成为受人尊敬的人，家庭教育重视自己的言行。文化自信的提出，挖掘中华优秀传统文化的精华，必须重视家庭教育潜移默化的隐形教育功能，深刻解读"修身、齐家、治国、平天下"的社会担当。

## （三）加强学校教育和校园文化建设

高校是大学生受教育的主战场、主阵地，大学生受教育的好坏主要取决学校的办学理念、课程设置、师资队伍和校园文化建设。能否培养大学生对优秀传统文化的自信，与以上这些有密切关系。

高校肩负的一个重要使命就是把大学生培养成我国社会主义的合格建设者和可靠接班人。要求当代大学生树立中国特色社会主义道路自信、理论自信、制度自信和文化自信。文化自信就包括优秀传统文化的自信。因此，高校要深刻认识培养大学生优秀传统文化自信在大学生成长成才培养中的重要地位和作用，将"立德树人"的教育理念与大学生优秀传统文化自信培养联系起来。高校领导者要改变过去偏重大学生专业知识教育的做法，培育文化素养的熏陶，全面提升当代大学生的综合素质。高校党委领导要科学地实施优秀传统文化育人机制，发挥出政治领导功能，把握正确的理论课教学方向。

建设一支高水平的传播中华优秀传统文化的师资队伍。第一，教师引导当代大学生对优秀传统文化的正确解读。培养教师对优秀传统文化的认同，引导学生对优秀传统文化的正确态度。老师的人格修养，关乎学生品格的培育，健康的师品师风，促使学生在潜移默化中养成健康的人品。第二，教师在课堂教学活动中，在学科知识点植入优秀传统文化，进行有效融合。教师要利用好课堂这个教育教学活动平台，回应学生成长过程中产生的新需求，传播与弘扬优秀传统文化，活跃课堂文化。第三，教师主动提高优秀传统文化修养，积极探索实践教学中行之有效的新型教学方法。

加强校园文化建设，将中华优秀传统文化融入其中。第一，校风学风是校园育人的基本展现，建设良好的校园育人环境，考虑优秀传统文化的元素、学科建设的专业知识元素、国家意识形态的领导核心意识、中外文化古今文化中的优秀文化精神。第二，通过开展学术活动，邀请校内外专家，对优秀传统文化展开宣讲活动。通过学术交流会，扩宽大学生的学术视野，引发当代大学生主动思考社会主义先进文化的未来，自觉主动担负起民族复兴的历史重任。第三，开发物化景观的育人功效，打造凸显传统文化符号标识的建筑物、名人塑像以及名言警句的雕刻，实现寓教与物与景。第四，扩展高校文化活动，设置中华优秀传统文化读书日、竞赛以及组织博物馆的参观等活动，利用不同形式宣传优秀传统文化。

### （四）强化学生自我教育

自我教育就是自己主动认识自身对优秀传统文化自信的缺失，从而发现优秀传统文化的科学价值，对于自身未来的发展以及解决当下多元文化冲突有正向的指引作用。

优秀传统文化提升当代大学生的人文素质，从而增强就业竞争优势。专业知识为大学生未来就业提供厚实的专业技能，对其掌握的越牢固，对未来职业的稳定发展就会增添更多的保障，这也是当代大学生注重专业知识学习的根本原因。优秀传统文化虽然不像专业知识的作用那么明显，但是文化的隐蔽性促使文化主体之间的差异及其未来受到机会的垂青会带给不同文化主体质的区别，因为一旦遇到专业素养同等能力的情况，受到文化德育熏陶的学生，就能脱颖而出。中华优秀传统文化中论述"德文化"的典籍典故至今仍为高等教育"立德树人"的培育目标提供充足的养分，为家庭教育中优秀家风的形成提供历史的、传统的现实依据，为社会环境中的良好风气的形成提供优秀思想价值，为大学生自身的长远发展提供"个人软实力"。当代大学生不断加强对优秀传统文化的认识与理解，懂得现代社会的发展看似经济科技的竞争，实质是文化间的强弱竞争；反映到个人身上，反映到就业的机会，就是礼仪与专业知识的双重竞争，光有技术不懂得做人的谦卑，失业是早晚的事。优秀传统文化中的"礼仪文明"在儒家文化中发扬光大，成为传统社会中的知识分子必须学习的立身处世的智慧。

之前看到一个故事，说是在美国上班的一个中国人，听到两个外国人在交谈中突然笑起来，中国人完全听得懂他们的语言，甚至能把对方的语言说的更为娴熟，但却始终不明白他们的笑点。这个故事很简短，但是寓意却极为深刻，这就是文化的力量，也是不同文化间民族性的差异所在。我们要学习外来文化中的先进之处，才能更好地在保留民族性的前提下完成对民族文化与时俱进的转化与创新，继续保持中华文明成为唯一延续文明的事实。要想不迷失在全球化背景下产生的"文化冲突"，大学生只有加强对优秀传统文化的学习与对外来优秀文化的学习，才会明白"文化自信"对于"建设文化强国""实现中国梦"的实质在于繁荣社会主义先进文化，才会明白自身对于"实现中华民族伟大复兴"的历史担当与肩负起这个伟大任务的应有责任。

# 第六章　当代大学生革命文化自信培育研究

## 第一节　大学生革命文化自信培育概述

### 一、革命文化

提起"革命文化"，许多人往往将其与"红色文化"混为一谈，更有一些人会由此联想到"文化大革命"，这些现象的出现都说明了人们对"革命文化"了解不够。实际上，"革命文化"是中国优秀文化的重要构成部分，在今天仍散发着熠熠光辉。

#### （一）革命文化的内涵

"革命"一词早在我国古代就有释义，《周易·革卦·象传》中谈到："天地革而四时成，汤武革命，顺乎天而应乎人。"古人当时就认为革命即变革天命，天子受天命称帝，更替朝代，更改年号，这就叫做革命。后来，革命的词义扩大，意义不再仅仅局限于政治，也泛指重大革新。近代，日本主流思想则对革命注入一些新的意义，淡化了改朝换代的意义，更加注重社会改良的意义，在明治维新时期，革命与维新成为同义词，日本将革命与改革并论。马克思主义对革命也进行了相关论述，认为革命是阶级矛盾和社会矛盾激化的产物。在阶级社会当中，一切反动统治阶级为了切实保障自己的利益，他们千方百计维护自己统治地位，不遗余力地进行压榨、剥削人民，同时由于财富分配不均、两极分化加重等问题，就会产生阶级矛盾、冲突和对抗。随后达到一定程度，进步阶级通过暴力革命达到变革社会制度的目的，从而保障自身权益，这就发展成了政治革命。毛泽东曾谈到："革命是暴动，是一个阶级推翻一个阶级的暴烈的行动。"这里，革命与以往改朝换代不同之处在于，一方面革命是社会矛盾激化的结果，另一方面是通过暴力的方式来实现政权的变更。因此，关于革命，我们可以理解为以下几点：首先，革命即中国古代王朝的变迁，君主更替。其次，革命不仅仅是改朝换代，社会的重大革新，改革也可称之为革命。最后，革命是一种政治上的暴力行动。

文化是一个民族的精神记忆，反映的是这个国家和民族的归属感与凝聚力。在中国古籍中就有关于文化的记载，《易·系辞下》最早论述"文"，"物相杂，故曰文。"《礼记·乐记》称："五色成文而不乱。"《说文解字》称："文，错画也，象交叉。"这里均指出了"文"的本义即各色交错的纹理。"文"与"化"结合一起使用，较早出现于战国末年的《易·贲卦·象传》一文："刚柔交错，天文也。文明以止，人文也。观乎天文，以察时变；观乎人文，以化成天下。"天道自然与人文进行对比，从而指出人文化成天下，进一步联系以文教化的含义。随着社会的不断进步、发展，"文化"逐步引申为一种社会、历史现象，它被认为是包括物质和精神财富两个方面的总和。文化具体地可以理解为，它是凝结在物质之中又游离于物质之外的，常常表现为凝结在物质当中的精神及意义等。本书中有关文化的论述是属于精神层面的文化。

"革命"和"文化"作为两个单独概念早在中国古籍中就可以查证，但在中国近现代史上将二者放在一起综合使用，比较有代表性的是毛泽东，他作出了相关阐述："民族的科学的大众的文化，就是人民大众反帝反封建的文化，就是新民主主义的文化，就是中华民族的新文化"，"在新民主主义革命时期，'革命文化'指的就是新民主主义的文化。"革命文化不是"革命"和"文化"的简单相加，它是将中国历史文化中的革命意义与社会历史实践思想有机整合，是中国人民在长期的革命实践中，在中外优秀文化思想不断融合的过程中所形成的一种优秀文化。

综上分析，本书对革命文化内涵的理解主要从以下方面进行把握：首先，革命文化是中国所特有的一种优秀文化，它是带有我们民族特性的文化，是反对压迫，主张独立的文化。其次，它的主体是中国广大人民群众，其主要领导者是中国共产党，指导思想是马克思主义的科学理论。最后，革命文化包括物质文化和非物质文化两个方面。其物质文化主要表现为革命遗址、遗物以及革命纪念馆等；非物质文化则主要表现在革命精神方面，比如长征精神、红船精神、井冈山精神、延安精神、西柏坡精神等。可以说，革命文化是中国共产党将马克思主义革命理论与中国实际相结合，在领导中国人民革命、建设的过程中所形成的集革命理想信念、革命斗志、革命情怀、革命风范于一体的特殊文化形态，具有突出的斗争色彩、牺牲色彩、奉献色彩、无畏色彩。红船精神、井冈山精神、苏区精神、长征精神、延安精神、西柏坡精神、雷锋精神、大庆精神、航天精神等富有时代特征、民族特色的红色精神是革命文化具体展现和基本构成。革命文化传承和升华了中华优秀传统文化的合理内核，成为中国文化自信的优质基因。本书中的革命文化，主要是从其非物质性方面展开论述的。

### （二）革命文化的形成与发展

革命文化是一种极具中华民族烙印的文化。中国的革命文化蛰伏于近代，其萌发主要在五四时期，形成和成熟在新民主主义革命与社会主义革命和建设时期。我们将革命文化的形成与发展主要梳理为以下几个阶段：

第一，从 1919 年到 1949 年新中国成立，学界通常将这段历史称作为新民主主义革命时期，也是革命文化生长的沃土。马克思主义的传入和工人阶级的出场，为中国共产党的诞生做了思想上和组织上的准备。1921 年中国共产党成立，产生了革命文化的主要领导政党即中国共产党，中国共产党带领广大无产阶级进行革命斗争，革命文化在此过程中不断发展。可以说新民主主义革命期间，无产阶级及其政党在推翻"三座大山"的斗争过程中形成了极其宝贵的革命文化。中国共产党成立时期形成的集开天辟地、敢为人先的首创精神，坚定理想、百折不挠的奋斗精神和立党为公、忠诚为民的奉献精神为一体的红船精神，不仅是革命精神的源头，也是革命文化的核心体现。毛泽东曾指出："革命文化，对于人民大众，是革命的有力武器。"在1949 年新中国成立之前，这段期间是革命文化发展的重要时期，例如，在此期间形成的五四精神、红船精神等，这些革命精神成为人民有力的武器，激励着中国人民不屈不挠地进行革命斗争。

第二，从 1949 年到 1978 年，中国进入社会主义革命和建设时期，中国共产党在带领中国人民进行社会主义革命和建设的过程中进一步丰富和发扬了革命精神。例如，1949—1966 年间形成的大庆精神、雷锋精神、"两弹一星"精神、红旗渠精神等，它们都是革命文化的重要体现，同时也是革命文化在这个时期结合时代特性的延续和发展，展现着鲜明的时代特色。

改革开放之后，中国特色社会主义文化发展起来，但在这期间革命文化仍发挥着上承中华优秀传统文化下启社会主义先进文化的重要作用。当代中国的文化是立足于社会主义伟大实践的中国特色社会主义文化，它是由中华优秀传统文化、中国革命文化、社会主义先进文化等共同组成的。革命文化为中国特色社会主义的建设以及中国梦的实现提供源源不断的精神支持，它所彰显出的崇高的革命精神以及坚定的理想信念激励着一代代的中国人民。从中国共产党的开天辟地到新时代的今天，近百年的历史实践证实了革命文化永不过时，在今天仍旧散发着光芒，跟随着时代的步伐日趋丰富、鲜活。

## 二、大学生革命文化培育的主要内容

广义的革命文化指世界社会主义运动历史进程中人们的物质和精神力量所达到的程度、方式和成果，而本书主要是从革命文化狭义方面来展开论述的，即革命文化是中国共产党把马克思主义革命理论和中国具体实际结合在一起，在领导中国人民革命、建设的过程中所形成的集革命理想信念、革命斗志、革命情怀、革命风范于一体的特殊文化形态。革命文化的内容丰富而珍贵，主要包括革命理论、道德、遗址和精神等，其中关于革命精神的培育是革命文化传承的根本所在。我们认为，大学生革命文化培育的内容主要涵盖以下方面：

### （一）革命理想信念培育

革命文化是中国人民在水深火热的战争年代形成的宝贵资源，正是有了中国共产党、有了革命文化，中华民族才逐步从被压榨欺凌的屈辱困境中挣脱解放。革命文化中蕴含的革命理想信念主要是指中国共产党人关于国家、民族和人民前途命运的胸怀理想以及实现共产主义的坚定信念。关于大学生革命文化的培育首先就在于革命理想信念的培育。坚定了关心国家、民族前途命运和实现共产主义的革命理想信念，才能够自觉成为革命文化的传承者。正如习近平总书记在 2016 年 7 月 1 日的"七一"重要讲话中所强调："我们要把理想信念教育作为思想建设的战略任务，保持全党在理想追求上的政治定力，自觉做共产主义远大理想和中国特色社会主义共同理想的坚定信仰者、忠实实践者。"这不仅仅是对共产党员所提出的要求，也是对每一个中华儿女提出的希冀。

对大学生进行革命理想信念培育主要包括在以下两个方面：第一，要树立坚定的理想信念。革命先辈们的理想信念就是实现国家的解放和独立，繁荣与富强，最终实现共产主义远大理想，他们憧憬并坚信这样的理想定会实现。今天，作为国家未来接班人的大学生群体更应当坚定理想信念不动摇，对国家、对未来充满希望，只有秉持坚定的信念，才能更好地追求自己的人生，传承革命先辈的理想。第二，要敢于追求远大理想。尽管实现共产主义的道路任重而漫长，但中国共产党一直坚信共产主义定会实现的远大理想，并且坚持不懈地追求这一崇高理想。正是中国共产党人具有这种胸怀远大理想、追求远大理想的精神，才能带领中国人民实现国家的解放和自由，将中国人民从水深火热之中解救出来。这种革命理想信念也恰恰是革命文化的重要体现，也正是这种崇高的革命理想信念才支撑着中国的革命斗争取得最终的胜利。作为中华儿女，我们应牢记这份理想信念，树立远大理想，增强自己对于国家和民族的荣誉感与使命感，坚守这份崇高的革命理想信念，努力成为共产党人革命理想信念的忠实传承者和践行者。

### （二）革命斗争精神培育

近代以来，中国共产党人面对繁重而艰巨的革命任务毫不退缩、不屈不挠，特殊的斗争环境和革命对象造就了共产党敢于斗争、勇于斗争的大无畏革命斗争精神。中国共产党正是充分发挥这种革命斗争精神，带领中国人民在漫长的历史岁月中，不畏艰险、战天斗地：用血汗和智慧成就了光辉灿烂的中华民族。习近平总书记曾强调，要实现党和国家兴旺发达、长治久安，全党同志必须保持革命精神、革命斗志。在今天，革命精神仍然是我们党的精神支撑，我们必须明白，今天的革命斗争精神不是阶级斗争，不是大规模的群众运动，而是党和人民为实现民族复兴所要保持的不畏艰难、不懈奋斗精神。大学生革命斗争精神的培育是革命文化培育中的重要环节，要充分利用先进的革命文化来教育新时代中国特色社会主义事业的接班人。

大学生革命斗争精神培育主要包括：首先，培育其遭遇困难毫不退缩，遇到挫折不轻言放弃的积极乐观主义精神。共产党人的革命斗争精神中一个最重要的表现就在于遇到挫折不屈不挠，积极乐观，这也是今天我们实现中国特色社会主义伟大理想和中华民族伟大复兴中国梦的过程中所要具备的精神状态。社会主义建设之路从来都不是一帆风顺的，在实现伟大中国梦的道路上会有众多荆棘坎坷，甚至险象环生，我们要学习老一辈共产党人给我们留下的百折不挠的革命斗争精神，要练就坚强不屈、百折不挠的心理素质，遇到问题不逃避，碰到困难不退缩，为中国梦的实现增砖添瓦。其次，培育大学生敢于打击黑恶势力，坚决维护真理，维持正义的斗争精神。革命年代，共产党人敢于同侵略势力、反动势力进行斗争的大无畏精神在今天仍然需要大学生继承和发扬，虽然我们现在处于一个和平的新时代，但这个时代也给大学生带来了新的使命和责任。社会从来不乏恶势力，大学生要发扬革命斗争精神，当然我们不是要进行阶级斗争，而是要敢于同社会上的恶势力进行斗争，自觉维护公平和正义，敢于踏上追求人类真理之路，传承革命基因。

### （三）爱国主义情感培育

爱国主义是中华民族的优良传统，从岳飞的精忠报国，到谭嗣同的大义凛然，再到周恩来的"为中华之崛起而读书"，等等，他们所折射出的爱国主义传统都是我们民族文化中的瑰宝，同时也是一面具有最大号召力的旗帜。习近平总书记曾强调：数理化之外，爱国主义教育要加强，要让孩子们知道自己是从哪里来的，红色基因是要验证的。爱国主义是革命文化中极为重要的一部分，没有一腔爱国之情不会涌现出革命先辈们为了国家和民族抛头颅、洒热血的悲壮赞歌。在不同的历史时代，爱国主义的内容会有所不同，革命时期的爱国主义表现为人民为了国家独立和解放而奋起反抗，新时期的爱国主义主要表现在为实现中华民族伟大复兴的中国梦而不懈奋斗。虽然新时期的爱国主义与革命时期不完全相同，但这与革命文化是一脉相承的，都表达出了人民对美好生活的向往。

国家是由一个个公民组成的，每个人都是国家前进的力量，当代大学生是新时代中国特色社会主义事业的主力军，作为其中极为重要的一分子，对其进行爱国主义教育是不容忽视的。爱国主义教育是思想政治教育的一项重要内容，大学生革命文化培育的重要方面就在于大学生爱国主义情感的培育，其主要内容不仅要引导大学生树立热爱祖国的大好河山、热爱自己的骨肉同胞、热爱民族的灿烂文化、热爱自己的国家等情感，而且要培育他们为了祖国、为了人民甘于奉献自己的精神，自觉将个人的命运与国家和人民的命运密切联系在一起，关心国家、民族和人民的前途命运。此外，更重要的是要引导大学生坚持和发展新时代中国特色社会主义，树立建设社会主义现代化强国、实现中华民族伟大复兴的目标。我们不能一心只读圣贤书，应当时时关心了解国家和民族，做到家事国事事事关心，常存忧患意识，为实现中国梦而奉献自己。

大学生爱国主义情感培育主要体现在以下方面：首先，要树立强烈的国家主权观，坚决维护民族尊严。当代大学生要学习中国共产党人为了国家独立而奋斗不息的精神，要维护祖国统一和民族团结，树立热爱祖国，坚决反对一切分裂势力的意识。大学生要意识到民族的分裂活动不仅仅存在于中国的历史中，现在仍有一些分裂势力在企图破坏人民的团结、祖国的统一，我们要紧紧团结依靠人民群众，坚决同一切企图分裂祖国统一和民族团结的恶势力作斗争，坚决揭露分裂势力的各种罪恶嘴脸。其次，要坚持和发展新时代中国特色社会主义伟大事业。一方面，要加大中国发展成就的宣传力度，让大学生看到曾经备受欺辱的国家已经骄傲地屹立于世界民族之林，教育当代大学生把爱党、爱国和爱社会主义有机统一起来，不断增强"四个自信"。另一方面，要引导大学生充分地认识到新时期的爱国主义，这一时期爱国主义的表现更重要的是为实现中华民族伟大复兴而不懈奋斗，教育大学生在不忘历史的同时要更加关注时代的要求，弘扬新时代的爱国主义。例如，引导大学生向坚守孤岛 32 年的王继才同志学习，王继才同志用无怨无悔的坚守和付出书写不平凡的人生华章，表达着自己的爱国情怀，体现着新时代奋斗者的价值追求，习近平总书记指示要大力倡导这种爱国奉献精神。

### （四）集体主义精神培育

集体主义是主张个人利益服从集体、国家和民族利益的一种思想，它的最高标准是一切言论和行动皆要符合人民群众的集体利益。集体主义不仅仅是共产主义和无产阶级世界观的重要内容，它同时是新时代中国特色社会主义的大学生所需要具备的宝贵修养。大学生集体主义精神的培育也是革命文化培育的一项重要内容，集体主义中关于个人和集体、眼前和长远、局部和全局的利益关系内容，恰恰能表现出革命文化的一个方面，强调中国共产党人的集体意识、大局意识，突出其为人民服务的奉献精神。集体主义精神旨在培育大学生之间要互相团结、要热爱集体、关心帮助他人，当个人与集体之间的利益相矛盾时，要主动考虑集体利益，增强集体观念，坚持为人民服务的思想，自愿舍弃小我成就大我，做到以大局为重。

现阶段，大学生集体主义精神培育的主要内容：首先，坚持个人利益服从集体利益。无论是在日常生活还是工作学习中，大学生经常会遇到一些个人利益问题，面对这些问题，高校思想政治教育要正确引导，培养大学生的集体主义精神。我们这里所强调集体利益和个人利益的关系可以从两方面进行理解，一方面，当个人利益与集体利益发生冲突时，要能够做出为了集体而甘愿舍弃个人利益的正确选择，要眼光放长远，顾全大局。自觉学习和继承革命先辈们为大我舍小我的献身精神，个人只有在集体中才能够实现自己的全面发展。另一方面，坚持集体主义与承认正当的个人利益可以相一致。我们要求个人利益遵从于集体利益不是完全地反对个人利益，而是个人在为社会集体利益的发展做出自己的贡献时也要尊重个人的正当利益，尊重个人才能的充分发挥，每个人都做好自己，集体才能更加进步。其次，坚持个人利益服从国家利益。国家利益与个人利益是相统一的，国家利益是最大多数人民的最根本最长远的利益，国家是大家的家，是每个公民的港湾，国事无小事。当个人利益与国家利益发生冲突时，个人利益要服从国家利益，维护国家荣誉和安全，为了国家和民族，必要时甚至不惜献出自己宝贵的生命。例如，革命年代的邱少云同志为了任务能够圆满完成，宁可被烈火烧死也不愿暴露自己，这就是集体主义精神的集中体现。大学生要提高自己的民族自信心，关心热爱党和国家，不能仅仅因为个人利益的得失而舍弃国家和民族利益，要培养自己顾全大局的集体主义精神。

### （五）艰苦奋斗精神培育

中华民族自古以来就特别能吃苦耐劳，而且注重勤俭节约。艰苦奋斗是我们中华民族的一大传统，同时也是中国共产党人的一项优良传统，中国共产党带领中国人民争取民族独立和解放的历史可以说是中华民族的一部奋斗史。我们党和国家在一穷二白时期就特别注重艰苦奋斗、自力更生的作风。艰苦奋斗精神正是我们党在外敌包围、生存环境狭小、财政经济短缺的困境中所形成的崇高品德。我们国家今天虽然已经有了前所未有的发展，摆脱了那种举步维艰的困境，但是我们不能丢掉共产党人传承下来的艰苦奋斗精神，正如邓小平同志指出："我们的国家越发展，越要抓艰苦创业。""在艰难困苦的时候需要艰苦奋斗，在物质条件优越的时候也需要艰苦奋斗。"今天，在全面建设小康社会的关键时期，我们仍旧需要坚守艰苦奋斗的精神法宝。培养大学生艰苦奋斗的精神，也将更有利于革命文化的传承和奋斗目标的实现。

大学生艰苦奋斗精神培育主要表现在：第一，培育勤俭节约的生活作风。虽然我们现在处于一个物质比较丰富的时代，但是仍然需要坚守艰苦奋斗的生活作风，艰苦奋斗不是要求大学生过物质匮乏时代的苦生活，而是要主动去奢从简，在生活中，应当反对奢侈，坚持勤俭，不讲排场，不摆阔气，要体会一针一线、一水一米来之不易。艰苦奋斗是一种崇尚简朴的生活方式。第二，培育吃苦耐劳、戒骄戒躁的处事之道。有些青年大学生在学习或工作中遇到一些困难时就轻言放弃，或者在取得一点点成绩时就忘乎所以，这些都是不可取的处事态度。作为新时代青年大学生要主动继承共产党人吃苦耐劳、不骄不躁的精神，在日常学习和工作中，要传承吃苦耐劳的精神，面对难啃的骨头，要不惧困苦，不言放弃；面对成就，我们要保持谦逊，不能骄躁夸功。第三，培育艰苦创业的开拓精神。艰苦创业精神是一种积极健康的工作态度，进入新时代，我们要进行伟大斗争、建设伟大工程、推进伟大事业、实现伟大梦想，更加需要保持艰苦创业的精神。大学生要立足于实践，积极探索，勇于创新，在今后工作中坚持贯彻艰苦创业精神，只有具备了这种艰苦创业的开拓精神，青年大学生才能在新时代创造自己的人生价值，才能实现习近平总书记在党的十九大报告中所要求的："全党一定要保持艰苦奋斗、戒骄戒躁的作风，以时不我待、只争朝夕的精神，奋力走好新时代的长征路。"

## 第二节　当代大学生革命文化自信培育现状分析

### 一、对培育革命文化自信问题的认识不足

#### （一）对革命文化价值认识不足

长期以来，大学生所接触到的革命文化的传播和宣传，大多以革命时期的先进事迹和革命精神为主。相比较而言，学术界对于革命文化的当代价值和现实作用的挖掘、研究和宣传尚且不够，导致大学生对革命文化的价值认知出现偏差，对革命文化的价值认识存在很大的局限性。由此，在大学生群

体中出现了革命文化无用论、革命文化过时论、革命文化过窄论、革命文化万能论、革命文化有害论等错误观点。这些错误观点和思想主要源于对革命历史和革命文化发展史的不熟悉、全球化带来的不良文化生态系统、革命信仰缺失、对革命文化崇高性不切实际的解构、革命文化话语权的缺位等主客观因素。这些因素错综复杂，共同作用，产生了革命文化在价值认识上的误区。

在接下来的论述中将会结合其产生的主要原因，逐一分析以上几种认识误区。

一是革命文化无用论、过时论和过窄论。这三种认识误区都是没有全面认识到革命文化的当代价值。革命文化无用论是指全盘否定革命文化的价值，无论是对于革命战争年代的价值还是对于革命文化在当前社会建设和国家发展中的价值；革命文化过时论是指肯定革命文化在我国革命时期的力量，但是否定革命文化的当代价值的观点；革命文化过窄论是指承认革命文化的价值和作用，但是认为革命文化的影响和作用范围狭窄，不足以特别重视的观点。造成上述认识误区主要是因为当代大学生对中国共产党革命史，特别是中国共产党革命文化发展史的不熟悉。对中国共产党革命史缺乏了解，就不会知道革命精神如何激励革命军民浴血奋战、前赴后继，也不会理解共产党人救亡图存、排除万难夺取胜利的决心，从而容易主观理解革命文化在我国新民主主义革命中发挥的作用，出现革命文化无用论和革命文化过窄论。文化发展史是一种文化由产生到发展演化的历史，对一种文化的认识存在偏差，很有可能是不了解该文化的发展历史，仅凭文化发展的某一个阶段来理解该文化的性质、内容和作用，造成对该文化的刻板印象，最终导致文化价值认识上的错误。部分人只看到革命文化产生于革命年代，认为革命文化是存在于革命时期的旧文化，在当代没有任何价值，或者说价值非常有限，造成了革命文化过时论和革命文化过窄论。革命文化形成发展于革命战争年代，在中国共产党领导的民主革命史中发挥过重要的历史作用，在当代仍然坚持与时俱进的品质，其文化思想和内容随着时代的变迁而获得新的内涵，在社会主义建设中和构建社会主义和谐社会中发挥着不可替代的时代价值。对革命历史的忽视，导致了部分大学生对革命文化产生了错误的认知。

二是革命文化有害论。革命文化有害论是指完全否定革命文化的积极作用，将革命文化不合时宜的少部分内容进行无限扩大和曲解，认定革命文化对当代社会建设有百害而无一利的观点。造成这种偏见的主要原因是全球化影响和革命文化信仰缺失。在全球化背景下，外来文化的侵蚀和冲击，错误腐朽的文化观念通过各种媒介影响着中国人民，我国文化生态环境遭遇严重破坏。信息更新的速度让人们日渐习惯了接受新事物和新观念，并逐渐将追逐新事物当成一种时髦，这也就为一些别有用心的人传播一些反动扭曲的价值观念、文化思想提供了可乘之机。全球化背景下所有事物具有频繁而高速的流动性，在文化领域尤其突出。西方社会文化思想、价值观念的流入势必会与我国本土的思想文化产生认同性对抗。一些西方资本主义势力，固执地秉承文化霸权主义，对我国进行不怀好意的文化输入，以潜移默化的方式进入我国文化领地，诱导中国民众，特别是通过各种途径暗示青年大学生进行所谓的"反思"本土文化，"反思"历史，革命文化有害论就此产生。除此之外，革命文化信仰缺失也是催生革命文化有害论的主要原因。革命文化信仰有助于我们坚定正确价值观，帮助我们透过现象看本质，拨开现实的迷雾，长远思考现实问题。革命文化、革命精神是我国广大青少年从小的必修知识，对于广大青少年造成了深刻的影响，然而随着这群青少年的长大，革命文化价值内涵实践性裂变，导致他们当中有部分人走向极端，全面否定革命文化的积极作用。具体来讲，这是革命文化在传播和教育上的不足造成的。大学生接受革命文化教育一般是从少年时期开始的，在接受革命文化教育的时候，由于教育过程中过于着重革命文化的政治意识属性，没有经历过革命战争年代的他们很难产生情感共鸣，导致革命文化信仰先天不足。等到这群青少年成长为有自己意识和想法的时候，他们已经开始接触社会了，在此过程中，革命文化价值内涵出现实践性裂变。社会分配不公、贪污腐败、政治丑闻等社会阴暗面与革命文化所倡导和传播的内容形成巨大冲击，加上他们的信仰缺失，仅凭现时的主观判断，就可能造成对革命文化的质疑，形成革命文化有害论的观点。

三是革命文化万能论。革命文化万能论是指将革命文化的价值和作用无限放大，甚至把它当成解决一切思想问题的法宝的观点。产生这种极端的观点主要是由于对革命文化过度崇高性解构造成的。红色文化与生俱来就具备了内涵崇高性、外在姿态高大性、空间分布零散性和时间久远性等特点。过去的宣传工作为了提高宣传教育作用，当代的各类媒体为了增强效果，往往会无意间对革命文化进行拔高和扩大，给人们造成经典人物"假、大、空"的错觉，慢慢失去人们的认同和共鸣。历史因为真实才有价值，革命文化因为真实而感人，只有贴近群众、真实朴实的内容才能够吸引人、感染人。革命文化本身就是一种贴近群众的大众文化，本身具有的崇高性就足以让群众产生情感震撼和共鸣，若将其崇高性过度解读，只会令其失去本身的吸引力和可信度。另一方面也会造成人们产生一种革命文化"万能"的错觉，将革命文化等思想理论成果视为解决社会一切思想和道德问题的法宝，而忽视其与制度和法律的互补关系。综上，这些表现都是基于历史虚无主义之下的革命文化价值认识的偏差，由此产生的革命文化自负、自卑、冷漠等表现，是影响当代大学生革命文化自信培育的重要因素。

### （二）对革命文化自信认识不足

自信作为一种积极向上的精神状态，发自于肺腑，根植于人心，难以动摇。文化自信之所以是更基础、更广泛、更深厚的自信，在于文化以其鲜活醇厚而又丰富多彩的形态存在于群众之中，在于对中华文化的认同是所有中华儿女凝聚团结的精神纽带。正确的革命文化观，就是要有整体的革命文化观，即：坚持古今并重、挖掘历史、把握当代。既要认识到中国古代灿烂辉煌的文化创造及其对人类文明的贡献，也要挖掘近代以来中华民族救亡图存的革命史以及炼就的革命精神，更要清晰把握当代社会主义先进文化的前进方向及其与传统文化、革命文化的关系。然而，在各种因素的影响下，人们对于中华传统文化、革命文化和社会主义先进文化的关系认识上存在一些误区，主要表现在割裂传统文化自信、革命文化自信和社会主义先进文化自信之间的联系；形而上学的革命文化自信观。

一是割裂传统文化自信、革命文化自信与社会主义先进文化自信之间的联系。传统文化、革命文化和社会主义先进文化形成的时代背景差异较大，文化的历史作用也有所差别和侧重点，导致部分大学生认为三者之间不存在本质上的联系，是三种不同的应时而生的文化形态。他们没有看到三者之间的联系，只看到传统文化维持封建统治，规范传统社会的作用，忽视了传统文化对当代社会建设的巨大作用；只看到革命文化在革命时期的精神和文化力量，忽视了革命文化是对中华优秀传统文化的传承发展，并与我国优秀传统文化一起，共同构成了社会主义先进文化的基础；只看到社会主义先进文化的当代特征，从而认为革命文化缺乏当代品格，传统文化中封建主义思想与社会主义先进文化中马克思主义格格不入。这些认识上的误区，忽视了文化的继承性。中华优秀传统文化、革命文化和社会主义先进文化，是中华文化长河中的不同区段。然而这并不意味着我们所说的传统文化、革命文化、社会主义先进文化，是在比较意义上的，在各自产生和存在的历史环境不同的意义上的，在二元对立、绝然分割的意义上的。总而言之，增强大学生革命文化自信，离不开对革命文化自信与传统文化、社会主义先进文化自信之间的清晰认识，如此，才能提升文化自信认识，用活文化资源，培育文化自信，借助传统文化、社会主义先进文化的影响力，培育大学生的革命文化自信。

二是形而上学革命文化自信观。形而上学革命文化自信观即用孤立、静止、片面的观点看待革命文化自信，是一种不加分辨的革命文化自信观。这种革命文化自信观念是大学生在革命文化自信认知上的另一个误区。每一时期的文化，时代背景赋予了这种文化以鲜明的特征和时代烙印。传统文化既有中华民族传统美德和智慧结晶，有封建社会的腐朽残余，也免不了有与时代相悖的内容，所以我们继承的应当是中华优秀传统文化；社会主义先进文化既是对传统文化和革命文化的辩证继承，也包含了对国外先进文化的学习和借鉴，对大众文化的改造吸收，对时代发展中产生的新的文化形态的融合。同样的，革命文化作为特殊时代的产物，既有社会主义改革和建设需要的民族气概和革命精神，也有滞后于时代的内容。需要我们加以分辨，以时代需求为导向，继承发展，在传承中创新。总而言之，革命文化与传统文化、社会主义先进文化一样，是我国人民创造的智慧结晶，需要我们根据时代发展需求去粗取精、推陈出新，充分挖掘蕴含其中的时代价值。同理，当代大学生需要培育的革命文化自信，也是对先进的革命文化的自信，对我党和人民在革命中形成的精神财富、物质财富和制度财富等文化成果的自信。

### （三）对培育革命文化自信的重要性认识不足

文化自信是一个民族对自己文化及其生命力的自信，关乎一个民族、一个国家的未来发展。文化自信是一个国家、一个民族对自身文化价值的充分肯定，对自身文化生命力的坚定信念。一个民族和国家是否具有文化自信心，对于民族的生存和国家的发展具有非常重要的意义。没有文化自信，就不可能尊重本民族的历史与文化，也不可能在全球的文化交往交流中享有自主性和话语权。革命文化自信是文化自信的重要内容，革命文化自信在文化自信链上起承上启下的作用，其蕴涵的马克思主义立场使革命文化自信的培育显得更具基础性和关键性。当前，高校对培育大学生革命文化自信的重要性认识不够，主要表现为高校领导和高校思想政治教育教师对革命文化自信的重视不够。

一方面，当前我国高校党委对革命文化自信培育工作的重视程度存在着参差不齐、知行不一的情况。第一，高校党委的革命文化自信培育意识有待加强。在高校的培养计划中，革命文化教育的立意、高度和内涵等方面尚需提高。有些高校党委能够认识到培育革命文化自信对于大学生成长成才和社会发展的重要作用，有些却没有这种意识，或者有这种意识却没有将意识付诸行动。以功利主义为指导思想，淡漠了高校本应该有的社会职责和社会使命。第二，在革命文化教育上，部分高校的顶层设计、长远规划、整体协调普遍不足，缺乏行之有效的合力机制，学校各部门的联系与交流有待加强。第三，高校对革命文化教育队伍建设和投入的专项资金有待提高，对教师队伍的监管和考核机制有待完善，革命文化自信教育效果反馈机制亟待健全。

另一方面，高校革命文化的师资队伍人员配备和教师质量都存在不足。高校革命文化师资队伍以高校思想政治理论课教师和辅导员两个群体为主。第一，思想政治理论课教师配备不足。当前，部分高校，特别是大专院校的思想政治教师专业化、专门化程度仍需提高，已有的思想政治教师一边是要承担着繁重的授课任务和科研任务，在教授课本知识之后，很难分出多余的时间和精力去展开革命文化的教学，从而导致很多思政课教师"心有余力不足"。部分思政课教师自身理论水平不高，对自身素质的完善要求也不迫切、不主动，从而导致自身对革命文化的认知和理解不够充分，难以承担传播革命文化、培育大学生革命文化自信的任务。第二，是高校辅导员队伍。这一群体也是高校思想政治教育的重要组成部分，我国多次强调要建设一批"政治强、业务精、纪律严、作风正"的高素质辅导员队伍，这是加强和改进高校思想政治教育的必然要求，也是当下培育革命文化自信的必然要求。但现实情况是，高校专职辅导员比例相对较小，部分高校辅导员地位较低，得不到重视，一些辅导员虽然有高学历，但是其学历与业务能力、业务素质不匹配现象比较严重，很多人都将辅导员工作当作一块跳板，极少有辅导员能够潜心学习，不断提高业务水平和业务能力。对于革命文化自信的培育，鲜少得到重视，从而造成高校大学生革命文化自信培育的窘境。除此之外，辅导员的流动性比较大，对革命文化自信培育工作缺少继承性，个别辅导员由于在岗时间较长，对工作产生了倦怠感，思想跟不上学生和时代的要求，还是用传统的观念和方式教育学生，不善于用创新形式进行教育活动，这也是造成革命文化自信培育工作在高校难以进行的原因。

## 二、培育革命文化自信过程有待改进

### （一）革命文化自信培育内容有待丰富

2017 年 3 月 12 日，在十二届全国人大五次会议记者会上，教育部长陈宝生在回答记者提问时表示，思想政治理论课"抬头率"不高，人到了心没到，"原因在于内容不适应他们的需要。主要是'配方'比较陈旧，'工艺'比较粗糙，'包装'不那么时尚。"其中"内容不适应他们的需要，'配方'比较陈旧"，主要是指思政理论课的内容有待完善。而思政课堂是高校培育革命文化自信的主要阵地，也就是说，针对大学生革命文化自信的培育内容有待完善。从课程内容上看，当代大学生在初中时期，针对他们的历史教育主要包括古代史、近代史、现代史和世界史。而初中阶段的革命史教育放在近代史课程中，主要介绍了一些革命史的常识和重大事件。高中时期，其历史教育包括政治史、经济史和文化史。这一阶段的革命文化教育放在文化史的内容中。从中国传统文化到新民主主义文化，再到现代中国科学技术文化、世界文学艺术，革命文化占据了两个单元的课程内容，课堂教学以事件简介、历史意义为课程线索进行。高等教育阶段，革命文化教育主要依靠《中国近现代史》课程来进行。大学所修《中国近现代史》内容虽然更加深刻，教育目标也有所深化，但其主要内容仍然是偏重史实教育，涉及文化、思想的东西比较少，学生从中受到革命文化的教育和影响程度有限。从现阶段的教育效果来看，针对大学生的革命历史教育、革命思想传播、革命文化自信培育效果并未达到要求。总而言之，当代大学生革命文化自信教育先天不足，后天乏力，与长期以来我国革命文化自信的教育内容、体系不够完善有很大的关系。

## （二）革命文化自信培育方式有待完善

我国的思想教育和文化教育主要由思想政治理论课承担，自然革命文化自信的培育任务也是以思想政治理论课为主要阵地。当前我国高校的思想政治理论课主要存在两个问题：教学方法有待转变，教学手段有待丰富。

第一，高校革命文化自信培育的教学方法有待转变。当前我国高校对大学生进行革命文化教育仍然是以思想政治教育课程为主要方式。理论灌输长期以来是我国思想政治教育的主要方式，甚至在有些高校是唯一的方式。2014 年《中共中央国务院关于进一步加强和改进大学生思想政治教育的意见》中明确指出，要建立和完善实践教学的保障机制，探索实践育人的长效机制。由此，高校思想政治教育开始有所改进，到目前为止，高校思想政治教育工作普遍采用的是"课堂＋实践教学"的模式。但在实际情况中，却普遍存在着重理论教育轻实践教育的问题，主要表现为教学人员与大学生的互动仍然缺乏，实践教学活动不多，导致大学生的学习积极性不高，教学效果不能达到预期。

第二，高校革命文化自信培育的教学手段单一。随着社会的发展，高校革命文化培育的手段并没有什么丰富和创新，明显滞后于社会发展和人的需求变化。一般来说，过去的针对大学生的革命文化自信培育可以分为显性教学和隐性教学。显性教学就是传统的课堂理论课的教学，隐性教学则是指通过环境的熏陶和文化的感染进行的一种间接教育。实践证明，隐性教学耗时长、投入大、见效慢，但是给人的影响较为深远；显性教学直接、见效快，但是给人的影响停留在表面，相对有限。因此，很多高校选择以显性教学为主的方式进行革命文化自信的培育。但是随着网络和新媒体的快速发展，课堂已经不再是学生获取认知的唯一途径，显性教学的影响力逐渐减弱，甚至会引起学生的逆反心理，在当代大学生中并不讨喜。学生为了应付考试，只会机械性地记忆革命历史事件、背诵事件的历史意义。在知识面上，对重大的革命历史事件有所了解，达到了提高革命历史认知的目的，但是却没能引导学生进行深度思考，也难以培养学生的学习兴趣，革命文化自信更加无从谈起。因此，如果高校继续维持传统单一教育方式，革命文化自信很难在大学生群体中培育起来。

## 三、当代社会文化生态复杂多元

### (一)国际思想文化交流交锋交融更加频繁

压迫激起反抗,革命催生精神,革命文化适应了战争的需要,也遵循着文化自身发展规律和时代需求继续发展。在多元化的现代社会,思想文化在世界范围内的交流交锋交融更加频繁,当代大学生作为思想活跃,喜欢标新立异的群体,其革命文化自信深受国际文化生态的影响。

国际环境作为影响革命文化的文化生态环境之一,其对革命文化的影响从近代以来就已经开始了。自从英国侵略者轰开了中国的大门以来,被迫走入世界的古老中国便与世界分割不开了,世界的思想观念和发展方式开始影响中国社会的发展。国门被迫打开以后,中国人看到的是弱肉强食和血雨腥风,变乱的世界给中国人展现的是只有革命才能获得自由,只有反抗才能告别压迫,只有斗争才能赢得进步,由此,革命文化应运而生,经过两次世界大战,世界呈现出一种争先革命的火热状态,汉娜·阿伦特在《论革命》开篇中写道"迄今为止,战争与革命决定了二十世纪的面貌"。这一时期,许多先进的中国人受此影响,中国革命文化迅速形成发展。毛泽东就曾阐述过世界环境对革命文化的影响:1917年毛泽东提到"自'世界革命'的呼声大倡,'人类解放'的运动猛进,从前吾人所不质疑的问题,所不遽取的方法,多所畏缩的说话,如今都要一改旧观,不疑者疑,不取者取,多畏缩者不畏缩了。这种潮流,任是什么力量,不能阻拦,任是什么人物,不能不受他的软化。"由此可见,革命文化自诞生之日起就深受国际环境的影响。

在改革开放的历史新环境下,我国经济社会发展进入了快车道,社会发展的各个领域也随之被卷入全球化的浪潮之中,国际思想文化交流交锋交融更加频繁。全球化带来的不仅仅是经济社会发展的机遇与挑战,我国文化的发展也受着深刻的影响。各种文化和价值观念的流动,普世价值观、人权理论、新自由主义等思想观念涌入中国社会,使人们对本国文化产生自我思考和怀疑,进而造成"文化认同焦虑"。如果这种文化认同焦虑继续受到西方腐朽思想观念的影响,将会发展成为"文化认同对抗",给我国文化特别是我国革命文化造成巨大的冲击。这种情况下的文化认同对抗,一方面是来源于全球化背景下,外来文化的自然渗透对我国人民思想观念的影响；另一方面是来自于西方敌对势力，有目的性、有预谋的文化渗透，即将腐朽的文化意识、生活理念、价值观念渗透进来，以期对我国的意识形态造成颠覆性影响。无论是哪一种文化渗透，都对我国人民，特别是广大青少年造成了潜移默化的影响，是影响大学生革命文化自信培育工作的重要环境因素。

### （二）国内文化生态多元并存

随着我国经济发展，人民生活水平提高，文化产业发展迅速，文化消费在国民消费中的比重越来越大，文化消费市场发展繁荣。文化消费主义正在潜移默化地影响着人们的价值观念和思想行为。

消费主义是指消费的目的不是为了实际需要的满足，而是追求它们的符号象征意义的一种消费价值观念。消费主义引导人们消费至上、把物欲的满足和感官上的享受作为人生目标和美好生活的价值标准，对消费对象符号象征意义的追求超过商品本身的使用价值。消费主义不仅仅造成了强烈的消费欲求和狂热的购物行为，消费过程中商品的地位、品味、时尚、美好生活等象征价值不断被扩大。当大众传媒与消费主义相遇，受消费主义的影响，大众传媒通过各种传播的策略构建起了一种消费思想——消费能够获得认同、尊重、爱和自我实现，消费的东西能够让自己成为想成为的那种人、群体和阶层。传统价值观在这一过程中被逐渐解构，当代大学生社会阅历浅，思想单纯，极易受消费主义的侵蚀，越来越沉浸在这种奢华享受中，逐渐忽视事物的内涵和深层价值，价值取向发生错位。

消费主义盛行是我国文化市场变异的主要原因之一。在我国社会主义市场经济的背景下，加上逐利心理的刺激、传媒消费主义的影响，我国文化市场出现了世俗化、庸俗化的倾向。为吸引更多关注量，博人眼球，争夺文化市场份额，赚取收益，出现了很多违背道德、突破底限甚至触犯法律的文化产品和行为。其中最明显的就是近年来呈井喷式发展的网络直播，为了赚取点击率，利用当前监管滞后的空隙，通过低俗、恶俗的搞笑、整蛊视频获取收益的直播平台层出不穷，甚至有部分内容提供者一味追逐经济效益，违规传播含有禁止内容的直播内容，其中斗鱼、YY、熊猫 TV、虎牙直播、战旗 TV、六间房、龙珠直播、9 158 等 25 家网络直播平台因为涉嫌提供违规网络文化产品，被文化部列为查处对象。事实上，还有一大批较为隐蔽的违规直播平台还有待惩治。除此之外，新闻标题党屡见不鲜，叫座不叫好的电影层出不穷，文化成为部分人发财致富的道具。以上现象在当代社会屡见不鲜，给当代大学生的思想造成了严重的负面影响。

娱乐至上的文化发展氛围损害了我国文化生态环境健康。文化需求促进文化产业的发展，文化产业的发展影响人们的文化消费选择。在经济社会迅速发展的现代社会，人们在生存和发展的高压下，难免会渴望在工作之余得到放松，文化消费就是人们最方便最有效的方式之一，在这一背景下，娱乐至上的观念悄然渗透于文化市场和消费者脑中。近年来，电视真人秀节目持续大热，随之而来的是各类综艺节目充斥于各类播放平台，有内涵有深度的文化艺术作品屈指可数，人们沉浸在这种全民娱乐的氛围中，并乐于为它们买单。商人看见其中的巨大商机，加大投入生产无脑娱乐文化产品，铺天盖地的娱乐文化造成了一种全民娱乐的文化氛围，当代大学生对文化的判断力所剩无几，麻木的跟风消费，奢侈的文化符号消费，消费者对文化产品的要求越来越低，越来越单一，最终的结果只会导致整个文化产业的崩溃和我国文化生态环境的破坏，进而毒害大学生的思想，让他们将此作为一种流行，盲目跟风，进而对内涵丰富的革命文化置若罔闻。

处于当前文化生态环境的革命文化，对外要抵抗多元文化的冲击和西方敌对势力的文化渗透，对内要面对世俗化和庸俗化的文化发展倾向。因此，培育当代大学生的革命文化自信，必须净化我国文化生态环境，创造革命文化自信的良好外部条件。

# 第三节　当代大学生革命文化自信的培育路径

## 一、提升对革命文化自信培育的重要性认识

只有了解自己民族的文化，挖掘自己民族文化的精髓，在对待不同文化的冲击时，才会进行泰然的文化辩证取舍。高校在履行人才培养和科学研究、服务社会等基本职能的同时，也承担着文化传承与创新的任务。当代大学生革命文化自信培育，是我国文化繁荣发展的重要工作，也是高校文化教育和文化建设的重点工作。目前高校对革命文化的重要性认识还不够充分，提升重要性认识要从高校领导和高校思想政治理论课教师入手，通过提高他

们的革命文化自信培育领导力、健全工作体制机制，为培育大学生革命文化自信提供认识基础。

### （一）提升高校领导对革命文化自信培育的重要性认识

高校领导是组织、统筹、协调高校一切活动的主心骨。提升高校对革命文化自信重要性的认识，增强大学生革命文化自信，首先要提升高校领导，特别是高校党组织对革命文化自信培育的重要性认识。一是要进一步提升高校党组织的文化责任感。必须加强对高校党组织主要成员的文化修养和文化专业技能培训，不断提升高校党组织的革命文化危机意识和革命文化使命感。二要强化党管文化意识。高校党组织要加强研究革命文化建设的新情况、新特点，及时解决革命文化在高校传播中的问题，加强和改进校园革命文化建设的战略规划和总体布局。三要加强革命文化建设的领导班子和基层服务型党组织建设。要把政治立场坚定、思想理论水平较高、具备革命文化专业素质、善于驾驭意识形态领域复杂局面的干部成员充实到校园革命文化建设的领导岗位上来，同时发挥基层党组织的作用，发挥党组织在革命文化建设中的引领作用，将革命文化自信培育工作融入基层党组织的日常工作中去。四要增加高校革命文化自信培育工作的专项投入。合理安排利用学校建设发展经费，为高校革命文化建设划出专项资金，拓宽资金的筹集渠道，加强与校外企业、组织和团体的合作，为培育大学生革命文化自信提供资金支持。五要健全革命文化自信培育的工作体制机制。高校要建立健全革命文化建设的领导体制、科学决策体制、民主议事体制、组织保障体制、考核评估体制和监督机制，促进高校之间、高校与政府、高校与社会相关文化组织的合作，建立协同共建机制。

### （二）提升高校教师对革命文化自信培育的重要性认识

在高校，对大学生革命文化自信培育的主要任务承担者仍然是高校思想政治理论课教师。中共中央、国务院办公厅印发的《关于进一步加强和改进新形势下高校宣传思想工作的意见》中指出，"高校要制定思想政治理论课建设规划，在学校发展规划、经费投入、公共资源使用中优先保障思想政治理论课建设，在人才培养、科研立项、评优表彰、岗位聘用等方面充分重视思想政治理论课教师，确保思想政治理论课在高校教学体系中的重点建设地位"。这一指导意见，对于当前提升高校教师对革命文化自信培育重要性认识有很大的启示作用。提升高校教师对革命文化自信培育的重要性认识，一要充分肯定和重视高校思想政治理论课以及理论课教师的地位和作用。加强对思想政治理论课及其教师的政策扶持与投入力度，可以通过提高教师的物质待遇、收入水平，为表现优异的教师颁发荣誉证书，给予适当的奖励等方式。还可以为思想政治教育理论课的教师建立专门的教研室、资料室，及时更新与革命文化相关的前沿消息，加大资金投入，组织教师外出交流学习，增加相关的科研项目，为他们的自我完善、自我成长提供平台和机会。第二要加强教师的培训。对教师的培育要落到实处，注重实际效果，要提高培训内容的针对性，杜绝培训的形式化，完善培训的结果考核制度。第三要完善高校教师工作评价机制。要准确定位评价目的，以促进教师发展为评价的主要目的；要合理设置评价内容，教学和科研并重；拓展多样化的评价形式，将教师之间的互评引入评价体系之中，增强评价的客观性；要充分重视和利用评价结果，以评价结果中反映出的问题为参考数据，为完善和改进思想政治理论课、提高相关教师业务水平提供重要参考。最后，要提升教师自我完善的意识，通过奖评制度的设置，督促教师不断自我检验、自我提高和自我完善。

## 二、建设好革命文化自信培育的高校主阵地

### （一）以改进教研活动带动革命文化自信讨论

自信要基于对自身清醒的认识，缺乏对自身清醒的认识，自信更无从谈起。在大学生群体中树立革命文化自信，既要帮助大学生摆脱文化虚无主义、民族虚无主义，又要帮助大学生告别过度自信的文化国粹主义等文化自负心态，以及文化自卑心理和文化冷漠的文化态度。对于大多数大学生来说，对革命文化的理解往往只停留在"革命"两个字上，而无法抓住"文化"的内涵。因此，想要培育大学生革命文化自信，就必须将改进教研活动作为首要任务，加强大学生对革命文化的了解。

培育当代大学生革命文化自信，要创新教育方式，增强课程吸引力。对于青年大学生来说，要抓住青少年学生在校学习的优势，提高革命文化教育课程的吸引力。大学的近现代史教育，相比中学课程，大大加强了与现代社会的联系。但是大学的近代史教育更多的是从思想政治教育角度出发，意识

形态色彩浓厚，政治教育目的明显，大大降低了学生对革命文化的学习兴趣。因此，激发青年大学生的学习兴趣，必须开拓教育方式，创新教育手段。一要充实课程内容，增强课程的吸引力。高校教师在备课的时候应当注意课程内容的趣味性和思想性，积极推进相关教师集体备课，既减轻了教师的负担，又能够集思广益，提高备课的质量。二要创设恰当的历史情境。教师要合理组织教学，精心设计教学环节，把革命历史教育放到国家社会和国际的大背景下，进行启发式提问，引导学生自主思考和互相讨论。三要开展形式多样的教育活动，打造学习、交流的互动式平台。学校教育不能仅仅局限于课堂，特别是大学生教育。可以多多举办革命文化主题讲座，聘请相关专家学者从不同角度进行讲解，拓宽学生的思维空间。

培育当代大学生革命文化自信，要加强对大学生的革命历史学教育。一要召集专家学者重新编写教材。中国革命史和革命文化史内容庞杂，在书籍编写内容的选择上，要合理规划教材内容，切忌平均用力，到处着墨。教材的编写应当详略得当，将主要的和关键的内容编写进教材中。对于那些没能编入的内容，可以选择在书籍的合适位置插入相关的知识链接，还可以利用书籍脚注和参考书目建立起知识网路，让有兴趣的学生可以自行展开更深入的了解。除了知识链接和脚注、参考书目的方式之外，可以将核心内容放在必修教材中，扩展内容放在选修课本中，引导学生利用课余时间学习。教师也可以根据教学的实际情况，灵活安排学生的课外任务。二是要加快革命文化图书编写。粗略了解，市面上关于中国共产党党史和中国革命史的书籍很多，但专门整理研究革命文化史的寥寥无几。因此，在革命文化图书的编撰上，可以与中共党史和中国革命史有所区分，将新民主主义革命史与革命文化发展史穿插叙述，侧重于革命文化在新民主主义革命中的作用，以及革命文化是如何不断发展以满足革命各个时期需求的。比如，革命思想理论对革命事业的引导推动、革命文学艺术对人民群众的激励动员、革命精神典范对民族进步的教育促进、革命追求对改良社会风尚的影响熏陶，等等。如此，革命文化的历史作用和当代价值得以突出，将这些图书作为大学生的课外读物和学习参考书，有利于提高人们对革命文化的认同度。

培育当代大学生革命文化自信，要加强革命文化的教育和研究。一要加强革命文化教育。少年强则国强。2016 年 4 月 24 日，习近平在安徽考察，感怀过去的烽火岁月时指出："革命传统教育要从娃娃抓起，既注重知识灌输，又加强情感培育，使红色基因渗进血液、浸入心扉，引导广大青少年树立正确的世界观、人生观、价值观。"当代青年如果不了解当初刻骨铭心的磨难和艰苦卓绝的奋斗，就无法在错误的思想和西方敌对势力的诱惑面前坚持正确的观念。对待不同年级的大学生，应当依据他们各自的心理特征和现实需求采取不同方式进行革命文化教育。教育语言要通俗化，展示方式要多样化。同时还要坚持传统的有效方式，充分发挥学生党员的模范引领作用，利用党员的影响力在大学生群体中培育革命文化自信。二要深化革命文化理论研究。20世纪80—90年代，随着中国改革开放的推进，在中国近现代史的研究中，出现了质疑、否定中国革命的"告别革命论"，给我国思想界和文化界带来了不好的影响。近些年来，出于国家治理和社会发展的需求，在红色旅游、革命历史文化和红色产业发展的背景下，红色研究一度成为学术界的热点研究课题，但是关于红色文化、革命文化的研究相对薄弱。自习近平总书记提出文化自信以来，革命文化和红色文化再次引起学术界的注意。高校是国家科研发展的一大平台，培育大学生革命文化自信，必须更加深入地在高校进行革命文化理论的研究。在研究过程中，要借鉴哲学、政治学、人类学、历史学、教育学、社会学、经济学等理论话语，架构"红色文化学"的学术话语体系；要反思与突破中国革命史研究方法，转换研究思维，创新研究视角，向"新革命史转型"；要让大学生直接参与研究中来，让他们对革命文化有更加深刻的认识。

### （二）以建设校园环境营造革命文化自信氛围

高校校园文化在大学生革命文化自信培育中发挥着重要的作用。大学生无时无刻不在校园文化的熏陶和影响之下，与显性的课堂教育相比，高校校园文化以渐进式的渗透和耳濡目染的影响，对大学生的价值观念产生深远的影响，具有直观具体、情景交融、形象生动的优点，是革命文化自信隐性教育的重要渠道。从性质上看，校园文化包括静态文化和动态文化，从内容上来看，校园文化包括精神文化、物质文化、制度文化、行为文化和环境文化。因此，要通过建设校园文化在高校营造革命文化自信的氛围，就必须充分发挥静态校园文化和动态校园文化的作用，将革命文化的元素融入高校精神文化、物质文化、制度文化、行为文化和环境文化之中。

第一，用革命文化装点校园文化景观，着力打造传播革命文化的物质载体。静态的校园文化包括可见的、有形的校园实物，这些校园实物在一定程度上反映了该学校的审美情趣、精神风貌和价值取向，对学生具有潜移默化的影响作用。培育当代大学生的革命文化自信，要充分利用校园景观，如校园建筑、校园雕塑、校园公共设施等，将革命文化的元素，以学生喜闻乐见的表现手法融入到校园建筑、景观、雕塑等物质形态中去。具体的可以通过一尊革命历史文化的雕塑，一副展现中国革命历史片段的图画，或者一段蕴含革命精神的碑文，使革命文化元素遍布校园教学区、生活区、休闲区。除此之外，还可以在学校的精神文明建设中加入革命文化的元素，如通过校风、校训、校徽、校歌等，使之成为净化大学生心灵、陶冶大学生情操、塑造大学生优秀政治素质和优秀品格、激励大学生奋发向上的教材，从而让大学生在耳濡目染中增强对革命文化的了解、认同和自信。

第二，用革命文化资源丰富校园文化活动，对大学生进行革命传统文化教育。高校的校园文化活动是大学生校园生活的重要组成部分，也是学生参与性最高、影响力最大的一种方式。用革命文化资源丰富校园文化活动，就是将革命文化中的爱国热情、崇高理想、坚毅品质、忠贞气节和艰苦奋斗等革命精神带入大学生的日常生活中。因此，我们不仅要在丰富课堂教育内容的基础上，营造一种革命文化的学习氛围，还要将代表先进思想的革命文化通过丰富多彩的活动形式在校园广泛传播。学校党委要充分发挥宣传部门、团委、学生会和社团组织的功能，以学校党委指示、老师协助监督、学生自主筹划为主，开展弘扬爱国主义和革命文化传统的教育、纪念和娱乐活动，在校园内搭建广阔、多层次的平台，以更加自然、真切的方式，让学生参与到活动中来，形成革命文化教育的常态化。还可以利用特殊的节日，如清明节、青年节、建党日、建军节、国庆节等节日，组织学生开展"革命文化"主题教育活动、"研读革命文化经典"读书会活动，积极举办红歌会、故事会，排演革命舞台剧，举办革命艺术品展览等形式，以及革命传统文化知识竞赛、辩论赛、革命文化作品朗诵比赛、革命精神征文比赛等。通过以上各种形式多样、内容丰富的活动，大学生能够在校园活动中感受到革命文化的先进性，并能够饶有兴趣地去了解、去参与，从而在无形之中建立起革命文化自信。

第三，要以校园文化品牌建设营造浓厚革命文化自信氛围。作为一种环境，校园文化环境是一个整体的，一经形成很难根本性改变的环境。然而十几年来，随着我国对高等教育的重视程度越来越高，大学城的建设浪潮兴起，各地高校开始大兴土木，建设新校区。高校校园的新建、重建、拆建和扩建，在为学生提供更加舒适的校园生活环境的同时，给校园文化的形成及其延续造成了不小的困扰。许多新的校区文化氛围一时间无法形成，文化底蕴欠缺，原有校区的人文底蕴在新校区总是不能得到完全的体现。这对于革命文化自信培育工作来说，是一个挑战，也是一个机会。一方面，要在本身就缺乏文化底蕴的新校区培育革命文化自信，面临着很多困难；另一方面，新校区基础设施不完善，可塑性强，在新校区打造革命文化自信氛围，可以有更多的发展空间。解决这一难题，目前最好的方法就是建设校园革命文化品牌。校园文化品牌本身具有延续性，品牌活动在老校区开展了，在新校区也能开展，并且能够把老校区的文化氛围带入新校区中，完成校区文化的传播。针对当前高校校园文化品牌发展过程中存在的功利化、重量不重质、单一化和缺乏整体推进的缺陷，打造校园革命文化品牌，要科学调研，明确革命文化品牌的发展重点；还要整合校内外资源，推进品牌项目化运作；注重品牌的传播，多以符合当前学生的思想状况进行设计；还要加强机制的规范，加强校园革命文化品牌管理的保障。

## （三）以网络新媒体创新推动革命文化自信培育

当前社会网络化、信息化潮流已经对社会各方面的发展产生了深刻的影响，并且给文化的生产、传播和消费方式带来了极大的改变。通过网络学习、娱乐、获取信息已经成为人们丰富文化生活、满足精神需求的重要途径，谁在网络文化的发展上抢得先机，谁就能占领文化的制高点。高校校园网络是大学生工作、学习和生活的一个重要的平台和窗口。相比于传统媒体，网络时代下发展出来的新媒体具有传播主体多元化，传播手段多样化，传播实效性不断增强等优点。在网络新媒体环境下，大学生可以从中吸取很多精神文化生活所需养料，也能从更多角度、更多渠道了解到更多的革命文化知识。因此，要充分利用网络新媒体，推动当代大学生革命文化自信培育。

高校必须采取及时有效的措施，充分发挥网络优势。网络对于大学生革命文化自信培育提供强大支持的同时，也提出了巨大的挑战，网络的去中心化、碎片化特点使大学生的文化判断力逐年降低，因此，充分利用网络优势，培育大学生革命文化自信，一是要聚集网络资源，共享网络资源。当前高校要详细分析学校网络资源现状，统筹全校网络新媒体资源拥有和使用情况，组建统一的校园新媒体联盟，进一步促进校园网络资源的整合、服务和信息共享。二是要在课程的教授上，采用新媒体网络技术，在校园范围内建立教学平台和教学资源中心，组织相关教师进行学习，争取让每一位教师善于使用图像、音频、视频等多种手段进行教学和研究。三是要丰富校园网络，各大高校应该积极开通本校革命文化传播网站，加强网站内容的建设，做好网站的宣传，并且建立覆盖全校的革命文化电子信息平台，供师生自主学习。四是要抓好高校网络队伍建设，明确层级责任。各大高校要建立一支有责任心的网络舆情监控队伍，并设立网评员队伍，对于高校网络系统中的突发事件、敏感问题的讨论、网络谣言等问题，提供及时客观的舆论澄清和引导，发挥高校网站的思想引领功能。五是要加大网络技术投入。面对层出不穷的网络安全问题，高校应当高度重视增加投入，为保障信息安全和校园网络文明健康寻找强大的技术支持，建立独立的网络监管部门，为大学生革命文化自信培育建立一个安全、文明的网络环境。

　　以网络新媒体创新推动革命文化自信培育，要抢占新媒体平台。随着手机的功能"从通讯的终端逐渐演变为信息终端"，新媒体在信息传播上获得了飞速的发展，文化的传播已经离不开新媒体了。基于这一时代趋势，高校应当高度重视新媒体的巨大作用。一要通过校园主题网站、专题页面、校园微博、微信建设，开发校园革命文化 APP，结合重要的时间节点，如国家纪念日、重要节日，通过主题网站、校园微博和微信、APP 等信息平台，制作革命文化题材的微课堂、宣传海报、网络动画、微视频等发布在网上，除重要节日和纪念日等特殊日子，日常可以定期更新革命文化推送，使革命文化在潜移默化中入脑入心，进而逐渐形成对革命文化的认同和自信。值得注意的是，在校园新媒体的传播内容上，应该特别注意内容的真实性和教育性，不要为了博眼球陷入庸俗、历史虚无主义的套路。二要不断更新传播技术。社会在不断更新，网络新媒体技术也在日新月异，比如近几年兴起的AR 技术、秒拍、移动直播等新事物，十分符合大学生追求新事物的心理，将这些新技术作为传播载体，融入革命文化自信教育，对增强高校大学生革命文化自信实效性大有裨益。

### （四）以丰富实践教育强化革命文化自我教育

社会实践是对大学生进行深度教育的有效形式。2005 年，中宣部等四部委印发的《关于进一步加强和改进大学生社会实践的意见》中指出：要组织大学生到革命纪念地、爱国主义教育基地，改革开放前沿城市参观学习，了解中国革命、建设和改革开放的伟大历史成就，增强大学生对党、对中国特色社会主义的热爱。2010 年 7 月，胡锦涛在全国教育工作会议上的讲话中指出："我们要通过大力发展教育事业。全面加强和改进德育、智育、体育、美育，坚持文化知识学习和思想品德修养的统一、理论学习和社会实践的统一、全面发展和个性发展的统一，不断促进人的全面发展。"面对当前国际国内复杂的文化生态，高校革命文化自信培育中存在的诸多问题，高校大学生革命文化自信培育工作要积极探索培育新路径，利用实践"知行合一，身体力行"的特征，构建大学生革命文化自信培育实践平台，促进大学生革命文化知识的增长，革命文化情感的增强，革命文化自信的培育。近年来，我国加强了对青少年实践教育基地的建设，陆续公布了一批全国爱国主义教育示范基地，为当前大学生革命文化自信培育工作提供了良好的社会环境。

一要充分调动大学生参与实践的自觉性和目的性。实践总要与实践主体的主观意愿相联系，大学生参与的社会实践多数不是自发的，因此在参与实践活动之前，要发挥教师的主导作用，通过实践方案的设计，实践活动的形式以及实践之后的任务布置来突出该实践活动的目的，教师在实践前也要充分教育引导，让学生熟悉实践活动的安排，深刻认识实践活动的目的，让实践活动有针对性，提高实践活动的实际效果。

二要开展内容丰富、形式生动的主题教育。主题教育活动是当代大学生培育革命文化自信的重要途径，拥有主题鲜明，系统性、针对性强，活动内容和形式比较灵活的优点。主题教育活动首先是教育，重点是活动的主要内容，一切形式的教育活动都要围绕主要内容来开展，以教育大学生为主要目的，不能偏离主题。比如在革命文化自信主题实践教育活动中，一切的活动内容都要指向如何增强大学生的革命文化自信，采取切实可行的活动方案，而不能将主题教育活动流于形式，以完成任务为目的。然后要注重活动的特色和特色的传承。在做革命文化自信培育主题教育活动中，可以将有特色的活动保留传承下来，将主题活动做成一个系列，形成独具特色的活动品牌，在实践中不断加强活动的影响力。

三要改革创新，贴近大学生。在内容呈现和形式表达上，以当前社会现实为主要参照，不断增强活动的感染力和吸引力。对于当下年轻大学生来说，新颖活泼的活动形式更加能够吸引他们的注意力，活动的形式应当富于时代性和多样性，满足大学生的需求。

四要统筹协调，做好周全的准备工作。主题教育活动可以有不同的阶段，分不同的地点进行。因此，在活动的准备过程中，要统筹安排好各项教育活动，注意各项子活动之间的联系，做到安排得当，有序参与。

五要做好活动的收尾反馈工作。教育活动的安排是为了在大学生中取得知行合一的效果，活动的反馈工作非常重要，包括对活动情况的及时总结，参与学生撰写活动报告，安排活动成果展览，将活动的成果传递给全校学生以供学习，达到一次活动，全校受教育的效果。

六要组织大学生劳动实践和社会服务。劳动实践和大学生社会服务是大学生进行自我教育的重要形式。高校可以联络好实践和服务基地，组织大学生利用寒暑假的时间到社区、贫困的革命老区、工厂等地进行社会实践。通过参加社会劳动，体验劳动人民的艰辛，从而真切感受到革命时期，中国共产党人领导的革命军队在战火中发展生产的艰难，体验革命文化如何能够引导、激励革命军队克服困难，取得胜利，从而使他们对革命文化由衷地认同。安排他们在这些地方进行社会服务，感受服务的快乐，增强他们"为人民服务"的宗旨意识，从而认同革命文化的价值观念，形成革命文化自信。

## 三、营造好革命文化自信培育的社会环境

当代社会，大学生不再只是困在象牙塔里的学习者了，网络和新媒体的发展，以及社会对人才要求的变化，迫使大学生与社会的联系越来越紧密，社会对大学生思想理念的影响越来越深刻。因此，培育当代大学生革命文化自信，不能只局限于高校校园中，社会环境也起着至关重要的作用。基于

此，培育大学生革命文化自信，必须营造好大学生革命文化自信的社会主义环境。

**（一）以促进革命文化大发展提升大学生革命文化自信**

革命文化经过多年的发展，已经形成了一套相对稳定的发展体系，但是随着社会发展日新月异，革命文化在当代的发展过程中遇到了瓶颈，革命文化现代性转换滞后，其吸引力、发展动力不足。因此，新时代，革命文化发展必须遵循新的发展理念。其中，创新、协调、绿色、开放的新发展理念是新时期中国共产党带领全国人民夺取全面建成小康社会，不断开拓发展新境界的强大思想武器，能够为革命文化发展提供价值遵循和行动指南。

第一，以创新理念引领革命文化发展。本书所论述的革命文化创新，主要是指革命文化的"渐进性创新"和"普及性创新"。要促进革命文化渐进性创新，一方面，革命文化的渐进性创新就是使原有的文化成果更强烈地反映实践和时代的要求，得到不断完善和丰富。当前，我国有相当一部分人，包括部分大学生，只看到革命文化中奉献、牺牲、集体主义的价值观念，由此判定革命文化与自身利益需求相冲突，从而难以对革命文化产生认同感。事实上，革命文化中爱国、自由、独立、自强不息等价值导向，特别是坚定的理想信念对于当前价值观混乱、信仰迷茫的大学生来说更为宝贵，他们可以从中找到成长成才的方向和动力。因此，发展革命文化，增强革命文化认同感，提升革命文化自信，必须准确研判社会的文化需求，并在此基础上找到革命文化与当前时代社会价值观念、人们的价值需求的契合点，凝练出适应时代、正中人们需求又符合当前我国社会主义核心价值观的价值导向。另一方面，要促进革命文化的普及性创新。革命文化的普及性创新就是要将革命文化大众化、通俗化、具体化，通过创新的载体和方式使之转换为群众喜闻乐见、易于接受的文化形式。具体来说，革命文化的发展，必须积极研究社会新情况，科学利用当前大数据技术和网络技术，找准当前社会流行元素，在继续发挥传统形式基础性作用的同时，重视教育对象的群体、区域特征，关注社会日新月异的变化，不断调整和创新革命文化表现形式，不断加强革命文化与当代社会的融合。只有让革命文化充分与当代社会相融合，当代大学生的革命文化自信培育工作才能更加顺利。

第二，以协调理念引领革命文化发展。即在革命文化发展过程中，实现社会效益和经济效益的统一。只有实现革命文化的社会效益与经济效益的统一，人们才能看到革命文化的当代价值。一方面，要注重革命文化发展的社会效益。一是要坚持以人民为中心的创作导向。要求革命文化作品必须加强现实题材的创作，面向人民、贴近人民生活、贴近人民实际。革命文化发展必须积极调动广大人民的创作热情，充分发挥人民群众的创作智慧，发扬学术民主、艺术民主，抵制低俗、庸俗、媚俗的文化创作。二是要扩大、加强革命文艺队伍建设，培养一批政治素质高、专业素养强、创新水平高的革命文艺创作队伍，使之能够根据社会的变化，不断创造出适应时代需求，传播革命文化，群众喜闻乐见的文化作品。三是革命文艺作品在思想上要有深度，在艺术上要精湛，在制作上要精良，在表现形式上要创新，在语言表达上要通俗。另一方面，要兼顾革命文化发展的经济效益。革命文化在新时代实现发展，要以推动革命文化事业和文化产业发展为手段。首先要突破产业边界。在发展革命文化产业的同时，要充分发挥文化的辐射作用，大力发展地方旅游业、餐饮业、服务业等产业的发展，并能够主动与其他产业相互融合、相互促进、共同发展。以贵州遵义市为例，遵义市以赤水河为发展轴，以怀仁、茅台、习水、赤水一线节点城镇为依托，重点发展以"四渡赤水"为代表的长征体验文化，以赤水风景名胜和丹霞遗产为代表的生态旅游等文化产品。同时，打造红、白、绿（红色文化、白酒文化、绿茶文化）地方特色，突破产业边界，实现了产业共同发展。其次，还要实现创意与市场的融合。发展革命文化，可以通过文化创意增加文化产品的附加值。比如增加革命文化产品的纪念价值、观赏价值、教育价值、实用价值等产品衍生价值，通过完善文化产品的配套服务，品牌服务，提高革命文化产品竞争力，开拓革命文化产品的市场，充分发挥革命文化对经济发展的推动作用。

第三，以绿色发展理念引领革命文化发展。坚持以绿色发展理念引领革命文化发展，这是实现革命文化可持续发展的要求，也是提升革命文化自信，培育大学生革命文化自信的必要条件。一要重视革命文化资源保护工作。革命文化资源是大学生革命文化教育的宝贵资源，是培育大学生革命文化自信的物质基础。要全面贯彻"保护为主、抢救第一、合理利用、加强管理"的工作方针；革命文化资源要坚持保用结合，重在保护，严格执法，严厉打击过度开发、破坏性开发行为；各级文物部门应当更加尽职尽责，不断提高专业素质和依法管理水平，积极探索革命文物集中连片保护的有效途径，统筹革命文化资源保护、开发、利用和传承工作；要充分调动社会各方力量，形成全民参与、全民监督的文化保护新格局。二要促进地方生态文明发展。用绿色发展理念引领革命文化发展，就是让革命文化发展带动绿色产业发展与绿色环境建设，促进产业发展与生态保护共同实现。我国革命文化资源大都分布在交通不便、经济欠发达但自然环境优美的地区，发展革命文化，要利用并强化当地特色和优势，实现地方绿色生态、民俗文化联合开发。革命老区贵州遵义，近年来坚持红色传承、推动绿色发展，在发展红色文化的同时，积极发展绿色产业，推动建设农旅一体示范点，仁怀市坛厂镇"神采八卦园"中，马鞭草、桃树、李树、油菜和各类景观苗木种植其间，长廊、水车、凉亭等建筑错落有致，既增添了旅游价值，又改善了当地的生态环境。无独有偶，"红色摇篮"井冈山，充分利用地区"红""绿"资源优势，把红色旅游与绿色旅游结合起来，将保护生态作为促进发展的重要手段，使大学生在内的广大人民，在接受革命教育的同时能够参观优美的自然风光和人文景观，既实现了红色文化绿色发展，又为培育大学生革命文化自信提供了更好的教育环境。

第四，以开放发展理念引领革命文化发展。当今世界，文化多样性是人类社会的客观现实，文化只有相互交流才能丰富多彩。革命文化只有与其他文化相互交流，才能迸发出发展的活力，才能满足大学生的精神需求和文化需求。因此，培育大学生革命文化自信，必须秉持开放发展理念发展革命文化。一方面，要注重革命文化的对内开放。我国革命文化资源免费开放工作在很早以前就开始了，并取得了卓越的成效。因此，革命文化与其他文化的开放交流是当前的工作重点。当前我国社会文化发展已是多样化，各种文化具有不同的思想内涵和鲜明特点。革命文化必须突破自身文化的思维方式和固有视角，主动吸取其他文化发展、传播的成功经验；同时结合时代特征，在新时代下博采众长，正视自身与时代不相容的地方，赋予自身新生因子，推动革命文化时代化。另一方面，要注重革命文化的对外开放。我国革命文化与政治文化密切相关，体现着我国政治选择、政治方向、政治目标和政治价值取向。推动革命文化走出去，要以政府为主要推动力量，通过国家间的外交活动传播、宣传革命文化，精心构建革命文化对外话语体系，充分发挥新媒体的强大功能，讲好革命故事，传播文化思想，找到革命文化思想与世界人民追求的共通之处。如 2015 年习近平总书记在中国人民抗日战争暨世界反法西斯战争胜利 70 周年纪念活动中，向世界发出"正义必胜、和平必胜、人民必胜"的呼声，包含了革命文化的思想内容，符合各国人民爱好和平、呼吁和平的愿望，赢得了世界人民的赞同，树立了良好的国家形象。同时，还可以通过引导外贸企业、民间组织和团体进行革命文化的传播交流，将革命文化这张"中国名片"发送到世界各国，增强我国人民对革命文化的自豪、自信。

### （二）以提升革命文化获得感增强大学生革命文化自信

社会主义市场经济环境下，大学生面临的竞争压力与日俱增，思想观念和行为方式不可避免地受利益的影响，主要表现在大学生的思想状况、行为方式和择业标准上。传播革命文化，培育革命文化自信，就必须以实现人民物质上的富足与精神上的充实为突破口，努力增强人们在革命文化中的获得感，让包括大学生在内的人们在革命文化中感受到实实在在的益处，从而增强他们对革命文化的认同感。据相关统计，自 2008 年，中共中央办公厅、国务院办公厅印发的《2004—2010 年全国红色旅游发展规划纲要》颁布实施以来，全国红色旅游区接待游客累计超过 4 亿人，综合收入达到 1 500 亿元。直接从事红色旅游工作者近 40 万人，间接从业人员超过 143 万人，社会效益与经济效益初步显现。在经济新常态背景下，社会进入转型期，红色文化、革命文化的发展必须要与促进经济社会发展、改善人民生活结合起来，让人民群众在革命文化发展中有所收获。

增强人民群众文化获得感，以革命文化助推脱贫攻坚工作。我国革命文化资源分布广泛，特别是老区、山区、库区和贫困地区的革命文化资源相对丰富。在这些地区发展革命文化，不能仅仅只将革命文化作为精神意识产物，满足于给人民带来美好的愿景和精神上的富足感，而应该充分发挥革命文化的经济发展功能，改善经济贫困地区人民生活，促进地区经济发展。以革命文化助推脱贫攻坚，一要加强政策支撑。各地区政府要树立科学的革命文化发展观念，意识到革命文化的重要社会作用，充分发挥好政策的杠杆作用，撬动地区文化产业的发展，加大对革命文化产业发展的专项扶持力度，鼓励和引导革命文化产业发展面向资本市场融资，用于革命文化资源的开发、保护、再创作，以及革命文化基地的建设。二要科学规划革命文化产业发展战略。贫困地区想要依靠革命文化实现区域经济的可持续发展，最根本的就是要形成地区革命文化产业的核心竞争力，形成核心竞争力必须打造地方特色文化品牌。革命老区交通不便，经济不发达，在这些地方发展革命文化必须依据各地的特色，合理规划发展战略，打造区域文化品牌，通过在当地率先发展重点产业，再发挥重点产业的聚合效力，带动其他产业的发展，形成完整的产业链。三要推进区域联动。由于老区、山区、库区和贫困地区的革命文化，普遍具有规模小、分布散、竞争力弱的特征，所以与其他相邻地区的革命文化联合发展尤为关键。2017年2月，国家旅游局公布"中国十大精品旅游线"评选结果，长征红色记忆精品旅游线路入选。革命文化的发展可以参照这种模式，合理规划革命文化的区域联合，开发革命文化旅游路线、革命文化联合教育基地等，使各区域革命文化既保持自身特色，又能够在与其他区域联合中，增强革命文化的吸引力，扩大文化影响力。四要重视人才引进和培养。人才是文化产业发展的关键，特别是一批既懂文化，又懂经营，富于创新力和观察力的复合型人才，直接关系到文化产业的发展进程。大学生是我国事业发展的优质人才，对于经济落后地区文化产业的发展，需要依靠制定人才引进的政策，吸引各个专业的优秀大学生助推革命文化发展，不仅要把好"选拔关"，还要把好"培养观"。在人才选拔上要特别注重人才的综合素质，同时，注重对人才的再培养。引进的人才可能是某一领域或某些领域的专业人员，但革命文化发展需要多学科、多领域知识的支撑。因此，必须加强对人才的再培养，使其具备革命文化知识、教育学知识、经济学知识、政治学知识、社会学知识等相关学科知识，推动革命文化获得更好的发展。五要引导全民参与。充分调动革命文化区人民的文化建设热情，积极引导，充分发挥人民的主观能动性。将人民群众作为革命文化发展的重要力量，在增强人民获得感的同时，人们的革命文化自信将在自主参与革命文化建设活动中得到大幅度提升。总之，以政策支撑、科学规划、区域联动、人才培养、全民参与共同推动革命文化发展，使革命文化发展带动当地经济发展，使当地人民依靠革命文化改善生活，从而增强他们的革命文化自信。

综上，一方面，通过政策支撑、科学规划、区域联动推动革命文化发展，让革命文化带动社会经济发展，彰显革命文化的物质推动力量，进而转变大学生对革命文化的看法，切实感受到革命文化的当代价值，从而增强大学生革命文化自觉与自信。另一方面，通过人才引进、全民参与，促进革命文化发展，积极鼓励各专业的大学生直接参与到革命文化的建设中，在工作中提升大学生的综合素质，增强大学生革命文化获得感，从而树立革命文化自信。

### （三）以推动革命文化多层传播优化革命文化传播效果

文化传播是人们运用符号、借助媒体来交流信息的一种行为和过程，是传承、推广、发展文化体系的重要途径，是人类社会交往活动所产生的文化互动现象。在当前全媒体背景下，革命文化的有效传播受到挑战。就革命文化的传播现状来看，革命文化价值定位窄化，传播内容与时代契合少，同质化严重；传播方式庸俗化、创新力不足；传播渠道有限，传播效果影响力不足等是革命文化传播面临的主要问题。发展革命文化，培育革命文化自信，必须改进革命文化的传播，推动构建革命文化大众传播、人际传播、网络传播和户外传播的多层次、立体性的文化传播模式。

一是要推动构建革命文化大众传播体系。在人类漫长的岁月中，文化传播在开始时是很简陋的，只能依靠口耳相传，不仅速度慢，范围也很小。随着文字、印刷术的相继出现，文化传播得以扩展。然而一个人所能直接感知的东西是极其有限的。近代以来，大众传媒发展迅速，报纸、广播、电视等大众传播媒介的出现，不仅缩短了人们相互之间的空间距离，而且对人们的生产方式和生活方式产生了深刻的影响。可以说，大众传媒的兴起为人们提供了"千里眼"和"顺风耳"，无限放大了和延长了人们的感觉器官。一方面，"大众传媒的每一篇报道和文章，播出的每一个节目，都是对社会文化的增值创造"。充分利用大众传播，必须研究受众的自身因素。因此，培育大学生革命文化自信，一要抓住当代大学生的心理特点和需求特点，强化革命文化传播的针对性；二要提高大学生对大众传播信息的辨别力，对大学生开展媒介教育，培养大学生的信息素质，弱化大众传播的负面效应。另一方面，在信息开放发展的当代，革命文化通过大众媒介进行传播，受众并不是单纯被动地接受文化，在传播过程中，会自觉或不自觉地根据自身的需求、经验、价值取向进行重新编辑，从而产生不同的传播效果。因此，在利用大众传播媒介传播革命文化时，第一要强化大众媒介从业者的自律意识，督促传播媒介真实、客观、公正报道，加强对大众传播媒介的责任要求。第二要继续加快大众传播监管的立法进程，保证革命文化通过大众传播的有序性。

二要推动构建革命文化人际传播体系。人际传播是一种最为典型的社会传播活动，是人类交往中最初的、最重要的，也是最基本的形式，是借助语言和非语言符号彼此交流各种不同观点、思想、情感的信息交流活动，有面对面的直接交流和依赖简单媒介而非大众媒介的非面对面交流。当代社会传播媒介已经发生了翻天覆地的变化和创新，人际传播也被人们渐渐淡忘，但是人际传播对现代社会的影响和作用仍然十分深刻。随着社会的发展，人际传播从口口相传，到借助 QQ、微博、微信等新兴媒介进行交流传播，其传播形式日益多样，使人际传播突破了时空的界限，提高了公众参与社会问题讨论的热情。因此，拓宽革命文化传播渠道，必须重视革命文化的人际传播。一方面要继续推动人际传播媒介的创新开发，既要重视人际传播中的语言传播，又要重视人际传播中的非语言传播，搭建更加立体，更加多层次的人际传播体系；另一方面，要克服全媒体时代人际传播的负面影响，如媒介依赖、信任感缺失等，提高人们对新媒介交往的理性认识，防止人们在人际交往中迷失自我。同时，加强管理立法，加大对传播信息的监管投资力度。

三要推动构建革命文化网络传播体系。传播是继承和发扬革命文化的必要条件。就目前革命文化的传播状况来看，革命文化的传播主要是借助红色旅游、革命影视剧、革命文化书刊、革命文化主题教育活动等传统的媒介渠道，这些传统媒介在过去的实践中取得了一定的传播效果，但是在实践中也面临着一些与生俱来的局限性。比如，依靠红色旅游进行革命文化传播的成本较高，利用影视剧进行革命文化传播的内容碎片化，利用书刊传播对于受众的文化教育程度要求较高，这些缺陷在一定程度上影响了革命文化的传播效果。随着网络媒介的出现，网络传播突破了传统文化传播方式的局限性，传播的便捷性、全民性、持续性、融合性给革命文化的传播带来了新的生命力。借助网络传播媒介能够构建起直面庞大受众群体，特别是青年大学生，其传播符号丰富多样，内容的自主选择性更强，获取信息不受时空的局限。

构建革命文化网络传播体系，一要开辟革命文化传播资金的来源渠道。网络建设是一个系统工程，在开发初期投入的资金比较大，因此要动员各方力量，政府、企业、社会多方筹集资金，为革命文化的网络传播搭建良好的平台。二要健全网络传播的相关法律和政策，加大监管力度，加强执法力度，全面提高社会的网络法律意识，为革命文化健康传播扫清障碍。三要优化网络传播的内容，创新传播形式和方式。组织既懂网络技术，又具备革命文化专业知识的人才，挖掘革命文化中最深刻、最典型、与时代最契合的内容，采取丰富多样的形式呈现在网上，让人们在生动形象的网络传播中提升对革命文化的认识，增强革命文化自信。

四要推动构建革命文化户外传播体系。户外传播由于其特殊的媒介属性，一直以来是一个随意性相对较大的投放行为，经常会回归到单纯的资源性价格博弈中。但是户外传播的相对优势也很明显：受众广泛、成本较低、到达率高等。影响户外传播的效果主要有投放位置、面积、视距视角、朝向、遮挡、亮灯、形式，以及周边环境、内容形式等。因此，推动构建革命文化户外传播体系，一要有效创作。有效的创作是提高革命文化户外传播效果的基础和保障，当代户外传播形式趋于多样，受众流动性大，注视时间短暂，设计者必须在传播内容上下工夫，内容要精练、清晰、主题突出、易于理解。此外，在视觉上还要有冲击力，能够迅速吸引人的眼球并在人脑中能保持较长时间的印象停留。所以要在色彩、布局、字体设计、图片搭配上巧妙运用。此外，还需要分析投放区域人流特点，比如在高校附近投放，就必须分析高校学生的审美喜好、兴趣、潮流等特征进行设计。此外还需定期更新内容，提高传播的有效性。二要整合发布。就是户外投放的方式和载体必须多种多样，平面与立体相结合、动态与静态相结合，灯箱、霓虹灯、LED、公共交通上的户外电视、商场的户外电视墙等都是革命文化户外传播的载体，在这些载体上联合发布，有利于形成信息的包围圈，提高革命文化的普及。三要灵活投放。革命文化户外传播的投放区域要灵活，投放前要精细分析该区域人流情况、人流特征。同时投放时间要灵活，可以采取持续投放和间歇性投放两种方式，把握和调节投放时间，可以节省户外传播的成本，还能避免人们因为审美疲劳降低传播效果的情况。此外，投放规模要灵活，刚开始进行户外传播时，可以大批量地进行投放，后期可以适当缩小规模，保持人们对革命文化熟知感即可。

当代大学生的思想观念和情感价值观，不可避免地会受到外部信息的影响，大众传播、人际传播、网络传播、户外传播是大学生接收信息的主要渠道，推动构建革命文化大众传播、人际传播、网络传播、户外传播体系，促进革命文化多层立体传播，解决好传播过程中可能出现的各类矛盾和问题，是培育当代大学生革命文化自信的重要环节。

# 第七章 大学生文化自信现状及培育路径研究

## 第一节 大学生文化自信缺失的成因

检视大学生文化自信缺失的原因，既有客观方面，包括经济全球化发展、文化自身发展以及文化教育环境方面导致的原因，也有因大学生自身特点而导致的主观方面的原因。具体可以归结为优秀传统文化传承出现断层、西方文化强势渗透、文化自信教育滞后、大学生自身的文化认知能力不足等原因。

### 一、优秀传统文化传承出现断层

第一，文化的发展与生产力发展水平不相适应。文化作为上层建筑的一种表现形式，其发展水平取决于生产力的发展水平，不同时期文化的发展状况受到同一时期经济发展状况的制约，这是历史发展的客观规律。纵观历史，任何一个文化发展比较繁荣的国家、地区或者民族，无一例外都是生产力水平和经济水平高速发展的结果。反过来，一个国家和民族的文化发展速度越快、发展程度越成熟，能够有效促进该国家和民族的民众提升文化认同度、增强文化创新能力、增强文化自信心，进而促进生产力水平的提高和经济的繁荣发展。在中国文化的发展历程中，五四运动促进了马克思主义在思想文化领域的传播，从此中国开启了文化发展的新篇章。但是，五四新文化运动对传统文化采取的彻底批判和否定的态度对中国传统文化构成了很大的影响。鲁迅在《狂人日记》中对"仁义道德皆通吃人"的病态封建礼教进行了声讨，胡适则批判中国传统文化造就了"一分像人九分像鬼的不长进的民族。"在文革中，"破四旧""批孔"等破坏了很多中国传统文化的遗存，造成了对传统文化的再一次劫难。改革开放 40 多年来，我国社会主义现代化建设取得了辉煌成就，经济发展的速度和规模都取得了突破性的增长，经济总量排名跻身世界第二位。然而，在经济持续快速增长、物质空前繁荣的背后，带来的却是社会在精神文化领域的相对滞后。具体表现为不同区域和不同人群之间精神文化资源分配不够平衡，精神文化产品生产、供给和传播的数量和质量不够充分。新时代背景下，人们对精神文化的追求空前高涨，文化建设与经济社会发展同步性不足的矛盾日益突出，文化建设面临着很多现实困境。这是导致当代大学生文化自信缺失的重要原因。

第二，优秀传统文化的现代化转化相对滞后。市场经济的功利性驱使经济主体追求自身利益的最大化，在追逐利益的过程中所形成的拜金主义和个人主义思想，在部分大学生中滋生并蔓延，对社会主义所奉行的集体主义提出了挑战，在一定程度上削弱了我国主流政治信仰。在市场经济的消极影响下，中华优秀传统文化的现代化转化面临着困境。随着市场经济的不断发展，广大社会民众的价值选择和判断受到功利主义、实用主义的影响比较明显，对于文化的认知表现为功利化、多样化的倾向，对于优秀传统文化认知片面、情感消极，片面地认为传统文化是封建糟粕，是过时的、保守的东西，从而忽略了优秀传统文化的当代价值和强大的生命力。文化的发展有其自身的规律性，任何文化都是所处时代的现实表征，都将伴随着历史的发展而不断向前发展。因此，传统文化与现代文化的碰撞势必是一个由表及里的过程，传统文化的现代化转化也必将是一个文化坐标重构的过程。当前，经济转型升级和文化转型发展是我国客观存在的两大社会现实。市场经济的快速发展，导致了文化发展的相对滞后，社会文化矛盾比较突出，现代人正在面临着文化选择的困惑和文化认同的危机。深入挖掘我国优秀传统文化中所蕴含的思想精华，结合时代发展的新要求予以继承和创新，使文化发展成为经济发展的强大精神动力，无疑是中华民族艰巨而又伟大的文化使命。

第三，经济的发展导致人们文化世界的缺失和精神意义的缺失。在我国的现代化进程中，曾经一度片面强调经济硬实力的作用，而忽视了文化发展和文化软实力建设，文化发展从理念、内容、载体、路径等方面都表现出了非常突出的问题。文化矛盾突出，优秀传统文化的传承出现了断层，人们的文化观念畸形，文化自信出现严重危机。这些已经成为中华民族伟大复兴所面临的文化困境。党的十九大报告指出，"中国特色社会主义进入新时代，我国社会主要矛盾已经转化为人民日益增长的美好生活需要和不平衡不充分的发展之间的矛盾。"发展的不平衡不充分，既存在于经济领域，也存在于文化、社会及生态领域，文化发展的不平衡不充分是关键部位，能够为促进其他领域充分、平衡的发展提供精神动力。当前，广大社会民众对美好生活的需要，既包括对物质生活水平、文化生活水平的更高要求，也包括对更加"民主"和"法治"的政治环境的向往，对更加"公平"和"正义"的社会生活环境的追求以及对更加"安全"和"和谐"的生存空间的期待。这些"需要"中，文化是最为核心的部分，对其他的需要具有凝聚和引领的作用。因此，我们必须直面当今社会的主要矛盾，深入挖掘和弘扬我国优秀传统文化中的精髓，深刻认识优秀传统文化传承的现实困境，积极探索符合新时代要求的文化建设路径，树立高度的文化自信。

## 二、西方文化强势渗透

第一，西方文化霸权削弱大学生的文化意志。一直以来，西方发达资本主义国家企图将社会主义国家"和平演变"和"西化"的行径从来没有放松。东欧剧变和苏联解体尽管有其深刻的内部原因，但也是与西方国家推行文化霸权和和平演变战略分不开的。因此，西方国家的文化霸权主义在今天仍然值得我们深刻反思和高度警惕。当前，美国不断在全球范围内传播其文化价值，美国的好莱坞大片向全世界传递着其价值观念，快餐文化在世界范围内吸引着人们对西方生活方式的向往，凭借强大的信息技术优势肆无忌惮地推行着"文化殖民主义"。中国作为最大的发展中国家和社会主义阵营的领袖，一直是西方资本主义国家重点围攻的对象，美国中央情报局曾专门针对中国提出《十条诫命》，美国前总统尼克松曾经在《1999 不战而胜》一书中明确表达了争夺中国年轻人的观点。时至今日，西方资本主义强国在将自己的文化传播给其他国家和民族的手段上越发隐蔽，争夺青年群体的企图越发明显。国外西方发达国家凭借雄厚的经济实力和传播媒介优势，竭力推销资本主义的思想文化、价值观念和生活方式，而且手段越来越多、方式越来越隐蔽。西方文化霸权国家重点针对青年学生群体进行文化和意识形态领域的"渗透"和"西化"，对中国大学生的民族文化认同造成了极大消减，对中国大学生的文化自信意志造成了极大削弱。

第二，多元文化冲突造成大学生价值认同危机。全球化背景下，我国文化领域汇聚着来自不同国家、不同地域乃至不同阶级的外来文化，对中国文化主流价值观念造成了较大的冲击。受到多元文化的消极影响，人们的思想观念中滋生了拜金主义、实用主义、自由主义等错误观念。不少人对传统文化和主流文化的认同降低，对西方文化盲目崇尚，造成信仰迷失、思维混乱、行为失常。多元文化的消极影响，直接导致当代大学生文化价值观念的模糊和主流意识形态的弱化，更深层次地造成了当代大学生理想信念的摇摆与迷失。没有坚定的理想信念，大学生的文化认同就极容易因失去理性而发生偏离，极容易偏向于以西方文化作为主要的参照系，进而不能客观理智地站在民族的立场去把握中华优秀传统文化的独创性，不能辩证地理解外来文化的特殊性，最终难以从内心深处认同并在实际行动中践行中国特色社会主义先进文化。

第三，网络空间不良社会思潮泛滥。网络化这一全新的交互平台，改变了传统意义上的文化环境、文化传播方式和文化关系，促进了文化交流与传播空前开放与自由。网络的开放性特征，彻底打破了传统的国家、民族和地区之间在文化上的相对独立和封闭的状态，使得全球范围内各个地域和各种类型的文化交融共存于网络之中，多元多样的文化能够开放、自由而又包容地在网络空间中进行互动和交流，并在交流中碰撞、冲突与融合。以美国为首的西方国家凭借在信息技术领域的领先优势，通过网络媒介将所谓的"普世价值""消费主义""历史虚无主义"等错误思潮向我国民众加以"渗透"。同时，西方国家凭借先进的网络技术，极力扭曲中国共产党的政策主张，丑化中国共产党所坚持的指导思想，渲染和夸大国内发生的群体性事件，鼓动和挑拨社会争端与矛盾。此外，网络空间的文化传播还存在大量的负面文化，如色情、暴力、谣传、欺诈、反动等内容，对主流文化的传播形成了很大的障碍。与西方发达国家相比，我国的网络技术不论在软件和硬件上还都不够先进，网络安全防御能力还比较薄弱，网络法制及网络监管还不够完善，这些都使得我国的网络空间治理能力还处于弱势，网络文化的传播和引领亟待加强。据中国互联网信息中心2018年1月31日发布的第41次调查报告显示，截至2017年12月，我国网民规模达7.72亿，其中学生群体网民规模最大。可见，学生和校园已经成为当前网络的主体力量，网络文化在学生及校园中的传播影响也是最大的。大学生群体思维活跃，加之不具备成熟的辨别能力，面对纷繁复杂的网络文化，容易受到新的思维模式、新奇事物的吸引和影响，也容易受到不良社会思潮的迷惑和蒙蔽。

## 三、文化自信教育滞后

第一，重理轻文的教育理念仍未彻底转变。新中国成立以来，高等教育的发展始终受到经济发展水平的影响和制约，不同时期围绕的中心任务不同，高等教育理念先后经历了"以政治为中心""以经济为中心"以及"以人为本"等不同的发展阶段。历史上，中国的高等教育在进行院系调整的过程中，甚至出现过以削弱文科为代价推动理工科发展的情形。因此，在我国的教育理念中，重理轻文的价值倾向根深蒂固。时至今日，这种价值选择所带来的负面影响依然非常明显，以文育人的教育理念尚未完全树立，文化自信培育意识还比较淡薄。对重理轻文教育价值理念的推崇，实质上就是对文化发展的削弱，对于文化的传承与创新会造成不利的影响，进而对社会主义文化强国的建设形成阻碍作用。大学组织作为社会文化的重要组成部分，在文化自信培育中具有不可替代的作用。对文化的传承、创新以及引领先进文化的发展是当代大学肩负的重要职能。大学通过对知识的传授，将人类文化的精髓一代代传递下来，这本身就是传播文化、传承文化的过程。大学对先进文化的普及，也是剔除落后文化、抵制腐朽文化的过程，体现了对文化的不断创新。大学是新思想、新理论兴起与发展的摇篮，肩负着引领社会先进文化发展的使命。因此，面对当前加强文化建设的现实要求，大学要不断更新教育理念，将"以人为本""德育为先""立德树人"的理念贯穿于育人工作的始终，强化文化育人工作，不断增强大学生的文化自信。

第二，文化育人的教育内容明显不足。文化教育是培养大学生文化认知、文化情感、文化意志与文化行为的最重要途径。考察当前的大学文化教育，教育内容缺乏的问题十分突出。一是文化教育类的课程不足。专门的文化教育类的课程数量很少，更没有形成系统的文化教育课程体系。传统文化教育课程除了体现在文学类专业学生的人才培养方案中以外，其他理工科类专业（包括人文社科类专业）几乎没有开设传统文化教育的相关必修课程。同时，对于革命文化、社会主义先进文化的教育也没有开设专门的课程，其中的少量元素仅仅是有限地融合在了《中国近现代史纲要》等思想政治理论课程中，内容可谓杯水车薪。现实情况下，部分高校的做法是传统文化教育散见于形式单一、内容空洞的选修课程中，基本上属于学生能够轻松易过的"水课"，难以达到真正的教育效果。此外，关于文化教育类的课程几乎没有设置实践环节，即便开设此类课程也局限于课堂灌输，缺乏实践体验。二是文化教育的教材缺乏。即便是拥有部分教材，对于文化的阐述也比较泛泛，过于笼统和粗糙，缺少吸引力和感染力，不利于学生对文化精华内涵的理解和掌握，未能真正起到传承文化经典的作用。三是文化教育的载体开发利用不够充分。当前，大学文化教育的内容还没有完全融入校风学风建设、校园文化建设、大学精神培育之中，网络媒介等新兴载体也没有得到充分的利用，教育的形式还比较单一，不利于教育内容的有效传播，教育活动的整体活力不足。

第三，文化育人的师资队伍亟待加强。教育主体的文化素养对于文化教育的实施具有重要的影响。一个人接受教育离不开其学习和生活所处的家庭环境和学校环境，对其影响最为直接和深远的莫过于父母和老师。从此种意义上来讲，学生的父母和老师都可以视为文化育人的师资力量。一是父母的文化素养直接影响到子女文化观念的养成。随着我国高等教育的充分发展，父母们的学历层次有所提升，整体素质有所提高，但原有的教育环境和教育背景决定了父母们的文化意识不强，文化素质也没有达到一定的高度，对子女文化观念的影响还比较有限。因此，父母积极更新自身的文化理念，树立良好的价值观和文化观，营造良好的家风，对子女的文化兴趣激发和文化情怀的启蒙是非常关键的。二是教师的文化素养直接影响到大学生文化自信的培育。大学生文化观念的形成和文化自信的树立，主要是通过教师的文化教育得以实现的。2018 年 6 月，全国本科教育工作会议精神指出，教师应该回归本分，要潜心教书育人，要做到"德高""学高""艺高"。其实，从文化育人的角度来理解，教师更重要的还要做到"文化高"。只有教师自身具备了过硬的文化理论知识，掌握了文化教育的精要，养成了良好的文化教育的"教风"，才能更好地提高学生的文化认知和情感认同，使之具备将文化进行传承与创新的能力。然而，当前我国高等教育的教师队伍文化素养的整体水平并不高，对于文化教育的驾驭能力迫切需要提升。

## 四、大学生自身的文化认知能力不足

第一，大学生的心理素质不成熟。大学生所处的年龄阶段正是其思想观念、价值观念形成的关键时期。人的思想观念、价值观念的形成与发展是一个具有客观规律可循而又极其复杂的辩证发展过程，从心理意义上讲，是知、情、意、行等因素相互联系、相互作用的结果。当前的大学生群体，虽然具有强烈的自我意识、积极的人生态度、良好的道德认知和较强的创新能力，但不具备成熟的心理素质、追求安逸舒适、独立选择能力较差、缺乏危机意识却是不争的事实。大学生处在接受高等教育的关键时期，知识储备正在逐步完善，社会经历也非常缺乏，因而不可能具备成熟的心理素质，对于事物在知、情、意、行方面表现为不平衡不协调是不可避免的。当代大学生所在的家庭结构和成长环境使得其从小在呵护与安逸中长大，很少经历艰苦环境的历练，习惯于衣食无忧的舒适生活，遇到挫折难免会束手无策。当代大学生尽管自我意识强烈，但自我约束和独立生活方面的能力却明显不足，遇到问题习惯于由家长代办代管，因而在一些重要选择面前往往会摇摆不定。在不断发展变化的社会经济形势的影响下，大学生对有些社会问题的认识模糊不清，对未来的社会发展缺少足够的危机意识。大学生心理素质不成熟的这些方面，致使大学生对优秀文化认识模糊、对主流文化选择困惑、对先进文化的未来发展信心不足。因此，大学生的心理素质不成熟是导致其不具备较强的文化认知能力和高度的文化自信的内在原因。

第二，大学生对主流文化的认知动力不足。在经济全球化的影响下，中华优秀传统文化不断受到外来文化的冲击，在社会民众中的整体影响力有所下降，这就使得大学生从社会大环境中习得优秀传统文化的途径有所减少，加之学校教育中文化教育的内容缺失以及大学生自身学习传统文化的主动性和自觉性不足，造成了当代大学生对于优秀传统文化的认知匮乏。在市场经济的强烈冲击下，实用主义、功利主义等思想盛行，人们追求经济利益的热情高涨，对待文化的态度漠然，文化的发展与经济发展水平不相匹配，人们对主流文化的认识模糊。大学生的认知能力不够成熟和理性，对文化的辨别能力不足，对主流文化的认识比较淡化。调查表明，对大学生而言，马克思主义、共产主义的理想和信念、爱国主义在近 20 年来的影响变小了，淡化了。互联网的普及，极大地改变了大学生的生活。网络化条件下，大学生需要借助网络获取知识和完成学业，需要借助网络进行人际沟通和日常交往，可以说，大学生不论是思考问题的方式、生活行为习惯，还是获取知识的模式都镌刻着深深的网络印记。网络空间多元文化的精华与糟粕并存，多种良莠不齐的思潮同在，造成了大学生对主流文化认知与选择的干扰。全球化、市场化和网络化的不断发展，既促进了文化的趋同，又促进了文化的离异，对中国文化造成了较大的冲击、渗透和解构，导致大学生对主流文化的认知动力不足。

## 第二节　大学生文化自信的培育路径

当代大学生的文化自信不可能是自发形成的，必须经过系统的培育才能得以实现。同时，我们必须清醒地认识到大学生文化自信的培育是一个相对复杂的过程，不可能一蹴而就。大学生文化自信的培育，既需要在认识层面更新思想观念，坚持创新发展理念，建立起高度的理论自觉，又需要在实践层面求真务实，落实、落小、落细，形成合力，保持高度的实践自觉。具体而言，可以通过营造大学生文化自信培育的思想政治教育氛围、充分利用好校园文化建设的平台和载体、营造大学生文化自信培育的社会文化环境氛围、拓展培育大学生文化自信的国际视野等途径，培育大学生的文化自信。

### 一、增强大学生文化自信的思想政治教育途径

#### （一）展示中国特色社会主义建设伟大成就

新中国的成立，开启了中国历史的新篇章。在中国共产党的坚强领导下，中国不断朝着富强的目标前进。特别是改革开放 40 多年来，中国创造出了一个又一个伟大奇迹，朝着国强民富、民族复兴的伟大梦想不断迈进。宣传展示中国特色社会主义建设的伟大成就和宝贵经验，对于培育大学生的文化自信具有重要的现实意义。

第一，中国特色社会主义建设的伟大成就及宝贵经验。中国人民从"站起来"，到"富起来"，再到"强起来"的每一发展阶段，都取得了非凡的成就，积累了丰富的经验，对这些成就和经验的认知，有利于促进大学生增强

文化自信。

新中国的成立，标志着中国走上了独立自主的发展道路，中国人民实现了"站起来"。新中国的成立，是中国人民百折不挠，历经一百多年的浴血奋战而取得的中国革命伟大胜利的革命果实。从此，中国人民成为了新的主人，一个真正属于人民的共和国建立起来了，中国共产党成为全国范围内的执政党，团结和带领全国各族人民开启了新的历史篇章。新中国的成立，是马克思主义同中国实际相结合的伟大胜利，具有五千多年灿烂文明历史的中华民族迈入了发展进步的历史新纪元，空前壮大了世界和平、民主和社会主义力量。新中国成立之初，百废待兴，积贫积弱，中国共产党和中国人民面临着严峻的考验。在从新民主主义向社会主义过渡的过程中，以毛泽东同志为核心的中央领导集体团结带领全国各族人民完成了我国有史以来最为深刻而且意义广泛的社会变革。中国从开始全面建设社会主义以来，尽管历经严重的挫折，但依然取得了巨大的成就。基本建立了工业体系和国民经济体系，实现了经济上的独立发展。人民生活水平逐渐在提高，相应的文化教育等也在逐渐完善。人民的生活有了基本保障，人民的文化素质和健康水平得到了明显的提升，取得了以"两弹一星"为代表的一批具有突破性的科技成果。国际地位获得了提高，恢复了在联合国的合法席位，国际环境逐渐得到改善，累计有 111 个国家同中国建立外交关系。形成了建设社会主义的若干重要原则，在诸多领域逐渐形成了具有我国特色的制度体系。

改革开放的实行，中国在各领域获得了快速发展，中国人民实现了"富起来"。党的十一届三中全会上，以邓小平同志为核心的党中央作出了实行改革开放的历史性决策。实行改革开放以后，中国在诸多领域都取得了长足进步，党和国家的各项事业都取得了巨大成就。市场经济体制得以建立和完善，经济实现了快速发展。我国正式形成了以公有制为主体、多种所有制经济共存的良好经济发展态势，自 2010 年以来，我国的经济总量世界排名始终稳居第二位。2008—2012 年，中国经济发展经受住了金融危机的严峻考验，国内生产总值年均增长显著高于同期全球和新兴经济体的增速。人民生活总体上实现了由温饱到小康的历史性跨越，现代化建设事业稳步推进，综合国力和国际竞争力显著提高。各项的改革事业都取得了非常大的进步和发展，财税、金融、流通、住房、医疗、教育等改革不断深化；自主创新能力不断加强，在科技研究的一些"高、精、尖"领域取得重大进展。全方位对外开放取得新突破。中国加入世界贸易组织之后，外贸出口额不断增长，2001 年，外汇储备跃居世界第一位，中国经济对世界经济增长的贡献率不断提升。我国的民主政治建设不断取得重要进展，教育、科学、文化等各项事业都取得了长足的进步。当前，全面从严治党深入人心，建设中国特色社会主义的共同理想已经在全社会形成广泛的共识。此外，我国的国防建设、军队建设、外交工作等也都获得了快速发展、取得了显著的成就。可以说，实行改革开放以来，中国开启了实现国家富强、民族复兴、人民幸福的新的历史篇章。

中国特色社会主义进入了新时代，中国向着强国目标不断迈进，中国人民实现了"强起来"。党的十八大以来，在中国共产党的坚强领导下，全国各族人民不懈奋斗，党和国家事业取得了历史性成就。一是经济建设取得重大成就。国内生产总值继续稳居世界第二位，对世界经济增长的贡献率稳步增长。二是全面深化改革取得重大突破。改革呈现出全面性和纵深性的鲜明特征，国家治理体系和治理能力现代化水平明显提高，全社会发展活力和创新活力明显增强。三是民主法治建设取得重大进展。社会主义民主化的进程不断得以向前推进，中国特色社会主义法治体系日趋完善。四是思想文化建设迈出重大步伐。中国特色社会主义和中国梦得到更广泛的认同，社会主义核心价值观深入人心，中华文化的影响力不断增强，国家的文化软实力不断提升。五是人民生活不断改善。贫困人口减少 6 800 多万，居民收入年均增速超过经济增速，人民健康和医疗水平大幅提高，人民群众的获得感明显增强。六是生态文明建设取得了显著成效，生态环境得到了持续改善。七是强军兴军开创新局面，国防和军队现代化进程不断推进。八是港澳台工作取得新进展，香港、澳门保持繁荣稳定，台海和平稳定得到了有力维护。九是全方位外交布局深入展开，倡导构建人类命运共同体，进一步提高了我国的国际影响力。十是全面从严治党成效卓著，全党理想信念更加坚定。新时代意味着中国的发展为世界上发展中国家提供了全新的选择，这在中国以及中华民族的发展历程中，在世界社会主义以及人类社会的发展历程中都具有重大意义。

第二，将伟大成就融入大学生道路自信教育。坚持走中国特色社会主义道路，是我国现代化建设和改革开放取得伟大成就的根本原因。培育大学生的文化自信，首当其冲的是要加强大学生的道路自信教育，要将中国特色社会主义建设的伟大成就融入其中并进行充分的宣传和展示。中国特色社会主义道路包括领导力量、历史方位、基本路线、历史任务、总体布局和奋斗目标等内容，是相互联系、有机统一的整体。将改革和建设的伟大成就融入大学生的道路自信教育，关键在于深入实施"课程思政"育人模式，注重通过第一课堂主渠道对大学生进行正面教育和引导。这个第一课堂的内涵既包括思想政治理论课，还包括基础课以及专业课。思想政治理论课具有思想政治教育的灌输功能，能够帮助大学生从思想深处加强对中国特色社会主义道路的正确性和内涵的理解和认识，这本身也是思想政治理论课教育教学的题中应有之义。促进当代大学生坚定理想信念、坚定中国特色社会主义道路、坚定中华民族伟大复兴的中国梦，是高校思想政治教育的核心目标，而思想政治理论课教学则是加强大学生思想政治教育的主渠道。当前，受到中西方多种社会思潮的干扰与影响，相当一部分大学生中不同程度存在对中国道路不自信、对中国梦认识模糊等消极观念。因此，高校急需加大思想政治理论课建设力度，充分利用改革开放的伟大成就促进思想政治理论课内容与形式上的不断丰富和完善，促进思想政治理论课在对大学生理想信念塑造中主渠道作用的充分发挥，使思想政治理论课真正成为促进大学生坚定道路自信的主阵地。同时，高校还必须加强课程改革和课程育人质量体系建设，坚持立德树人的根本原则、坚持理想信念教育的核心地位、坚持以社会主义核心价值观作为统领，深度发掘各门类基础课程及专业课程的思想政治教育元素，充分发挥这些课程的思想政治教育功能，促进专业教育与思想政治教育的有机融合，使专业教学在潜移默化中培育当代大学生的中国特色社会主义的伟大信念，成为广大学生不断坚定理想信念、不断坚定道路自信、不断坚定中国梦自信的强大精神动力支撑。

### （二）传播马克思主义中国化最新理论成果

第一，中国特色社会主义理论体系的内涵。新中国最大的历史成就，就是探索、开创、坚持、发展了中国特色社会主义。这是几代中国共产党人接续奋斗的结果。传播马克思主义中国化最新理论成果，必须深刻理解马克思主义理论以及中国特色社会主义理论体系的深刻内涵。马克思主义理论是在对于人类文明的一切优秀学说进行研究、改造和整合的基础上，形成的系统认识客观世界的基本观点和改造世界的一般方法，具有普遍意义上的知识的特性，属于在实践中获得的认识和经验的范畴。同时，马克思主义理论又是科学的理论。作为建立在唯物史观和剩余价值理论基础之上的科学的世界观和方法论，马克思主义理论绝不仅仅是一般意义上的知识体系，它是在对资本主义社会的本质及其发展规律做出了集中阐释的基础上，对自然界、人类社会以及思维的本质和规律的科学揭示和全面阐释，揭示了历史发展规律的总体运动趋势，提出了理想的共产主义社会的构想，创造了人文社会科学的理论革命。实践证明，马克思主义理论是科学的理论，具有普遍意义上的真理性，也具有鲜明的与时俱进的品质。中国共产党在长期的革命、建设和改革的艰苦实践中，始终立足于中国的基本国情，致力于推进马克思主义中国化，先后产生了毛泽东思想和中国特色社会主义理论体系。中国特色社会主义理论体系，继承和发展了马克思主义、毛泽东思想，是中国共产党人在改革开放崭新的实践探索中，对于党的建设问题、社会主义的建设问题以及社会的发展问题等关乎国家前途和民族命运的重大理论问题和现实问题的系统回答，实现了马克思主义中国化的新发展。党的十八大以来，以习近平同志为核心的党中央顺应时代发展，集中全党智慧，大力推进理论创新，创立了习近平新时代中国特色社会主义思想。习近平新时代中国特色社会主义思想的核心要义是坚持和发展中国特色社会主义，具体内容涵盖了经济、政治、法治、科技、文化、教育等各方面。历史和实践已经证明，中国特色社会主义理论体系是社会主义现代化建设实践中的规律性认识，是与时俱进的科学理论。

第二，将理论成果融入大学生理论自信教育。正是在中国特色社会主义理论的指导下，我国才取得了改革和建设的伟大成就。这一先进的理论，已经成为我国社会主义现代化建设的内在动力，也已经成为我国社会主义文化发展的内在需求。对大学生强化理论自信的培育，将马克思主义中国化的最新理论成果融入理论自信教育体系，是培育大学生的文化自信的基础。将马克思主义中国化的最新理论成果融入大学生的理论自信教育，关键在于按照中国特色社会主义理论体系的形成与发展作为思想脉络，使当代大学生充分地了解这一理论体系的科学性与系统性，能够自觉形成对中国特色社会主义理论的认同，从而不断坚定理论自信。高校所实施的思想政治理论课的教学工作，所从事的科学研究的工作以及所开展的校园文化建设的各项活动等，都应该充分地融入马克思主义中国化的最新理论成果，促进当代大学生进一步坚定理论自信。思想政治理论课要客观阐释中国革命、建设、改革的实际进程及其伟大成就，客观阐释马克思主义中国化的最新理论成果对于推进我国社会主义现代化建设进程的重大意义和深远影响，促进当代大学生懂得中国选择社会主义的正确性，自觉以中国特色社会主义理论武装自己的头脑。高校的科研工作具有强大的育人功能。在中国特色社会主义理论的指导下，构建起系统的科研育人质量提升体系，有利于推动高校育人质量与学术创新的双向互动，有利于促进科研资源向教学资源的转化，能够教育引导学生在参与科研的过程中以及在教学相长的互动中，培育学生的科学精神、进取意识和报国理想，引导学生树立正确的学术导向、价值取向和政治方向。校园文化活动要坚持以中国特色社会主义理论为指导，充分发挥实践育人和文化育人的功能，促进理论教育转化为实践养成活动，通过丰富的实践内容、新颖的实践形式，教育引导当代大学生在校园文化活动和主题社会实践中增强社会本领、培养家国情怀、增强文化自信。

**（三）宣传中国特色社会主义制度的优越性**

第一，中国特色社会主义制度的形成与发展。从马克思主义唯物史观的角度出发，任何一种社会形态都会形成一定的社会制度。每一种社会制度的建立都反映了社会生产力发展的客观要求，都体现了人类生存和发展的需要。中国所特有的国情，决定了中国必然要建立与国情相适应、与人民关切相符合、与时代发展同频共振的中国特色社会主义制度。中国特色社会主义制度的形成和发展，是历史选择的结果，是社会主义制度产生、演化、发展、完善而成的制度形态，集中体现了中国特色社会主义的特点和优势，是当代中国坚定制度自信的重要基础和理论前提，是道路自信、理论自信和文化自信的重要保障。中国特色社会主义制度的形成和发展，先后经历了从新民主主义方针政策，到新民主主义制度，再到社会主义制度，进而到中国特色社会主义制度这样一个不断探索与实践的过程。在中国革命的实践中，中国共产党提出了多党合作制、工农代表大会、"三三制"、人民代表会议制等方针政策，这些方针政策是中国特色社会主义制度的雏形。新民主主义革命时期，中国共产党在对中国国情和社会性质进行深刻认识的基础上，对新民主主义制度进行了长期的实践探索。最终，毛泽东在《新民主主义论》中提出了新民主主义社会的政治、经济、文化三大纲领，在全国范围内正式建立了新民主主义制度。新中国成立后，我国的社会主义制度逐渐确立。政治上实行了人民民主专政和人民代表大会制度，经济上建立了全民所有制和集体所有制，文化上实行了百花齐放、百家争鸣的方针政策，法律上颁布实施了《中华人民共和国宪法》。真正建立了社会主义建设的制度保障，为建立中国特色社会主义制度奠定了基础。党的十一届三中全会以来，中国特色社会主义制度的探索不断深入。在政治领域，我国的人民代表大会制度得以不断地完善，其他基本政治制度也得以不断地发展。在经济领域，坚持公有制经济为主体，非公有制经济成分共同发展，市场经济体制逐渐确立，收入分配制度改革不断推进。在文化领域，中国特色社会主义先进文化快速发展。在社会领域，依法治国进程不断推进。当前，我国正在朝着"推动中国特色社会主义制度更加成熟更加定型，为党和国家事业发展、为人民幸福安康、为社会和谐稳定、为国家长治久安提供一整套更完备、更稳定、更管用的制度体系"这一重大历史任务迈进。

第二，将制度优势融入大学生制度自信教育。改革开放以来，包含政治、经济以及生态文明制度等在内的社会主义制度体系在发展中不断得以完善，正是这一制度体系的明显优势，凝聚了我国改革开放和社会主义现代化建设的强大力量，保障和促进了我国现代化建设能够取得了令世人瞩目的卓越成就。中国特色社会主义制度坚持以人民为中心，尊重人民的意愿，代表人民的根本利益，能够最大限度地调动人民参与经济社会建设的积极性和创造性，能够为经济社会发展提供源源不断的动力。改革开放以来，我国国内生产总值由 1978 年的 3 679 亿元增长到 2018 年的 90 万亿元，多年来对世界经济增长贡献率超过 30%。我国人民生活水平显著提高，全国居民人均可支配收入由 1978 年的 171 元增加到 2018 年的 2.8 万元，中等收入群体持续扩大。这些都彰显了中国特色社会主义制度的优势。加强大学生的制度自信教育，将中国特色社会主义制度的优越性融入制度自信教育体系，是培育大学生的文化自信的必然要求。阐释和宣传我国巨大的制度优越性，全面展示我国所取得的卓越成就，加强大学生的制度自信教育，是高校思想政治工作的时代责任和历史使命。高校思想政治教育从课堂到实践的各个环节，都要通过融入改革开放的伟大成就来阐释社会主义制度鲜明的中国特色和明显的优势地位，使大学生能够深刻领会社会主义制度形成的强大的中国优势和强大的中国力量。同时，还要引领学生走下课堂，走出校园，走向实践，在深入社会基层、了解社情民意的过程中，深入思考和深刻理解社会主义制度的现实优势和潜在的生命力，从而更加坚定制度自信。

## 二、增强大学生文化自信的校园文化建设途径

校园文化是文化育人体系的重要组成部分，它能够通过运用文学、艺术、体育、语言等媒介，让师生在潜移默化中受到感染和熏陶，起到滋养师生心灵、教育师生品行、引领社会风尚的积极作用。在中国特色社会主义文化自信背景下开展校园文化建设，就是要牢牢把握目标导向，持续深入推进文化教育和文化育人工作，彰显时代特征，通过不断创新主题、内容、形式和载体，教育引导当代大学生增强文化认同和文化自信。

### （一）将中华优秀传统文化融入校园环境建设中

中华优秀传统文化传承至今在世界上仍有着深远的影响，这也是当下校园文化的主要源泉和重要支撑，它为校园文化带来了无限的生机与活力，为高校培养人才这一重大历史使命提供了肥沃的土壤。校园文化建设要通过环境育人、文化育人潜移默化地培养学生的高尚情操，同时还要与时俱进，在传承中创新，在创新中发展，培育具有新时代特色的校园文化，营造有利于优秀人才培养的校园环境和文化氛围。

学生在学习、生活的过程中，无时无刻都必须面对学校的物质、制度以及文化环境。因此，营造良好的校园环境和文化氛围，对于形成大学生良好的人文素养和精神风貌发挥着潜移默化的促进作用。一是加强校园物质环境的营造。坚持以学校所处的实际地理位置及条件为依据，以学校基础硬件设施建设的现实需要为导向，科学规划学校的楼宇、场馆等建筑群落，合理设计学校的道路、景观、雕塑等实物系统，做到彰显学校的发展历史、办学特色与未来路向。将物质生态环境的建设与文化氛围营造相结合，将学校的校训、大学精神、名言、警句融合于物质环境之中，加强厅廊文化的设计与建

设，于物质环境的建设中体现文化底蕴，渗透审美追求，于无形之中传递思想政治教育的元素与气息。二是加强校园制度环境的营造。要以人的思想道德素质发展的客观规律为遵循，以国家的基本教育方针和相关的政策法规为依据，科学制定涉及学生教育、管理、服务等方面的系列规章、准则、办法。通过制度建设，增强师生员工的安全意识、法治意识、诚信意识等，提高师生员工的集体荣誉感和凝聚力，维护师生员工的共同利益，保障学校的教育教学工作平稳有序运行。加强对各项规章制度的运行管理、评价管理，建立校园规章制度的废、改、立长效机制，确保整个制度体系的科学、规范、高效运行。三是加强校园文化环境的营造。要坚持社会主义核心价值观的文化引领作用，在建设校园文化的过程中，体现民族精神和时代品质，全程融入社会主义核心价值观的具体内容，深入开展爱国主义、集体主义、社会主义教育。将学术活动和文化活动并举，使每一项活动都充盈着知识和教育的情愫，都融合着大学的精神和价值观，都体现着寓教于乐的教育理念，使学生在视野广阔、层次高雅、形式活泼的学术活动中树立严谨、求是的科学精神，在内容健康、形式新颖、喜闻乐见的文化活动中健美身心、提升素质。

## （二）依托红色资源继承和发扬革命文化

红色资源蕴含和承载着厚重的爱国主义、革命精神和优良作风，是高校开展革命文化教育的重要载体和渠道。高校思想政治教育工作利用红色资源对大学生开展广泛的爱国主义教育、理想信念教育和意志品质教育，有力地丰富了思想政治教育的内容。同时，利用红色资源进行思想政治教育，能使思想政治教育坚持正确的导向，也是对思想政治教育载体和方法的创新，有利于提高思想政治教育的效果。

依托红色资源，开展大学生思想政治教育和培育大学生的文化自信，就是要通过将红色资源融入课堂教学、开展红色教育实践体验、加强红色校园文化建设等途径，最终实现繁荣高校校园红色文化、不断继承和发扬革命文化的效果。一是将红色资源注入思想政治理论课教学。当前，思想政治理论课教学是开展大学生思想政治教育的重要载体和渠道，在提升大学生的思想政治素质中发挥着重要作用。将红色资源注入课堂教学，就是要通过细致、系统的课堂讲授，帮助大学生全面了解红色资源形成的特殊历史背景，深刻理解红色文化的时代价值，不断增强对革命文化的认同，进一步坚定文化自信。时代的发展变化，要求高校思想政治教育工作必须不断与时俱进、因势而新，思想政治理论课也同样面临着创新发展的要求。长期以来，传统的教育方式主要以理论灌输和道德说教为主，很大程度上存在着形式化、僵硬化的问题，缺少与学生的互动，不能很好地回应学生思想上密切关注的热点问题，因而难以有效激发学生的学习热情，学生也很难达到思想上的广泛认同。因此，思想政治理论课引入红色资源，既有力地丰富了课堂教育的内容，又可以通过引入案例、影视作品、红色经典歌曲等方式，创新教学的形式和方法，增强对学生的吸引力，提升教学的效果。同时，还可以通过开始红色教育系列选修课的形式，拓展红色文化课堂教学的渠道。二是利用红色教育基地对学生进行红色文化实践教育。红色教育基地承载着大学生思想政治教育和文化育人的重要职能，做好红色教育基地的开发和利用，对于构建大思想政治教育的工作格局，促进资源共享，实现家庭教育、学校教育、社会教育的有机结合，形成共同推进大学生思想政治教育创新发展的强大合力具有积极的促进作用。当前，许多高校都利用红色教育基地对学生开展红色文化的体验教育，有的高校还建立了固定的校外红色教育基地，搭建了对学生开展长线的爱国主义教育的平台。利用红色教育基地开展教育体验活动虽然便于组织，不易受其他因素的干扰，但难于形成红色文化教育的长效机制；虽然学生在耳濡目染的参观体验中激发了爱国情感和革命精神，但受到教育的印象并不够深刻，教育效果有待提升。因此，应该运用现代技术手段对红色教育基地进行深度的开发与利用，使其最大限度地发挥传承和发扬革命文化的功能。三是将红色文化融入校园文化建设。在学生日常思想政治教育中设计红色文化主题教育活动，通过这些主题教育活动传承红色文化、弘扬革命精神、培育优良学风，促进大学生不断提升社会责任感，不断增强对革命文化的认同感；组织并指导学生自发成立红色文化方面的理论学习类或者志愿服务类的学生社团，在校内外聘请红色文化方面的专业人士担任指导教师，吸纳更多的学生广泛参与其中，通过开展红色文化宣传、理论研讨、实践体验等活动，引导大学生在传播红色文化的过程中增强文化自信；开展红色文化专题学术报告会，邀请红色文化领域的资深专家对学生进行红色文化宣讲，开展红色文化教育。

### （三）通过大学生社会实践活动弘扬社会主义先进文化

社会实践教育是大学生文化素质教育课程的延伸和必要补充，是弘扬先进文化、开展文化自信教育的重要途径。大学生正处于求知增智、人格塑造的黄金时期，深入开展志愿服务、社会公益、勤工助学等主题实践活动，不仅能够增进大学生对社会主义先进文化的理解，而且能够帮助大学生把抽象的理论知识转化为具体的实践行为，进而能够促进大学生对中华优秀传统文化的转化与创新发展。

通过校内、校外各种不同形式的社会实践教育，大学生会逐渐认同和接受社会主义先进文化所体现出来的价值导向，并逐渐将其内化为自己的理想信念和价值追求。同时，社会实践教育通过不断发挥大学生的主体性，使大学生的创新意识在实践中不断得以激发，能够促使大学生运用所学的理论知识和社会实践经验来推动社会主义先进文化的发展。校内社会实践教育主要包括专业实践教育、文明修身主题教育、文化艺术节、大学生社团活动及创新创业教育实践等多种形式。其中，专业实践教育旨在加强学生对所学专业理论知识的理解，提高学生的专业技能和专业素质。大学生通过参加专业实践教育，能够深刻领会各门专业课程蕴含并反映的人类文明成果、民族精神、科学精神、事物的本质规律等内容，从而提高自身的创新精神和实践能力。文明修身主题教育是培养学生的文明意识、养成学生的文明习惯、提升学生的文明素养、创建和谐文明校园的有效载体。文化艺术节既是学生展示风采、张扬个性的舞台，也是学生接受文化教育的重要途径。丰富高雅的文化艺术活动，能够促进大学生充分感知文化的魅力，使得大学生在追求梦想中理想更加坚定。丰富多彩的文化活动，能够培养大学生的文化品位和审美情趣，在培养大学生的综合素质方面发挥了不可替代的作用。创新创业实践教育在增强大学生的创新创业能力的同时，发挥着弘扬社会主义先进文化的积极作用。校外社会实践教育主要包括社会调查、生产劳动、志愿服务、生产实习及勤工助学活动等。社会调查是大学生认识社会、培养能力、提高素质的重要途径。大学生在参与社会调查的过程中了解了社情和民意，增长了见识和才干，增强了对社会主义先进文化的理解。劳动是中华民族的传统美德。在全国教育大会上，"劳育"被纳入全面发展的要求，丰富了新时代党的教育方针的内涵。在参加生产劳动过程中，能够促进大学生深入理解中华民族的优秀传统，形成正确的劳动观念和积极的生活态度。志愿服务活动能够激发大学生服务他人、奉献社会的道德观念，弘扬仁爱至善、尊老爱幼、扶弱助残的社会风尚，形成积极主动传承文化、传播文明的行动自觉。生产实习有利于培养大学生爱岗敬业、团结协作的职业精神和对社会负责、注重自我提升的良好品质。勤工助学活动是帮助大学生了解社会、提升文化素质的重要途径。大学生在参加勤工助学活动的过程中，能够不断增强自立自强、诚实守信、知恩图报的思想意识。因此，大学生在接受社会实践教育的过程中，能够充分感受或体验社会主义先进文化，既有利于提高大学生的思想境界，又能够增强大学生的实际能力，从而能够使大学生在实践中加深对社会主义先进文化的理解。

## 三、建设坚定大学生文化自信的社会文化环境

从社会大环境来看，文化环境对大学生思想政治素质的形成和发展起着塑造性作用。因此，要营造健康向上的精神文化氛围，面向广大学生传播先进文化、弘扬社会正气、塑造良好心灵。建设有利于培育大学生文化自信的社会文化环境，重点要在依法有效治理网络文化、建设有利于社会主义先进文化传播的新媒体环境、坚决抵制"三俗"文化等方面下工夫，着力构建弘扬主旋律、传播正能量的环境育人体系。

### （一）依法有效治理网络文化

飞速发展的互联网技术，已经带领着人们迅速步入网络化时代。网络化改变了人们的文化环境、文化方式和文化关系，网络文化作为一种崭新的文化形式已经悄然兴起。与现实的文化相比，网络文化具有明显的特征。一是文化主体身份表现为虚拟、多元与平等的特征。在网络上，文化参与者的身份是相对虚拟和多元的，来自不同阶层和不同地域的多元主体，既可以参与文化建设，能够在同一个平台上自由交流，还可以向外传播文化。二是文化存在形式表现为虚拟、广阔与丰富的特征。网络文化以数字化的形式存在，是非实体化的存在；网络文化超越时空，广袤无垠，跨越了民族、国度等界限；网络文化以海量的信息和丰富多彩的表现形式突破了传统文化的程式。三是网络文化的交流与传播表现为自由、开放与高效的特征。网络文化来源广泛，传播速度惊人，监控难度很大。这些特征对于文化自信的培育而言，

既带来了难得的机遇，也造成了严峻的挑战。因此，培育大学生的文化自信，必须加强对网络文化的社会治理。

第一，构建安全、民主的网络环境空间。作为一种新兴媒介，互联网发展对原有的社会秩序和体制构成了冲击。网络社会的来临，成为很多新社会文化问题诞生的根源。当前，互联网发展所带来的网络攻击、网络恐怖主义行为等问题越来越引发全世界的重视。网络空间成为事关国家安全及国家文化安全的新领域，是一个国家治国理政新的关注点。为构建安全的网络空间环境，我国颁布实施了《中华人民共和国网络安全法》，这为国家相关管理部门完善依法监管，加强网络法制建设和舆论引导，行使对内容的网络管辖权提供了重要的法律依据，标志着中国网络社会的法治化进程大大加快，并逐步形成了从安全防范到打击犯罪的一整套互联网法律体系。因此，应该从法治的角度加强对网络空间的治理，维护国家的网络主权，确保国家的文化安全。同时，还应该从发展的高度加强对网络空间的治理和利用，在确保安全的前提下，加强国家网络治理体系和治理能力的现代化建设，建设网络强国。网络空间的治理，除了要确保安全，还必须充分发扬民主。注重发扬网络民主，对于保障权力的公开、阳光运行具有极其重要的现实意义。应该坚持网络群众路线，确保能够通过网络途径密切联系群众、做好群众工作，鼓励人民群众积极主动地利用互联网技术手段表达意见、参与治理，使互联网真正成为发扬人民民主、接受人民监督的新渠道。

第二，培育积极向上的网络文化。网络正在成为文化传播的重要载体，网络文化对人们的影响越来越深远。关于加强网络文化建设，习近平总书记提出了要"培育积极健康、向上向善的网络文化"这一非常具有创新性的指导思想。"积极健康"的要求本身就包含"正能量""向上""高雅"等含义，而"向善"的要求可以概括为两个方面的含义：一是包含网络文化建设要向着善的方向发展，要善于运用社会主义核心价值观这个最大的"善"来加强对网络文化建设工作的引领；二是包含网络环境的治理要体现"善治"的理念，要在党的领导下，将网络文化建设和网络环境治理与现代社会治理有机结合，充分动员社会各方面的力量积极参与社会治理，共同营造美好的社会文化氛围。

第三，增强大学生的网络道德素质。增强大学生的网络道德素质，主动占领网络文化阵地，牢牢把握网络文化的话语权，是加强大学生网络思想政治教育的重要任务。要结合中国大学生思想政治教育的现状，不断加强大学生的网络文化话语创新，使网络真正成为传播社会主义先进文化的基地。党的十九大报告明确指出："意识形态决定文化前进方向和发展道路，要加强理论武装，推动新时代中国特色社会主义思想深入人心。"因此，高校要注重培养大学生的网络意识、网络思维和网络文明素养，牢牢掌控网络意识形态，构建合理的网络治理体系，创建清朗的网络空间。

## （二）建设有利于社会主义先进文化传播的新媒体环境

社会环境是影响大学生思想行为的重要因素，整个社会的经济、政治、文化等因素综合反映为社会的舆论导向环境，对大学生思想政治教育的影响是绝对不容忽视的。伴随着信息技术的不断发展，以数字技术作为支撑的新媒体环境已经形成。新媒体环境下，文化的传承与创新既面临着难得的机遇，也面临着现实的挑战。因此，如何促进中国特色社会主义文化在新媒体环境中传播与创新，进而树立和培育大学生的文化自信，是我们必须思考的关键问题。

第一，要坚持正确的舆论导向，加强宣传思想工作，营造良好的社会环境。在当今信息高速发展的时代，海量的信息时刻影响着人们的思想和行为，尤其是对大学生具有很大的导向力。加强高校思想政治教育工作，对大学生进行文化自信的培育，必须首先坚持正确的舆论导向。正如习近平总书记所指出的那样：要坚持高举旗帜、引领导向，围绕中心、服务大局，团结人民、鼓舞士气，成风化人、凝心聚力，澄清谬误、明辨是非，连接中外、沟通世界的原则，坚持政治方向第一位的理念，牢固树立马克思主义的新闻观，坚持把握正确的舆论导向，开展正面的宣传。面对新媒体舆论传播环境，高校思想政治教育工作就是要围绕中心、服务大局，树立政治意识、增强舆论导向的准确性，牢牢把握社会主义先进文化的前进方向，通过正向的宣传、教育和引导，使广大青年学生树立正确的文化观念，增强文化自觉意识。

第二，要加强对舆论的监管，弘扬社会正能量，坚守意识形态的领导权。意识形态工作对于党和国家来说，具有无比重要的意义。加强对舆论的监管，对于弘扬社会正气，维护社会的安定团结具有重要的作用。考察当前新媒体对于文化的传播，不难发现，相当一部分传播形式只停留在表面对文化广度的传播，并没有实现对文化的本质内涵的深度表达。由此可见，新媒体虽然已经成为社会主义先进文化传播的重要媒介，但是其本身固有的碎片化、表面化的传播局限性，很难形成对文化传播的系统表达，有时甚至会造成对文化的误读和歪曲。因此，必须加强对新媒体文化传播的引导。具体而言，就是要时刻保持高度的政治警觉性，时刻高举鲜明的旗帜，防止错误思潮的蔓延，占领好舆论导向的阵地。因此，要加强对舆论的监管与引导工作，使强大的社会正能量得以广泛传播，使良好的社会风尚得以广泛弘扬，使意识形态的领导权牢牢掌握在党和人民手中。

## （三）坚决抵制媚俗、低俗和庸俗文化

媚俗文化、低俗文化和庸俗文化简称为"三俗"文化，这些文化现象在我国思想文化领域中长期存在。特别是近年来，受到泛娱乐化的快餐式网络消费意识的干扰，相当一部分媒体恶搞翻新，文化品位低下，推出的文化产品带有明显的个人主义、享乐主义乃至拜金主义的倾向，对社会的文化秩序造成了干扰，给文化事业的健康发展带来了不利影响。新时代背景下，加强文化强国建设，营造有利于大学生成长的社会文化环境，培育大学生的文化自信，必须注重消除消极因素，坚决抵制"三俗"文化等不良文化对文化自信带来的解构作用和负面影响，不断清除这些消极文化的垃圾和毒素。

第一，以高度文化认同阻断"三俗"文化的根源。中国特色社会主义文化具有深厚的历史底蕴和鲜明的时代特征，其形成与发展，整合了历史与现实的文化资源，融合了中华优秀传统文化、革命文化和社会主义先进文化。中国特色社会主义文化所倡导的思想理念、价值追求、道德观念等，是我们从源头上彻底根除"三俗"文化的思想保障。积极宣传、精心培育并大力发展中国特色社会主义文化，促进当代大学生对本国文化的全面了解和深刻认识，在多元文化中明确自己的文化定位，从思想上形成对本国文化的高度认同感，这是培育大学生文化自信，主动应对"三俗"文化的基本前提。

第二，以主流文化抵制"三俗"文化的泛滥。当今中国的文化领域，由于受到全球化、市场化及网络化的多重影响，文化呈现出多元和多样的复杂

性特点。广大社会民众面临着中国传统文化、马克思主义文化、西方文化以及改革开放以来的新文化等多种文化选择。如何批判地继承中国的传统文化，如何促进马克思主义文化同中国的文化建设实际相结合，如何对西方文化进行吸收和借鉴，如何对改革开放的新文化进行评价和判断，如何坚持多元中的一元、坚持多变中的不变，无疑是对人们提出的时代课题。面对蓬勃发展的各种文化，必须处理好不同文化的相互关系，既要确保内容上的"高、大、上"，具备积极的内容和高雅的品位，又要确保形式上的"接地气"，通俗易懂，为社会民众所喜闻乐见。这实际上是要处理好主流文化与大众文化的关系。只有这样，才能更好地发挥主流文化所具有的凝聚民族精神的作用，才能解决文化的生命力问题，才能有效抵制"三俗"文化的泛滥。

第三，以文化创新摆脱"三俗"文化的影响。文化的创新性发展与创造性转化，是文化不断向前发展的内在动力。只有通过对文化进行不断地创新发展与创造转化，不断推陈出新，推送优秀的文化作品，不断激发文化的生命力，才能从源头上消除"三俗"文化带来的不良影响。一是要坚持以马克思主义为指导，引领文化创新发展与创造转化的前进方向。在文化全球化发展的背景下，坚持马克思主义文艺观，是促进文化发展与国内外形势相适应，提升我国的文化软实力，增强文化自信最根本的保障。二是要坚持以社会主义核心价值观为统领，铸就文化创新发展与创造转化的核心与灵魂。把社会主义核心价值观生动活泼地展现在文艺作品中，以广大社会民众喜闻乐见的形式，在寓教于乐中发挥感染人和鼓舞人的积极作用。

## 四、增强大学生文化自信的国际视角

促进中华文化的对外交流与传播，加快推动中华文化走出国门，客观全面地向世界各国展示中华民族的悠久历史和优秀文化，展示中华民族的价值观念，展示中国的国家形象和中国人民的精神风貌，是提升中华文化的影响力、增强国家的文化软实力的现实要求。《中华人民共和国国民经济和社会发展第十三个五年规划纲要》强调："加大中外人文交流力度，创新对外传播、文化交流、文化贸易方式，在交流互鉴中展示中华文化独特魅力，推动中华文化走向世界。"

### （一）在文化交流中凸显中国先进文化的优越性

近年来，中国的对外文化传播不断取得新的进展，中国在发展中取得的成就得到越来越多的国外受众的关注。目前，我国已与 157 个国家签署了文化合作协定，初步形成了覆盖俄、美、英、法、德、南非、欧盟等世界主要国家和地区的政府间文化交流与合作网络。在我国已建成的 35 个海外中国文化中心和 512 个孔子学院，太极拳、书法等非遗培训受热捧，中国传统年节、民俗活动得到广泛传播。然而，我们也不难发现，中国对外文化传播的层次还有待进一步提高，文化交流不应该简单停留在书法、武术等行为文化层面；文化贸易方面的逆差还比较明显，深层次影响着国家的文化安全问题；文化对外传播能力以及文化软实力与经济实力不相协调，对综合国力提升的贡献有限。因此，必须加大对中华优秀文化及社会主义核心价值观的国际传播力度，在文化交流中凸显中国先进文化的优越性，进一步扩大中华文化的国际影响力。

要大力弘扬中华民族的优秀文化，推动中华文化走向世界，使中华优秀文化在全世界范围内得以更加充分的展示，这对于中华民族增强自信心、自豪感和凝聚力，促进社会主义文化的繁荣发展意义非常重大。中华文化是中华民族的血脉和灵魂所在，是国家发展和民族振兴的强大力量源泉，是世界文化的重要组成部分。从根本上来说，社会主义先进文化是从对中华优秀传统文化的传承中孕育而生的，弘扬社会主义先进文化必须立足于中华优秀传统文化。弘扬中华优秀文化，要向当今世界宣扬和阐释我国悠久的历史、灿烂的文明和博大精深的传统文化，宣扬"仁爱""民本""诚信""正义""和合""大同"等核心思想理念，向世界昭示中华民族愿意与世界各国和各民族一道和平共处、共同发展的愿景；要秉持开放的胸襟，在文化交流互鉴中广泛吸收其他文化的优秀成果，不断增强中华文化的包容性，不断提高先进文化的引导力，在文化自信中凸显先进文化的优越性；要坚持与时俱进和顺势而为，根据时代的发展变化，在传承中挖掘传统文化的时代价值，在创新中丰富先进文化的时代内涵，保持中华文化的先进性，进而为先进文化保持旺盛的生命力提供源头活水。

要大力弘扬和传播社会主义核心价值观，向世人彰显当代中国的价值追求，展示中国人民良好的精神风貌。张岱年指出："文化的核心在于价值观，道德的理论基础也在于价值观。"社会主义核心价值观是中华民族的文化基因与当代文化相适应、与时代发展相适应的产物，是中国特色社会主义文化的核心所在。弘扬和传播社会主义核心价值观，要秉持科学的态度和理念，辩证地分析社会主义核心价值观与中国传统意义上的价值观念的异同，要认清西方文化中所谓的"普世价值"的本质，通过不断传播当代中国的主流价值观念，进一步提高中华文化的感召力；要向世界各国宣扬当代中国人民在国家、社会、公民层面的价值理念，增强世界各国民众对中国人民的思想观念、思维方式和价值追求的全面了解，进而深刻理解中华民族的气质、文化和精神的内涵，增进世界各民族对中华民族更加广泛的关注与认同。

### （二）塑造良好的国家形象

国家形象是一个国家的名片，是一个国家影响力的重要体现，国家形象如何关系到一个国家软实力的强弱。习近平强调指出，要注重塑造我国作为文明大国、东方大国、负责任大国和社会主义大国的国家形象。当前，我国在国际文化交流中还存在一些劣势，导致国内外一些别有用心之人利用这一劣势，恶意散布"中国威胁论""中国崩溃论"等论调，肆意损毁我国的国家形象，严重阻碍了我国良好国家形象的树立。面对这种严峻挑战，积极塑造良好的大国形象，不断提升我国的国际影响力是时代赋予我们的历史任务。总体而言，塑造良好的国家形象要重点塑造我国的经济、政治和文化形象。

塑造国家的经济形象，就是要向世界充分展示中国改革开放所取得的辉煌成就，让世界各国认识到中国经济的强大实力和中国经济未来发展的生命力。同时，也要向世界各国充分宣传中国的经济政策、经济制度和经济环境，吸引更多的外商到中国投资，促进中国与世界上更多的国家在经济领域的交流与合作，进一步激发中国经济的活力。此外，还要打造"中国高铁""中国支付"等经济领域的中国品牌，通过这种品牌的力量向世界展示我国在经济发展方面的创新能力。

塑造国家的政治形象，就是要向世界充分展示中国共产党的形象、中国政府的形象、中国特色社会主义制度的优越性以及外交形象、军事形象等。通过展示中国共产党的建设所取得的历史性成就，以及中国共产党带领各族人民创造的一个又一个世界性的奇迹，让世界各国认识到中国共产党强大的执政能力，领略到中国政府卓越的治国理政能力。通过宣扬和展示中国的特色民主、人民的权力、社会的和谐以及和平外交政策和永不称霸的理念，向世界表达中国坚持世界各国平等、坚持和平发展、坚持以人民为中心、坚持构建人类命运共同体等政治、外交及军事主张。

塑造国家的文化形象，就是要向世界全面展示中国文化的独特魅力，展示中国人民的精神风貌，展示中国梦的精神实质。通过全方位的文化宣扬和展示，让世界上越来越多的国家和人民认同和关注中国的价值理念、发展道路、民族精神和国家形象，扭转我国在国际文化传播中的劣势地位，加快推进我国向文化强国迈进。

### （三）赢得文化交流中的话语权

目前，虽然我国已经在国际舞台上具有一定的话语权，然而由于诸多反华势力的恶意中伤和曲解，我们在国际话语方面仍面临着严峻的挑战和威胁。这就要求我们在跨文化的对话中，加大推动中国文化和中国声音"走出去"的力度，增强国际话语权。习近平强调，要努力提高国际话语权，精心构建对外话语体系，增强对外话语的创造力、感召力、公信力，讲好中国故事，传播好中国声音，阐释好中国特色。

一个国家在国际上的话语权，归根结底是源自一个国家在道路、理论、制度和文化等方面所表现出来的综合实力。当代及未来中国的话语权，来自国家的内在活力和社会的创造力，来自国家稳健的可持续发展的能力，也来自文化形态的吸引力、感召力和影响力。从根本上说，中国的话语权来自于中国所选择的发展道路、理论体系和制度体系的巨大成功和坚定自信。我们今天正在走的和未来继续延续的发展道路，实现了经济上的科学、快速的发展，实现了政治上的最广泛的人民民主，发展了充满活力的先进文化，实现了社会发展方面的公平与正义，实现了生态发展方面的与自然和谐共存，这些都促进了中国在国际上的影响越来越大，在国际上的话语权不断得到提升。中国特色社会主义理论体系，坚持开放、创新和与时俱进，创造性地提出了指导中国发展的一系列重大思想、理论和战略，形成了系统的科学理论体系和成果。这一充满活力的理论体系，指导中国在改革发展建设中实现了生产力的巨大增长和高度发展，保障了文化的自信，也必将为中国赢得持久的国际影响力。中国特色社会主义制度，符合历史的发展规律和时代的进步趋势，充分体现了人民的意愿，有力地促进了社会生产力的发展和中华民族的历史性的复兴。依靠这一制度体系，中国大大增强了在国际上的影响力，不断赢得了国际话语权。正是由于成功地选择了正确的道路、理论、制度和文化，我们才能够在改革发展建设中不断地生成一个又一个"中国经典"，才能够创造出越来越多的"中国奇迹"。向世界讲好中国故事，不断提升中国的国际话语权，就是要不断把这些经典和奇迹客观、准确地向世界传播。传播的过程中，要注重文化传播能力的提升，通过不断拓展对外传播平台和表述载体，对当代中国的文化和价值观念进行高度凝练和全面阐释。要做到切实了解和熟悉国外受众的精神风貌和思想状况，注重对话语体系进行改革，在加强对汉语进行国际推广的同时，不断拓展运用外语传播中国文化的有效途径，用国际上能够接受的方式传播中国的价值观，做到"中国故事、国际表达"。

"中国特色"是我国的宝贵财富和经验，得到了中国人民的高度认同和国际社会的积极关注。面对纷繁复杂的国际形势与格局，要持续提升文化的创造力，从多维度全面展示中国文化，凸显中国特色，打造中国品牌，传递中国价值，构建中国话语，为培育文化自信提供动力。赢得国际话语权，离不开政府的主导，离不开文化品牌的塑造，也离不开文化的创新与创造。首先，我国政府应该从官方的角度加强文化的对外传播与交流。我国有着深厚的文化根基，有着先进的文化理念，政府应该充分整合各方面的资源，形成文化对外传播的合力，把具有中国特色和形态的文化传统、先进文化和先进理念积极向世界各国进行宣传。同时，政府应该加大文化领域的改革开放的力度，汲取世界各国的优秀文明成果，通过不断地综合、转换和创造，把中华文化不断推向新的时代高度。其次，要注重打造中国文化品牌，加大文化资源的开发力度，使文化品牌成为承载民族精神和中国话语的有效载体。当前，中国提供的新型全球化方案、中国主导的"一带一路"国际合作机制、中国提出的"人类命运共同体"理念，从一定意义上来讲，都是凝结着中国所倡导的共同价值观的重要文化品牌。再次，要加强文化创新，不断激发全社会的文化生产力，使中华民族成为时代价值的引领者。人类社会的进步离不开富有精神内涵的行动的推动作用，一个民族的独立与发展必须创造自己的文化和思想。中国的文化创新要基于改革开放的实践，要基于中华历史悠久的优秀传统文化，还要基于人类历史未来发展的前进方向，也要基于价值观竞争的话语权，抢占价值观竞争的制高点。中国话语的根本特征不仅在于中国特色，还在于世界价值。作为中国话语的重要内容，中国的有关思想、主张和方案，不仅影响着中国，也影响着世界。随着中国对国际责任的担当，对全球化的塑造以及对未来社会发展的价值引领，国际话语必将迎来中国时代。

# 参 考 文 献

[1] 谢和平．大学的文化自觉与文化自信 [M]．成都：四川大学出版社，2012．

[2] 费孝通．文化与文化自觉 [M]．北京：群言出版社，2010．

[3] 张冉．文化自觉论 [M]．郑州：河南人民出版社，2015．

[4] 陈华．文化自觉之路：网络社会治理的实践与思考 [M]．北京：人民出版社，2014．

[5] 陈先达．文化自信与中华民族伟大复兴 [M]．北京：人民出版社，2017．

[6] 黄秋生，陈元，薛玉成．当代大学生文化自信现状及培养研究 [M]．北京：团结出版
社，2017．

[7] 王学风．多元文化社会的学校德育研究 [M]．广州：广东人民出版社，2005．

[8] 任忠文．文化自信十八讲 [M]．北京：人民日报出版社，2011．

[9] 杨晓慧．当代大学生成长规律研究 [M]．北京：人民出版社，2010．

[10] 宋伟．重建中国文化自信与大学新使命 [M]．北京：人民出版社，2018．

[11] 谢晓娟．文化多样性与当代中国软实力建设 [M]．北京：人民出版社，2015．

[12] 钱穆．中国文化精神 [M]．北京：九州出版社，2013．

[13] 吴潜涛．高校思想政治教育的理论与实践 [M]．北京：人民出版社，2012．

[14] 胡惠林，等．国家文化安全研究导论 [M]．上海：上海人民出版社，2013．

[15] 万美容．思想政治教育方法发展研究 [M]．北京：中国社会出版社，2007．

[16] 耿超．中国特色社会主义文化自信论 [M]．桂林：广西师范大学出版社，2016．

[17] 亓静．文化创新：增强文化自信之路 [J]．内蒙古大学学报（哲学社会科学版），
2014（5）．

[18] 李月明．文化自信的意义、来源及表征 [J]．实事求是，2015（5）．

[19] 陈晓莉．"文化自信"语境下的传统节日文化弘扬研究 [J]．学习论坛，2015（9）．

[20] 李忠伟．高度的文化自觉自信：增强青年思想政治教育实效性的新维度 [J]．中国青
年研究，2015（9）．

[21] 郑治．自省、自觉、自信：中国共产党文化发展之策略 [J]．学术交流，2015（3）．

**图书在版编目（CIP）数据**

当代大学生文化自信培育研究 / 陈广华著. —北京：
中国农业出版社，2023.3（2023.8 重印）
　　ISBN 978-7-109-30494-9

　　Ⅰ.①当…　Ⅱ.①陈…　Ⅲ.①大学生－文化素质教育
－研究－中国　Ⅳ.①G645.5

中国国家版本馆 CIP 数据核字（2023）第 036299 号

---

中国农业出版社出版
地址：北京市朝阳区麦子店街 18 号楼
邮编：100125
责任编辑：赵　刚
版式设计：王　晨　责任校对：吴丽婷
印刷：北京中兴印刷有限公司
版次：2023 年 3 月第 1 版
印次：2023 年 8 月北京第 2 次印刷
发行：新华书店北京发行所
开本：720mm×960mm　1/16
印张：13.25
字数：210 千字
定价：78.00 元

---